基金项目：河南省重点研发与推广专项（软科学）项目
河南省科技金融创新发展的路径与对策研究（项目编号：192400410367）

股权质押中资产定价异象及其经济后果研究

马德水　著

中国财经出版传媒集团
中国财政经济出版社

图书在版编目（CIP）数据

股权质押中资产定价异象及其经济后果研究 / 马德水著. -- 北京：中国财政经济出版社，2021. 7

ISBN 978 - 7 - 5223 - 0563 - 9

Ⅰ. ①股… Ⅱ. ①马… Ⅲ. ①上市公司－股权管理－研究－中国 Ⅳ. ①F279. 246

中国版本图书馆 CIP 数据核字（2021）第 105288 号

责任编辑：段　钢　　　　责任印制：史大鹏
封面设计：卜建辰　　　　责任校对：张　凡

中国财政经济出版社 出版

URL：http：//www. cfeph. cn

E - mail：cfeph@ cfeph. cn

社址：北京市海淀区阜成路甲 28 号　邮政编码：100142

营销中心电话：010 - 88191522

天猫网店：中国财政经济出版社旗舰店

网址：https：//zgczjjcbs. tmall. com

北京财经印刷厂印刷　各地新华书店经销

成品尺寸：170mm × 240mm　16 开　16. 75 印张　260 000 字

2021 年 7 月第 1 版　2021 年 7 月北京第 1 次印刷

定价：68. 00 元

ISBN 978 - 7 - 5223 - 0563 - 9

（图书出现印装问题，本社负责调换，电话：010 - 88190548）

本社质量投诉电话：010 - 88190744

打击盗版举报热线：010 - 88191661　QQ：2242791300

前　言

近年来，股权质押融资已经成为我国资本市场上的一种常态。中国证券登记结算公司数据显示，截至2018年8月24日，沪深两市共有3465只个股发生股权质押，A股质押总比例高达10.36%，我国资本市场形成了几乎“无股不押”的现象。但随着2015年股票市场整体暴跌，多家上市公司因股权质押触及“警戒线”甚至“平仓线”而险被易主，并引发了中国A股市场历史上最大规模的长期“停牌潮”，股权质押警报频繁拉响，这已引起监管层、实务界、理论界深入思考股权质押繁荣之下的潜在危机及其防控措施。

股权质押实质上是一种信用扩张的融资杠杆操作行为，股东作为出质人，以其拥有的股权作为担保，向银行、券商、信托等金融机构之类的质权人申请贷款或者为第三方提供贷款担保。因此，股东通过质押股权将其沉淀在资产负债表上的“静态”股权转化为“动态”的可用资本，是一种将“经济存量”转变为“经济动量”的财务策略。与其他融资方式相比，股权质押融资因其灵活性和便捷性，受到上市公司控股股东和金融机构的青睐，特别是在“牛市”时，股权质押融资能够筹集更多的资金，极大地刺激了控股股东进行股权质押的欲望。股权质押原本是控股股东的个人行为，是一种信用扩张的融资杠杆操作，而控股股东的地位使其与公司经营、财务等活动发生了关联。

股权质权的担保功能源于股权的价值，股票市场的估值水平决定了质押股权的价值，必然会对控股股东股权质押决策产生影响。然而，由于资本市场并非完全有效，股票价格尚不能及时反映过去、现在和未来的信息，并且投资者的预期受到有限理性的影响，往往会导致股票价格偏离其内在价值，表现为“高估”或“低估”，即股票错误定价。控股股东作为“理性经济人”，为了追求自身利益最大化是否利用了资本市场的低效率，根据股票市场的估值水平动态调整其股权质押决策？如果控股股东股权质押决策利用了资本市场的低效率，那么控股股东是如何实现的？对于控股股东来说，股价暴跌无异于一场毁灭性灾难，这不仅会使其个人财富遭受重大损失，还可能丧失控股地位，那么控股股东将会采取哪些行动来降低股价暴跌风险？在“高杠杆”和“高负债”背景下，深入探讨控股股东股权质押行为与资本市场错误定价之间的关系，对于“去杠杆”和“防风险”，维护金融和社会秩序稳定，提高市场资源配置效率具有十分重要的意义。

本书立足于中国资本市场上股权质押繁荣之下风险凸显这一现实背景，基于对控股股东股权质押动机及其经济后果的探讨，从外部环境视角出发考察资本市场错误定价对控股股东股权质押决策的影响，并从企业层面信息进一步分析控股股东如何利用资本市场的低效率以创造有利的市场时机，最终探讨市值管理动机下控股股东股权质押与股价崩盘风险的关系，主要内容与观点如下：

第一，控股股东股权质押决策存在利用资本市场的低效率，相机质押股权的市场择时动机。其具体表现为，控股股东根据股票市场的估值水平动态调整其股权质押策略，以实现其自身利益最大化。实证研究表明，当股价被高估时，控股股东股权质押意愿明显增强，而且股权质押规模扩大；当股价被低估时，控股股东股权质押意愿明显减弱，并且倾向缩减股权质押规模。同时，信贷市场环境也是控股股东股权质押决策考虑的重要因素，信贷市场环境决定了控股股东股权质押的融资规模及融资成本，控股股东也会根据信贷市场环境变化调整其股权质押决策。但是，在公司面临较高融资约束的情况下，控股股东股权质押的市场择时动机明显减弱。

第二，由于股价的易变性，控股股东股权质押过程中具有操控盈余的强烈动机，使公司股价保持在相对较高的水平。但是，随着会计准则的不断完善和投资者保护水平的提高，以及银行信贷审批程序的不断完善等外部监管环境的变化，发生控股股东股权质押的上市公司减少了应计盈余管理方式，进而转向通过真实性盈余管理方式来操控盈余。由于我国资本市场的低效率，投资者并不能有效识别公司所披露的盈余信息，使投资者对公司盈余的错误定价进而导致了对股票的错误定价。股权质押过程中，控股股东的盈余管理活动一方面使公司层面更多的噪声信息释放到市场中，股价同步性降低；另一方面为掩饰其盈余管理行为，控股股东会有意降低公司财务信息透明度，隐瞒公司真实的盈余信息，这又使股价同步性提高。但是，盈余管理释放的噪声信息所引起股价同步性降低的作用大于其降低财务信息透明度所导致股价同步性提高的作用，因此，从总体上考察盈余管理活动降低了公司的股价同步性。换言之，噪声信息在我国证券市场中起主导作用，股价同步性主要体现了我国证券市场的信息噪声量而非信息效率，与我国新兴市场的特征吻合。因此，控股股东倾向于在公司的股价同步性较低时质押股权，操控盈余来降低公司的股价同步性，是股权质押过程中控股股东利用资本市场的低效率来实现其市场择时的重要方式。

第三，股权质押期内，发生控股股东股权质押的上市公司其股价崩盘风险会较低。对于控股股东来说，股价崩盘风险无异于一场毁灭性灾难，不仅会使其个人财富遭受重大损失，还可能会使其失去控股地位。因此，为了降低股价崩盘风险，在股权质押期内，控股股东有动机也有能力进行市值管理来稳定公司股价。然而，控股股东并不是通过努力经营提高公司业绩的方式进行市值管理，而是采取了操控盈余方式进行市值管理。虽然控股股东的这种短期机会主义也能达到市值管理的目的，但只是为“排雷”而采取的权宜之计，从公司长远发展来看并不可取，无异于饮鸩止渴。在股票价格高于其内在价值时，说明股票价格存在泡沫成分，反映出较多的利空消息，当利空消息囤积到一定程度突然集中暴发时，就会导致公司股价的剧烈波动，股价崩盘风险显著增加。中国股票市场长期缺乏市值管理的内生动力，是上市公司及其内部人倾向于短期机会主义行为的根源所在。

本书的研究贡献主要在于：

第一，从资产误定价视角探讨了控股股东股权质押决策的基本逻辑，提出控股股东股权质押决策存在利用资本市场的低效率，相机质押股权的市场择时动机。为了追求自身利益最大化，控股股东会根据股票市场的估值水平和信贷市场环境动态调整其股权质押策略，但是其市场择时动机受到公司融资约束水平的影响。本书不仅丰富了关于控股股东股权质押动机及其影响因素的文献研究，还证实了资本市场并非完全有效，资产误定价作为资本市场中的一种“异象”，会导致市场资源配置功能失效，扭曲公司投资融资行为。

第二，基于控股股东股权质押存在市场择时现象，发现控股股东股权质押过程中有强烈动机来操控盈余信息披露，利用中国资本市场的低效率诱使投资者高估公司价值，进而达到抬高股票价格的目的。而且，随着外部监管环境趋严，控股股东减少了应计盈余操控方式，转向采用真实盈余操控方式。控股股东实施的盈余管理活动在减少公司特质信息的同时也释放了更多公司层面的噪声信息，股票价格中包含的噪声信息增多而真实信息减少，使投资者对公司盈余错误估值进而对股票错误定价，公司的股价同步性下降。控股股东倾向于在股价同步性较低时质押股权，通过操控盈余信息披露降低公司的股价同步性是控股股东股权质押市场择时的重要方式。这一研究也证实了中国资本市场是一个噪声较多的市场，股价同步性会正向地反映资本市场的信息效率。

第三，从市值管理的视角分析了股权质押期内控股股东防范股价崩盘避免平仓甚至控制权转移的措施，发现控股股东没有通过努力经营提高公司业绩方式进行市值管理，而是采取操控盈余方式进行市值管理。虽然控股股东的这种短期机会主义也能达到市值管理的目的，但只是为“排雷”而采取的权宜之计，无异于饮鸩止渴。盈余管理会使投资者对盈余错误估值进而对股票错误定价，而股价崩盘风险就是股票价格严重偏离其内在价值所引致的。

本书揭示了控股股东股权质押期内为“排雷”而进行市值管理的方式，同时也发现资产误定价是股价崩盘风险形成的内在根源。由于我国股票市场长期缺乏市值管理的内生动力，控股股东作为“理性经济人”，在市值管理上采取了短期机会主义行为。

第四，为了充分有效地运用股权质押这一融资方式，提高股权质权所担保债权的安全性，本书提出关于股权质押风险防范的政策性建议：一是完善相关法律法规、保障法规权威效应；二是适当提高质押门槛、建立市值管理制度；三是健全公司治理机制、加强外部审计监督；四是强化信息披露制度、注重信用评价机制。

作　者

2021年3月

目　　录

导　论

一、选题背景

中国资本市场上股权质押融资已是一种常态。自股权分置改革完成后，控股股东股权质押融资活动成为中国资本市场上一个普遍的现象。所谓股权质押是指出质人（股东）以其所拥有的股权作为质押标的向金融机构申请贷款或为第三方提供贷款担保的行为（闫天怀，1999；谢德仁等，2016；李常青和幸伟，2017）。1995 年颁布实施的《中华人民共和国担保法》，确立了我国股权质押的制度框架①。对于控股股东而言，股权质押不仅使其账面的“静态股权”激活为“动态可用资本”，发挥其利用财务资源的杠杆作用，且在股权质押期间，控股股东仍是股权的所有者，其控股地位并未发生变化，仍然享有控制权（艾大力和王斌，2012），股权质押已成为控股股东在资本市场上进行二次融资的重要工具。从信贷角度看，股权质权作为一种担保物权，主要为担保债权的安全而设立，作为一种融资担保制度能够在很大程度上减少信贷交易中的逆向选择、信用评级以及其他因信息不对称而产生的资源低效配置问题。与动产、其他不动产质押融资相比，股权（股票）的公允价值更易观测与评估，流动性高、变现能力强等特点，因而股权质押融资日益受到公司金融机构的青睐。中国证券登记结算公司数据显示，截

---

① 我国《担保法》第 75 条第 2 款规定，依法可以转让的股份、股票能够用来质押担保；第 78 条规定，以依法可以转让的股票出质的，出质人与质权人应当订立书面合同，并向证券登记机构办理出质登记。质押合同自登记之日起生效。股票出质后，不得转让，但经出质人与质权人协商同意的可以转让。出质人转让股票所得的价款应当向质权人提前清偿所担保的债权或者向与质权人约定的第三人提存。以有限责任公司的股份出质的，适用公司法股份转让的有关规定。质押合同自股份出质记载于股东名册之日起生效。

至2018年8月24日，沪深两市共有3465只个股涉及股权质押，A股质押总比例高达10.36%，中国资本市场形成了“无股不押”的现象，具体见表0-1。

表0-1　　中国沪深A市场股权质押概况

交易日期	A股质押总比例（%）	质押公司数量（家）	质押笔数（万笔）	质押总股数（亿股）	质押总市值（万亿元）	沪深300指数
2014-06-27	7.27	1880	1.02	2002	1.76	2150.26
2014-12-31	6.94	2543	5.12	2167	2.58	3533.70
2015-06-26	8.13	2736	18.59	2505	4.71	4336.19
2015-12-31	9.30	2772	11.78	2978	4.93	3731.00
2016-07-01	10.04	2842	11.29	3733	4.64	3154.20
2016-12-30	10.73	2995	17.56	4466	5.44	3310.08
2017-06-30	10.74	3245	24.04	5165	5.73	3666.80
2017-12-29	10.86	3431	25.23	5681	6.15	4030.85
2018-06-29	10.87	3463	15.70	6254	5.47	3510.98
2018-08-24	10.36	3465	14.19	6300	4.93	3325.33

数据来源：Wind，整理绘制。

中国资本市场上股权质押融资风险频繁暴发。股权之所以能够设定质权，是因为其兼备财产性和可转让性，在质押关系中是一种适格的质物。股权质权的担保功能源自股权自身的价值，因而股权的价值是股权质权担保功能的基础，最终决定了股权担保功能的大小（阎天怀，1999）。股权的市场价格是股权价值的表现形式，是股权让渡时的货币反映。因而，质押股权的价值成为衡量股权质权担保力大小的直接依据，并决定了控股股东能够从金融机构处获得的资金规模。诚然，股票的市场估值水平直接决定了质押股权的价值，这必然会影响控股股东的股权质押决策（徐寿福等，2016）。在股权质押中，银行等金融机构往往是在一定折扣率（质押率）的基础上，按照质押股权的市场价值提供贷款资金的，股票的市场估值水平越高，那么控股股东能够取得的资金也就越多，而且受投资者情绪高涨的影响而引起的股票价格上涨，在一定程度上也改善了控股股东的资产质量和信贷条件（Bernanke and Gertler，1990，徐寿福等，2016）。但是，由于质押的股权受到多种因素的影响，如经济周期、行业发展、宏观经济政策、企业前景等，用于质押股权的价值经常发生波动，这使控股股东随时面临着质押股权价值下降、自身偿债能力有限等“财务压力”，进而触发“控制权转移风险”（王斌等，2013；徐寿福等，2016）。无论对于控股股东还是对于公司来说，用于质押股权的价值发生暴跌，都会造成严重的损失。随着2015年A股市场的整体暴跌，多家上市公司因股权质押触及“警戒线”甚至“平仓线”①而险被易主，并引发了A股历史上最大规模的“停牌潮”②。中国资本市场上几乎“无股不押”现状的背后是：股权质押警报频繁拉响，例如，洲际油气、欢瑞世纪、银河生物、科林环保等数十家上市公司，都发布了控股股东股权质押触及平仓线的警示公告，这不禁引导人们开始思考股权质押繁荣之下的潜在危机。

中国式高杠杆、高负债金融风险逐渐凸显。中央政府提出的，包括去产能、去库存、去杠杆在内的“三去”，实质就是转换经济增长方式、防范和化解金融风险。从2009年以来，我国社会融资和信贷规模均快速扩张，银行新增贷款年均超过10万亿～12万亿元，社会融资总额新增量年均超过15万亿～18万亿元，中央银行和商业银行资产规模也均大幅扩张，而商业银行资产总规模已超过250万亿元。我国经济整体负债率或杠杆率大幅度上升，经济整体杠杆率从2009年约占GDP的150%猛增到当前的300%以上，地方政府、企业、家庭杠杆率也都快速飙升（向松祚，2018）③。高杠杆和高负债意味着一些企业无力还本付息，出现资金链断裂，甚至会引发系统性金融风险。

二、研究目的与研究意义

为了追求自身利益最大化，控股股东作为“理性经济人”是否利用了资本市场的低效率，根据股票市场的估值水平动态调整其股权质押决策？如果

---

① 《证券公司股票质押贷款管理办法（2004）》第27条规定：为控制因股票价格波动带来的风险，特设立警戒线和平仓线。警戒线比例（质押股票市值/贷款本金×100%）最低为135%；平仓线比例（质押股票市值/贷款本金×100%）最低为120%。在质押股票市值与贷款本金之比降至警戒线时，贷款人应要求借款人即时补足因证券价格下跌造成的质押价值缺口。在质押股票市值与贷款本金之比降至平仓线时，贷款人应及时出售质押股票，所得款项用于还本付息，余款清退给借款人，不足部分由借款人清偿。

② 据Wind统计显示，截至2015年7月8日收盘，沪深两市累计超过1300家上市公司停牌，约占两市上市公司总量的1/2，其中多数为创业板和中小板，这也成为A股历史最大规模停牌潮。

③ 向松祚．中国式高杠杆、高负债金融风险［EB/OL］．断层智库，2018-01-11.

控股股东股权质押决策利用了资本市场的低效率，那么控股股东是如何实现其目的？对于控股股东来说，股价暴跌无异于一场覆灭性灾难，不仅会使其个人财富遭受重大损失，还可能丧失控股地位，那么控股股东将会如何用行动来降低股价暴跌风险？

在股权质押融资已成为我国资本市场上一种常态的情境下，本书基于对控股股东股权质押动机及其经济后果的探讨，从外部环境视角出发考察资本市场错误定价对控股股东股权质押决策的影响，并从企业层面信息进一步分析控股股东如何利用资本市场的低效率以创造有利的市场时机，最终探讨市值管理动机下控股股东股权质押与股价崩盘风险的关系。在“高杠杆”和“高负债”背景下，深入探讨控股股东股权质押行为与资本市场错误定价之间的关系，对于“去杠杆”和“防风险”、维护金融和社会秩序稳定、提高市场资源配置效率具有十分重要的意义。

（一）理论价值

（1）从外部环境视角出发探讨资本市场错误定价对控股股东股权质押决策的影响，补充了有关控股股东股权质押行为的研究。已有多数文献从委托代理视角探讨控股股东股权质押的动机，本书从外部环境角度出发，考察市场时机对控股股东股权质押决策的影响，检验了控股股东股权质押过程是否存在利用资本市场低效率，市场择时动机，有助于深化对控股股东股权质押动机和经济后果的理解。

（2）以股权质押为研究对象检验中国资本市场的有效性，并证实我国资本市场是一个以噪声信息为主的低效率市场，丰富了有效市场假说理论体系。对增发、配股等股权再融资方式而言，股权质押融资实质上是一种担保贷款，控股股东只须与银行等质权人签订股权质押协议，依法办理股权出质登记手续并履行相关信息披露责任，股权质押合约即可生效，因而受到的监管程度较小，控股股东有动机有能力合理地利用资本市场的低效率。而且，在股权质押过程中，控股股东有强烈动机操纵盈余影响股价及股价同步性以创造有利的市场时机改变资产质量和信贷条件，丰富了关于债务择时融资的研究，进一步完善了有效市场假说。

（3）从资产误定价视角研究股价崩盘风险的形成机理，丰富有关股价崩盘风险影响因素及其防控对策的研究。从市值管理的视角分析了股权质押期内控股股东防范股价崩盘避免平仓甚至控制权转移的措施，发现控股股东并不是通过努力经营提高公司业绩方式进行市值管理的，而是采取操控盈余方式进行市值管理的。本书揭示了控股股东股权质押期内为“排雷”而进行市值管理的方式，同时也发现资产误定价是股价崩盘风险形成的内在根源。作为“理性经济人”，控股股东市值管理却采取了短期机会主义行为，是因为我国股票市场长期缺乏市值管理的内生动力。

（二）现实意义

第一，从外部环境视角出发考察资本市场错误定价对控股股东股权质押决策的影响及可能产生的经济后果，揭示资本市场上股权质押风险频发的深层次原因，促进金融机构和投资者了解控股股东股权质押的真实意图，并有针对性地采取股权质押的风险预防措施，提高股权质权所担保债权的安全性。

第二，探讨市值管理动机下控股股东股权质押对股价崩盘风险的影响，为监管机构完善资本市场制度建设，提高上市公司的信息披露要求和质量，改善资本市场信息效率水平和资源配置效率，防范系统性股价崩盘风险的发生提供经验证据。

第三，在“高杠杆”和“高负债”背景下，深入探讨控股股东股权质押行为与资本市场错误定价之间的关系，对于“去杠杆”和“防风险”、维护金融和社会秩序稳定、提高市场资源配置效率具有十分重要的现实意义。

三、研究思路及方法

本书立足于中国资本市场上股权质押繁荣之下风险凸显这一现实背景，基于对控股股东股权质押动机及其经济后果的探讨，从外部环境视角出发考察资本市场错误定价对控股股东股权质押决策的影响，并从企业层面信息进一步分析控股股东如何利用资本市场的低效率以创造有利的市场时机，最终探讨市值管理动机下控股股东股权质押与股价崩盘风险的关系，最后提出完善资本市场机制、股权质押风险防范的政策性建议，研究思路与具体内容安排如图 0－1 所示。

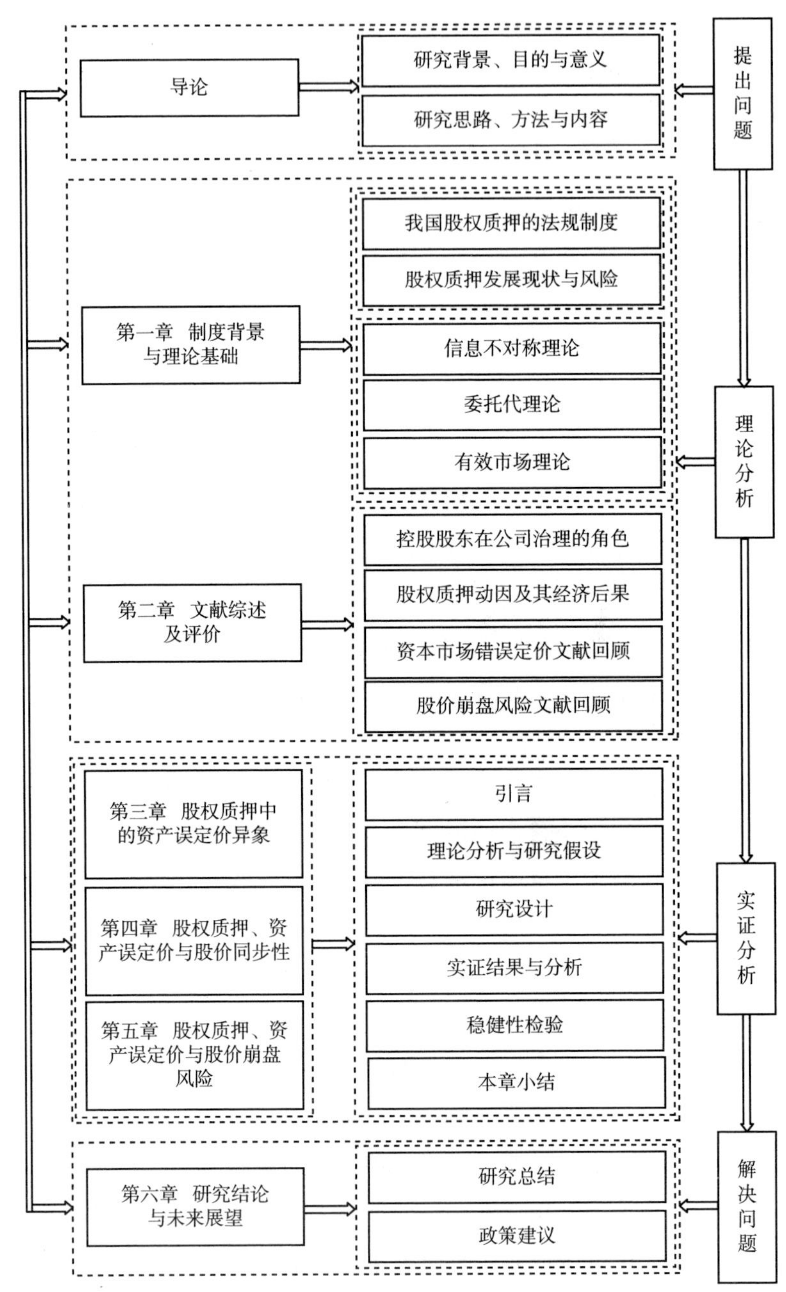

图 0-1 本书的研究技术路线

《论语·魏灵公》曰："工欲善其事，必先利其器。"科学是随着研究方法所获得的成就而进步的，科学的研究方法是形成科学理论的前提。本书所采用的研究方法包括规范研究法和档案研究法。

（一）规范研究法

规范性研究注重"应该是什么"，主要从逻辑上概括最优的结论应该如何，但对其结论在现实中是否有效并不进行系统的验证。例如，第二章探讨控股股东股权质押决策与资本定价异象两者关系时采用了规范分析方法，为本书的研究假设提出奠定了理论基础。

（二）实证研究法

与规范研究方法不同，实证研究方法属于一种经验研究，主要是回答"怎么样"或"是什么"的问题，主旨在于描述、解释与预测。本书采用实证研究方法，试图回答：第一，控股股东股权质押决策是否存在利用资本市场的低效率的市场择时动机？第二，控股股东股权质押决策是如何利用资本市场的低效率实现其市场择时目的？第三，控股股东股权质押利用资本市场的低效率会造成何种经济后果？在这些问题的研究分析过程中主要采用了描述性统计、相关系数分析、均值差异检验、多元回归、两阶段最小二乘法、倾向得分匹配等多种分析方法。

四、研究内容及结构

第一部分，导论。

该部分主要介绍了本书的选题背景、研究目的与研究意义、研究思路与研究方法，以及研究内容及结构安排。

第二部分，制度背景与理论基础。

该部分主要介绍了我国有关股权质押的法规制度，使本书研究立足于中国现实，并对我国资本市场上股权质押融资的现状进行了初步统计分析。而且，基于本书研究的需要，主要对信息不对称理论、委托代理理论和有效市场理论的基本观点进行了梳理和归纳，这为后续研究奠定了理论基础。

第三部分，文献综述及评价。

该部分主要从控股股东的监督效应和“掏空”效应，股权质押的动因及其经济后果，资本市场错误定价的影响、产生原因及其度量和股价崩盘风险的形成机理、度量和影响因素四个方面梳理归纳了与研究问题相关的文献并进行了评述，发现可以拓展的研究领域。

第四部分，控股股东股权质押中的资产误定价异象。

该部分主要探讨了控股股东股权质押决策是否存在利用资本市场的低效率，根据股票市场的估值水平动态调整其股权质押决策的。在此基础上，探讨了货币政策和融资约束对控股股东股权质押决策的影响。

第五部分，股权质押、资产误定价与股价同步性。

该部分主要考察了控股股东是如何利用资本市场的低效率，实现其市场择时目的的途径。首先，探讨了控股股东股权质押决策与盈余管理的关系，以及盈余管理与资产误定价的关系；其次，分析了盈余管理与公司的股价同步性，控股股东股权质押决策与股价同步性的关系；最后，考察了股权质押、资产误定价与股价同步性的关系。

第六部分，股权质押、资产误定价与股价崩盘风险。

主要探讨了控股股东股权质押决策由于利用资本市场的低效率而可能产生的经济后果。首先，探究控股股东股权质押与股价崩盘风险，资产误定价与股价崩盘风险之间的关系，基于此提出基本假设；其次，分析发生股权质押的控股股东降低股价崩盘风险的具体方式与手段；最后，选取研究样本与数据，构建研究模型，实证分析并进行稳健性检验。

第七部分，研究结论与未来展望。

主要包括基本结论、政策性建议、主要创新、研究不足与未来展望，并主要对以上各部分的基本结论、主要贡献及研究发现进行归纳总结，在此基础上提出政策性建议，并明确研究局限，提出未来需要进一步研究的问题。

| 第一章 |

制度背景与理论基础

本部分主要介绍了我国有关股权质押的法律法规，对我国资本市场上股权质押融资现状进行了初步统计分析，并对信息不对称理论、委托代理理论和有效市场假说这三大理论的基本观点、发展历程及其应用进行简要的回归与总结，以期为本书后续研究奠定理论基础。

第一节　制度背景

股权质押是指股东（出质人）以其所持有的股权作为质押标的物而设立的质押，实质上属于一种权利质押（闫天怀，1999）。我国《担保法》于1995年颁布实施，将质押作为担保的一种形式，股权质押制度在我国正式确立。本部分主要对我国股权质押有关的正式法规制度进行简要的介绍，在此基础上对我国资本市场上股权质押的现状进行初步的统计分析，尝试描绘我国股权质押的法规制度框架和现实轮廓。

一、我国有关股权质押的法规制度

（一）股票质押分类及相关制度的诞生

我国股票质押业务定位于服务实体经济，解决中小型、创业型上市公司股东融资难的问题，绝大多数资金融入方为上市公司主要股东，且资金主要用于企业经营周转，与其他杠杆资金加杠杆用于购买股票有明显不同。

股票质押业务可分为场内股票质押及场外股票质押。场内质押业务主要指股票质押式回购，是以证券公司及其资管子公司为主的类融资业务；场外质押业务主要指一般的股票质押融资，从事该业务的主体为商业银行、信托公司、证券公司、一般公司、个人等。场内业务由证券公司主导，而场外业务由商业银行主导，证券公司占比较少。两种股权质押业务共同构成股权质押市场，为我国实体经济建设提供支持。

从股权质押业务相关法规角度看，一般股票质押贷款的诞生要远早于股票质押式回购。一般股票质押融资可追溯至 1995 年《中华人民共和国担保法》中对“权利质押”的规定，其实际上是对广义担保贷款概念的延伸，是一种将股票权利移交借款人占有，并进行贷款的行为。

股票质押式回购则诞生于证券公司业务创新，于近年才存在制度基础。2013 年 5 月的《股票质押式回购交易及登记结算业务办法（试行）》（以下简称《试行办法》）标志着股票质押式回购业务开始具有制度基础。《试行办法》定义了履约担保比例、质押率等指标的计算，并对股票质押式回购业务的融入方、融出方、信息披露等做出规定，并明确质押式回购期限不得超过 3 年。

（二）股票质押融资业务相关法规分类及发展

从法律与质押式回购关系密切度、法律本身的基础程度及重要性，可将股票质押融资相关的规范性法律文件分大致为三类：核心法律文件、辅助法律文件和基础法律文件。对于较为基础、重要、与股票质押融资联系密切的文件，我们称为核心法律文件，如《股票质押式回购交易及登记结算业务办法（2018 年修订）》；对于较为基础重要但联系不密切的法律文件，我们称为基础法律文件，如《担保法》；对于较为细节化但联系密切的法律文件，我们称为辅助法律文件，如《中国证券登记结算有限责任公司深圳分公司协助执法业务指南（2017 修订）》。

1. 基础性法律文件

通过基础性法律文件，我们能从根本上理解股票质押的性质。这类文件多对股票质押性质中牵涉的名词进行基础性定义，或对某个过程进行描述。

例如，1995 年的《担保法》很好地解释了何为质押，质押是“债务人或者第三人将其权利、财产移交债权人占有，将该权利、财产作为债权的担保。债务人不履行债务时，债权人有权依照本法规定将该权利、财产以折价拍卖、变卖该权利的价款优先受偿”，《担保法》还规定“不得约定在债务履行期届满质权人未受清偿时，质物的所有权转移为质权人所有”。由此可见，质押权的本质是一种对财产的变卖权及变卖后的优先求偿权，而非简单的财产所有权的转移。在后续法律中，也有规定“质权人在变卖质物所获收益清偿债务后有剩余的，应归还出质人；收益不足以清偿债务的，剩余债务应由出质人继续作为债务人承担相应责任”，这也可体现质权并不是简单的所有权转移。也即质权人采取平仓手段是合理行为，但并不代表平仓后就能完全免除股东的所有债务。

1995 年 6 月，《中华人民共和国担保法》（以下简称《担保法》）相关规定：

（1）给出权利质押的定义，并将股权质押定义为其中一种。指债务人或者第三人将其权利移交债权人占有，将该权利作为债权的担保。债务人不履行债务时，债权人有权依照本法规定将该权利折价或者以拍卖、变卖该权利的价款优先受偿。

（2）定义了出质人、质权人。（1）中规定的债务人或者第三人为出质人，债权人为质权人，移交的权利为质物。

（3）规定出质人和质权人在合同中不得约定在债务履行期届满质权人未受清偿时，质物的所有权转移为质权人所有。结合（1）中后半部分，可以看出质押权的本质是一种对某财产的变卖权及变卖后的优先求偿权。

（4）股票出质后，不得转让，但经出质人与质权人协商同意的可以转让。出质人转让股票所得的价款应当向质权人提前清偿所担保的债权或者向与质权人约定的第三人提存。

（5）规定了质押合同应具有的法律要素。

2000 年 9 月，最高人民法院关于适用《中华人民共和国担保法》若干问题的解释，相关规定：

（1）债务人或第三人未按质押合同约定的时间移交质物造成的损失应由

出质人承担责任。(2) 出质人代质权人占有质物的，质押合同不生效；质权人将质物返还于出质人后，以其质权对抗第三人的，人民法院不予支持。(3) 出质人以间接占有的财产出质的，质押合同自书面通知送达占有人时视为移交；占有人收到出质通知后，仍接受出质人的指示处分出质财产的，该行为无效；出质人以其不具有所有权但合法占有的财产出质的，不知出质人无处分权的质权人行使质权后，因此给动产所有人造成损失的，由出质人承担赔偿责任。(4) 规定流质流押无效（担保物所有权的提前转移）。

2007 年 1 月，《上市公司信息披露管理办法》规定，上市公司持有 5%以上股份股东或实际控制人在质押上市公司股份进行融资时，该股东应及时告知董事会，上市公司做出相应披露。

2007 年 10 月，《中华人民共和国物权法》（以下简称《物权法》）相关规定：

(1) 再次强调质押合同要素、强调质押的定义，与《担保法》相照应。(2) 质权人在质权存续期间，未经出质人同意擅自使用、处分质押财产造成损害的，应当承担赔偿责任。(3) 质权人可放弃质权。债务人以自己的财产出质，质权人放弃该质权的，其他担保人在质权人丧失优先受偿权益的范围内免除担保责任，但其他担保人承诺仍然提供担保的除外。(4) 质押财产折价或者拍卖、变卖价格参照市场价，处置后，其价款超过债权数额的部分归出质人所有，不足部分由债务人清偿。

2014 年 3 月，《中华人民共和国公司法（2014 年修订）》的相关规定：

(1) 明确禁止公司接受本公司股票作为质押标的；(2) 公司股权的可转让性为质押提供法律基础。

2015 年 7 月，《上市公司收购管理办法》的相关规定：

(1) 收购人聘请财务顾问出具报告，财务顾问需要对收购人是否将目标公司股权用于质押贷款出具分析；(2) 对于采用股权质押融资资金进行收购的公司应对该信息进行披露；(3) 办理证券处置过户业务行为出发收购要约的，应本法规定履行相关手续后，再向交易所及证券登记结算机构申请办理质押证券处置过户。

2. 核心法律文件

股票质押融资的核心法律文件对股票质押融资整个过程的各环节进行了

详细而重要的规定。从 2004 年针对证券公司作为融入方，通过质押自身所持股票进行场外股票质押融资，到 2013 年开始证券公司作为融出方，创新性地进行股票质押式回购，该类法规很好地描述了股票质押贷款的具体规定。

2004 年，《证券公司股票质押贷款管理办法》出台，真正从质押率、担保率、持仓分散程度、资本合规、借贷期限等方面监管了证券公司作为融入方在场外进行股票质押贷款的业务。需要注意的是，对于一般公司的场外股票质押贷款，政策法规允许借贷双方就期限进行自主协商。

（1）办法所称股票质押贷款，指证券公司以自营股票、证券投资基金券和上市公司可转换债券作质押，从商业银行获得资金的一种贷款方式，属于场外质押融资。

（2）股票质押贷款期限由借贷双方协商确定，最长为 1 年。借款合同到期后，不得展期，新发生的质押贷款按本办法规定重新审查办理。借款人提前还款，须经贷款人同意。

（3）质押标的应业绩优良、流动性好、规模适度，不得是上 1 年度亏损的上市公司股票、前 6 个月内股票价格的波动幅度（最高价/最低价）超过 200% 的股票、可流通股股份过度集中的股票、证券交易所停牌或除牌的股票、证券交易所特别处理的股票、证券公司持有一家上市公司已发行股份的 5% 以上的股票，证券公司因包销购入售后剩余股票而持有 5% 以上股份的除外。

（4）质押率不得超过 60%。

（5）定义：质押率 =（贷款本金/质押股票市值）×100%。

质押股票市值 = 质押股票数量 × 前七个交易日股票平均收盘价。

（6）定义：警戒线或平仓线比例 =（质押股票市值/贷款本金 ×100%），警戒线比例最低为 135%，平仓线比例最低为 120%。达到警戒线时应要求借款人即时补足因证券价格下跌造成的质押价值缺口，跌至平仓线时应及时出售股票。

（7）贷款人发放的股票质押贷款余额不超过其资本净额的 15%；对一家证券公司发放的股票质押贷款余额不超过贷款人资本净额的 5%。

（8）明确商业银行及其分支机构接受的用于质押的一家上市公司股票不

高于该上市公司全部流通股票的10%。证券公司用于质押的一家上市公司股票不高于该上市公司全部流通股票的10%，并且不高于该上市公司已发行股份的5%，被质押的一家上市公司股票不高于该上市公司全部流通股票的20%。

（9）阐明质押物的保管、处分及相关罚则等。

2013年的《股票质押式回购交易及登记结算业务办法（试行）》奠定了券商场内质押式回购的基础，为其后来的蓬勃发展提供契机，股票质押式回购最长期限为3年的规定也被敲定下来。

（1）该规定的发布标志着股票质押式回购业务开始具有制度基础，此前所有股票质押贷款主要是场外质押融资。

（2）规定融出方包括证券公司、证券公司及其资管子公司管理的集合、定向、专项资产管理计划或定向资产管理客户。

（3）对场内质押业务申请、办理等流程进行规定。

（4）股票质押回购的回购期限不超过3年，回购到期日遇非交易日顺延等情形除外。

（5）定义：融出方初始交易应付金额＝初始交易成交金额；

融入方初始交易应收金额＝初始交易成交金额－相关费用；

融入方应质押证券数量＝标的证券成交数量；

对于每笔购回交易：融出方应收金额＝融入方应付金额＝购回交易成交金额，融入方解除质押证券数量＝标的证券成交数量。

（6）待购回期间，标的证券产生的无须支付对价的股东权益，如送股、转增股份、现金红利等，一并予以质押。

（7）以有限售条件股份作为标的证券的，解除限售日应早于回购到期日。

（8）定义：质押率＝初始交易金额/质押标的证券市值。

（9）定义：履约保障比例＝股票市值＋补充质押市值－解除质押的股票市值及孳息＋孳息市值/融入方应付金额。

（10）持有上市公司股份5%以上的股东，将其持有的该上市公司股票进行股票质押回购的需要披露。

（11）证券公司风险防范措施应以净资本为核心、集合资管计划股权质押融资业务应与计划资金来源期限相匹配。

2017 年，股票质押贷款相关融资开始趋严，《股票质押式回购交易及登记结算业务办法（2017 修订）（征求意见稿）》（以下简称《业务结算办法》）出台，股票质押融资门槛提高，质押占比、质押率、持股集中度等都受到严格规定，同时，为了防止金融机构杠杆过高，股票质押融资融入方不得为金融机构。

（1）对比 2013 年版，提高了从事股权质押业务的证券公司的门槛，严格控制业务申请流程审批。

（2）融入方不得为金融机构或者从事贷款、私募基金、个人借贷等业务的其他机构，或者前述机构发行的产品。

（3）明确约定参与股票质押回购的投资比例、单一融入方或者单一质押股票的投资比例、质押率标准等事项。

（4）明确资金用途应为服务实体经济。

（5）加强融入方审查制度，调查内容包括融入方的身份、财务状况、经营状况、信用状况、担保状况、资金用途、风险控制等。

（6）规定融入方最低融入门槛为 500 万元，此后每笔初始交易金额不得低于 50 万元。

（7）证券公司接受单只 A 股股票质押的数量不得超过该股票 A 股股本的 30%。集合资产管理计划或定向资产管理客户作为融出方的，单一集合资产管理计划或定向资产管理客户接受单只 A 股股票质押的数量不得超过该股票 A 股股本的 15%，补充质押导致该结果除外。

（8）质押式回购交易不得导致单只 A 股股票市场整体质押比例超过 50%。

（9）证券公司应当依据标的证券资质、融入方资信、回购期限、第三方担保等因素确定和调整标的证券的质押率上限，其中股票质押率上限不得超过 60%。

（10）可以以其他非股票资产进行质押补充。

2018 年 1 月的《证券公司参与股票质押式回购交易风险管理指引》细化了股票质押式回购风险控制相关规定：

（1）细化规定了 A、B、C 类券商自有资金融资余额不得超过净资本的

150%、100%、50%。对存量业务采取新老划断的原则。

（2）对以下股票的质押业务，证券公司应予以风险管理：上市公司上1年度亏损且本年度仍无法确定能否扭亏，质押股票近期涨幅或市盈率较高，质押股票的股票市场整体质押比例与其作为融资融券担保物的比例合计较高，质押股票对应的上市公司存在退市风险，质押股票对应的上市公司及其高管、实际控制人正在被有关部门立案调查，证券公司认为存在风险较大的其他情形。

（3）质押股票有业绩承诺股份补偿协议的，不得以其管理的集合资产管理计划和定向资产管理客户作为融出方参与股票质押式回购交易。

（4）不违反规定的条件下，质押率由上市公司综合各种因素自行确定，履约保障比例由证券公司自行确定，鼓励该比例的差异化管理。

（5）融入方到期不回购且经催缴超过90个自然日仍未能购回的，未按照法律法规、自律规则规定使用融入资金且不改正的行为的，将被记入黑名单，证券公司在披露的日期起1年内不得向其提供融资。

（6）对部分质押回购业务应做减值准备处理。

2018年1月，《股票质押式回购交易及登记结算业务办法（2018年修订）》（股票质押业务结算办法）相关规定：（1）为2017年征求意见稿的实施版本；（2）对相关条款进行进一步细化规定；（3）不再认可基金、债券作为初始质押标的；（4）对存量业务采用新老划断原则。

2018年5月，《关于证券公司办理场外股权质押交易有关事项的通知》相关规定，全面叫停证券公司场外股权质押业务。券商场外股票质押业务体量较小，一般为股票质押式回购的配套融资手段，因此该通知对券商股票质押业务直接影响不大。但该通知的意义在于防范乱象于未然，对风险起到了很好的防控作用，使券商只从事场内股票质押，完全处于场内股票质押式回购监管体系中，避免场内外股票质押监管交叉，导致出现监管分工不明的灰色地带。

（1）证券公司、证券公司子公司及其管理的集合资产管理计划或定向资产管理客户不得作为融出方参与场外股权质押交易。但因参与场内股票质押式回购交易业务及本通知发布前已存续场外股权质押回购交易业务而发生的补充质押除外。

（2）证券公司不得为银行、信托等其他机构或个人通过场外市场开展上市公司股票质押融资提供盯市、平仓等第三方中介服务（通道业务）。

（3）通知自发布之日起实施，发布前已存续合约无须提前了结，已存续合约约定可以延期赎回的，延期期限累计不超过 1 年。

3. 辅助性法律文件

该类法规或是针对股票质押融资的某个细分领域，或是着重描述股票质押融资的申请、登记等流程。除了以下列出的政策法规外，还有部分对股票质押信息披露公告、股票质押备案等格式做出规定的文件，由于主要规范的是相关文件的书面格式。

2001 年 10 月，《关于上市公司国有股质押有关问题的通知》的相关规定：

（1）国有股东授权代表单位用于质押的国有股数量不得超过其所持该上市公司国有股总额的 50%。

（2）公司发起人持有的国有股，在法律限制转让期限内不得用于质押。

（3）国有股东授权代表单位持有的国有股只限于为本单位及其全资或控股子公司提供质押。

（4）国有股东授权代表单位以国有股质押所获贷款资金，应当按照规定的用途使用，不得用于买卖股票。

（5）国有股协议转让、控股权发生变化的，遵守其他相关规定。

2016 年 4 月，《工商行政管理机关股权出质登记办法（2016 年修订）》：

（1）该办法适用标的范围为有限责任公司和股份有限公司股权。

（2）各级工商行政管理机关的企业登记机构是股权出质登记机构。

（3）详列股权出质登记要素，如出质人、股权数量、质权人等。

（4）被人民法院冻结的股权，解除冻结前不得进行股权出质登记。

（5）列明股权出质的变更、登记、撤销流程及应提交的材料。

2017 年 4 月，《中国证券登记结算有限责任公司深圳分公司协助执法业务指南（2017 修订）》的相关规定：

（1）区分证券的可售冻结及不可售冻结，前者为证券不可以卖出，后者为证券可以卖出，但卖出所得资金要被冻结，由托管证券的证券公司受理。

（2）已质押股票、限售股票可被冻结，冻结优先于限售、质押。

（3）要求过户的证券已做质押登记的，过户当事人应先解除质押再进行过户。

需要注意的是，在以下法律文件中提及的“出质”主要针对的是股票质押场外融资，而非场内的股票质押式回购。

4. 其他与股票质押融资及其风险相关的法律文件

除了与股票质押直接相关的法律文件外，股票质押风险也与其他许多法律规定密切相关。例如，“减持新规”中明确规定，因股票质押协议导致的大股东减持也应遵守相应条例，这大大减缓了股票质押违约导致的平仓速度，降低其对于市场的冲击。另外，股票质押触发平仓线属于利空消息，将会引起市场恐慌，在给市场足够的反应时间的条件下，如果不采用一些诸如期权等特殊方法进行套保，对市场的冲击将转化为对质权人及质押人双方利益的冲击。

2017 年 5 月，《上市公司股东、董监高减持股份的若干规定》（减持新规）、《上交所上市公司股东及董监高减持股份实施细则》的相关规定：

（1）规定适用于因司法强制执行、执行股权质押协议的减持。

（2）定义大股东为持股 5% 以上股东，特定股东为除大股东以外的股东。

（3）任何股东减持，在任意连续 90 日，采取集中竞价交易方式内减持股份的总数不得超过公司股份总数的 1%，大宗交易方式不得超过 2%；减持采用协议转让的，受让比例需要大于公司股份总数的 5%，价格比照大宗交易，受让方在受让后 6 个月内不得转让受让股份。

（4）持有上市公司非公开发行股份的股东，通过集中竞价交易减持该部分股份的，除遵守前款规定外，自股份解除限售之日起 12 个月内，减持数量不得超过其持有该次非公开发行股份数量的 50%。

（5）对股东信用证、普通账户多个账户合并计算。

（6）董监高在任期届满前离职的，应当在其就任时确定的任期内和任期届满后 6 个月内，每年转让的股份不得超过其所持有本公司股份总数的 25%。

（7）大股东进行股份质押的，应在 2 天内通知上市公司，由上市公司按照交易所规定及时发放公告。

2018 年 3 月，《关于规范金融机构资产管理业务的指导意见》（资管新规）相关规定，金融机构不得以受托资管份额进行质押融资放大杠杆。

2018 年 6 月，《证券期货经营机构私募资产管理业务运作管理暂行规定》（新八条底线）相关规定，明确股票质押式回购纳入资管计划投资范围，为非标准化资产。

（三）我国台湾地区股票质押相关法规

我国台湾公司和证券交易的有关规定明确规定董事、监事选任皆必须具备股东资格，并应达到一定的持股比例，这使公司所有权与经营权呈现重合现象。而且，对内部股东（董事、监事、经理或持有公司股份超过 10% 的股东）持股转让、质押做出诸多限制。这样立法目的在于保护投资者利益，减少因代理问题而引发其他问题。为此，在正文表述中不再具体区分大股东股权质押还是董监事持股质押，均统一表述为大股东股权质押。

台湾地区公司方面的文件规定：公司应至少置董事一人执行业务并代表公司，最多置董事三人，应经 2/3 以上股东之同意，就有行为能力的股东中选任。董事有数人时，得以章程特定一人为董事长，对外代表公司。第 192 条规定：公司董事会，设置董事不得少于三人，由股东会就有行为能力之人选任之。公开发行股票之公司依前项选任之董事，其全体董事合计持股比例，证券管理机关另有规定者，从其规定。第 197 条规定：董事经选任后，应向主管机关申报，其选人当时所持有之公司股份数额；公开发行股票之公司董事在任期中转让超过选任当时所持有之公司股份数额 1/2 时，其董事当然解任。第 197 - 1 条规定：董事之股份设定或解除质权者，应即通知公司，公司应于质权设定或解除后十五日内，将其职权变动情形，向主管机关申报并公告之。但公开发行股票之公司，证券管理机关另有规定者，不在此限。公开发行股票之公司董事以股份设定质权超过选任当时所持有之公司股份数额 1/2 时，其超过之股份不得行使表决权，不算入已出席股东之表决权数。第 216 条规定：公开发行股票之公司监察人选举，依章程规定采候选人提名制度者，准用第 192 条之规定，依公司法第 227 条准用第 197 条规定。

台湾地区公司方面的文件对公开发行股票公司之董事、监察人、经理人或持有公司股份超过股份总额 10% 的股东的持股份额申报、股票转让做出了具体规定。同时，为使公司的董事、监察人与公司能产生休戚相关、利害与共的观念，以增进经营绩效，健全公司资本结构以及增加投资人利益，第 26 条规定公开发行公司之全体董监所持有记名股票之股份总数，不得少于金管会订定之公开发行公司董事、监察人股权成数成及查核实施规则中所规定的成数。

台湾证券交易所的《上市公司及其董事、监察人与大股东应行注意之证券市场规范事项》第 5 款明确规定董事、监察人、经理人及大股东股权变动、质押申报及公告的责任。

二、股权质押现状与风险

(一) 我国资本市场股权质押现状

近年来，随着我国资本市场纵深化发展，上市公司大股东股权质押融资活动日益活跃，显现巨大的市场需求，尤其是 2014 年 7 月牛市启动以来，上市公司大股东开始进入“全面质押”时期，股权质押规模呈现“井喷式”激增，我国资本市场上形成了几乎“无股不押”的景象。2013 年之前，股票质押业务主要由银行、信托等机构主导。2013 年券商创新大会之后，为盘活账面资产，此前偶有绕道银行和信托参与股票质押的券商终于走到了股票质押业务的前台，股票质押业务得以以标准化产品的姿态迅速发展。但是，股权质押犹如一把“双刃剑”：一方面，股权质押这一融资方式给众多融资困难的公司带来了新机遇，体现了金融服务于实体经济的本质要求，促进了资本市场同货币市场的有效对接；另一方面，由于股权质权的担保功能源于其内在价值，股权的市场估值水平直接决定了质押股权的价值，股权质押与股市行情休戚相关。2015 年 6 月中旬以来，随着股市“泥沙俱下”式的暴跌，顾地科技（002694. SZ）、华仁药业（300110. SZ）、华数传媒（000156. SZ）等多家公司股价屡遭腰斩，股权质押风险警报频频拉响，这不禁引起监管部门、实务界和学术界开始思考股权质押繁荣下的潜在危机及其应对之策。本部分主要对我国资本市场上股权质押融资的现状以下几个方面进行初步统计分析，以了解我国资本市场上股权质押融资的基本特征。

当前，大股东的股权质押融资活动已成为我国资本市场上的一种普遍现象。图 1-1 显示，我国沪深两市 A 股质押的股本占 A 股总股本的比例均在 6.72% 以上，部分季度甚至高达 10% 以上水平，这说明股权质押是我国上市公司大股东融资常用的一种有效财务策略，资本市场上形成了几乎“无股不押”的繁荣之景。同时，还发现沪深 A 股质押规模变化趋势与沪深 300 指数走势基本一致，表明股票市场行情（熊市或牛市）是影响大股东股权质押决策的重要外部因素。

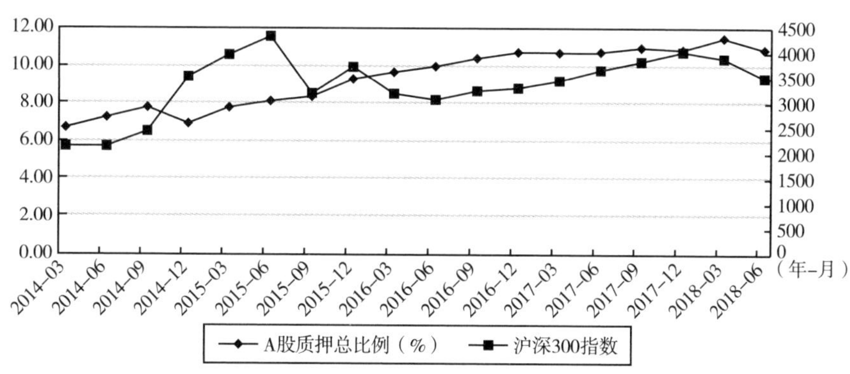

图 1-1　沪深 A 股股权质押总体情况

数据来源：Wind 数据库，整理绘制。

通过分析图 1-2 可以发现，自 2014 年第 1 季度至 2018 年第 2 季度期间，沪深 A 股质押公司数量呈现一种上升的态势，股权质押笔数也同样呈现

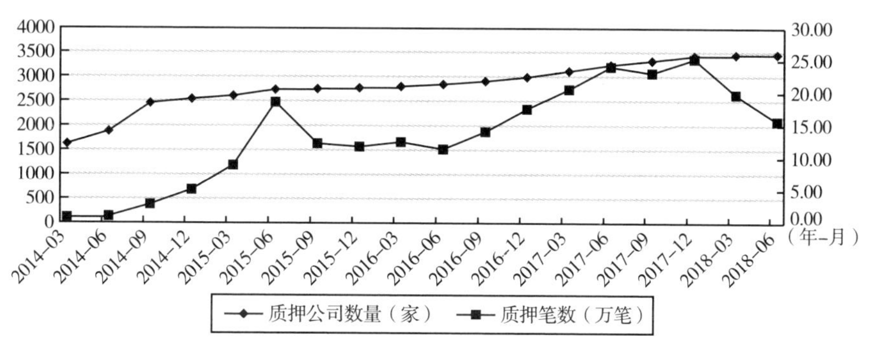

图 1-2　沪深 A 股质押公司家数和笔数

数据来源：Wind 数据库，整理绘制。

递增的趋势。其中，发生股权质押的公司数量从 2014 年第 1 季度的 1623 家增加到 2018 年第 2 季度的 3463 家，约占 A 股上市公司总数的 95%，平均每个季度增加约 108 家公司，无论是出于支持公司发展还是套现“掏空”的动机，股权质押融资的便利性极大地刺激了大股东的积极性。

与图 1－1 和图 1－2 的发现一样，我国沪深 A 股质押的总股数和总市值也表现出一种增长的态势，占 A 股总股本的比例平均在 6.7% 以上，部分时期高达 10% 以上。质押股票的市值规模自 2016 年年初均在 3 万亿元以上，平均占 A 股总市值的 7% ～8% （见图 1－3）。

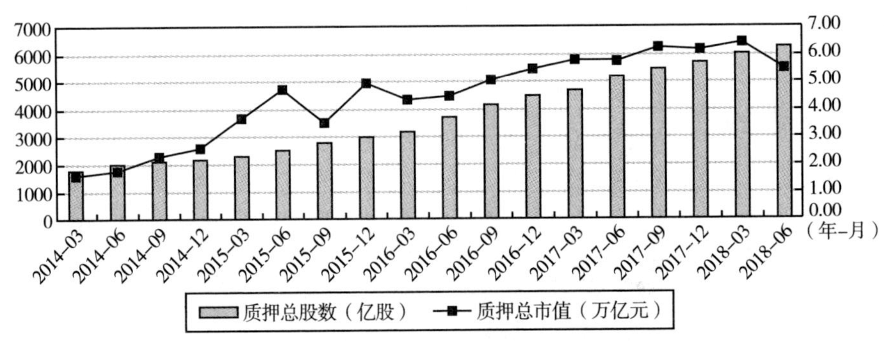

图 1－3　沪深 A 股质押总股数和总市值

数据来源：Wind 数据库，整理绘制。

从各时期平均质押笔数和质押股数来看（见图 1－4），2014 年第 1 季度至 2015 年第 2 季度，平均质押笔数从 5.09 笔骤增至 67.95 笔，随股市行情的恶化又急剧下降，但基本上表现出一种上升的趋势，同时平均质押股数总体上也呈现一种增长的态势。2014 年下半年开始，上市公司股权质押大规模暴发的原因之一是随着经济下行压力增大，2013 年以来沪深 A 股上市公司现金流极度恶化，与 2012 年相比，经营性现金流量净额陡降 33.45% （见图 1－5）。现金流之于企业，犹如血液之于人体。显然，2014 年我国沪深 A 股上市公司具有强烈的资金诉求。在此情况下，股票质押解决了其流动性不足问题，在其合理融资需求得到满足后，违规寻求资金的需求和冲动，自然就会减少。可见，股票质押为上市公司规范经营，提供了相应的物质基础。原因之二是来自资本市场环境的外部因素（股价飙升），2014 年 7 月，经过多年连续下跌的 A 股市场终于迎来暴发，仅 2014 年下半年，上证综指涨幅就达到了58%，个股方面尤其是股权质押较为容易的主板股票更是疯狂上涨。在同等折算率下，股价的飙升使上市公司在股权质押中可以获得更多资金，激发了大股东股权质押的积极性。

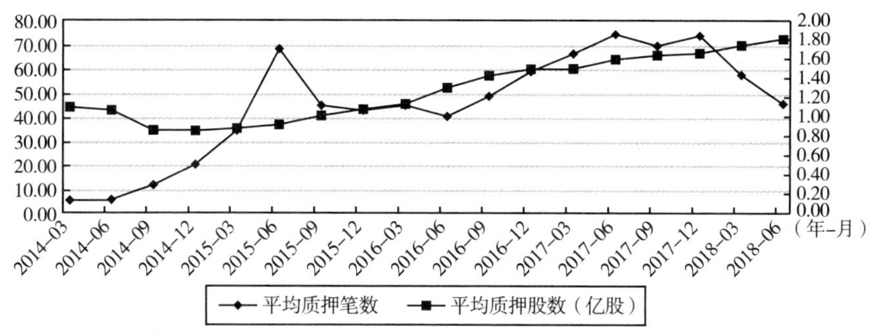

图1－4　沪深A股平均质押笔数和股数

数据来源：Wind数据库，整理绘制。

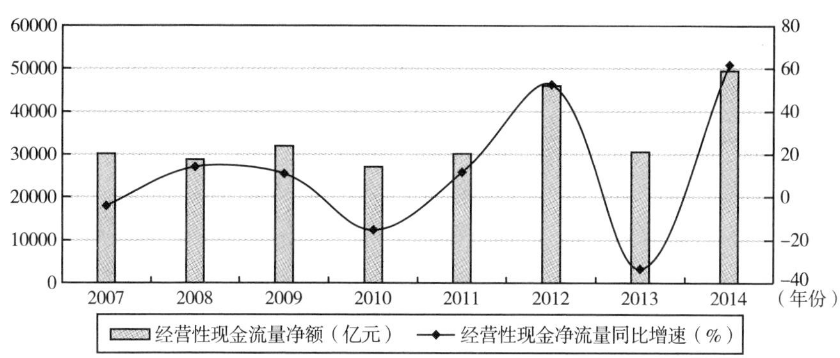

图1－5　沪深A股经营性现金净流量与同比增速

数据来源：Wind数据库，整理绘制。

A股市场的平均质押比例从2014年年初的15.41%下滑至2015年年中的10.34%，此后逐步回升，到2018年年中时已恢复到15.57%（见图1－6）。导致股票质押比例出现“V”形的原因较为多元且复杂：首先，高流动性、高活跃度的市场会抑制股票质押需求，此时若是公司存在资金缺口可以趁高股价再融资，而其他资产收益不及股票会失去吸引力，如不动产抵押融资反而会增加；其次，当股市疲弱或下跌时，经营环境恶化、传统融资手段困难以及其他大类资产收益相对提升则会刺激另类融资需求，而此时监管层往往会出于对中小投资者的保护而限制大小非、特定股东、大股东、董监高等的减持动作，作为标准化的融资手段股票质押易受到青睐；最后，为降低市场疲弱带来的业绩冲击，资金融出方如券商会主动加大资本中介业务布局，进一步扩大股票质押规模。由此则可以解释为何股票市场指数与股票质押比例呈现较大程度的负相关关系。

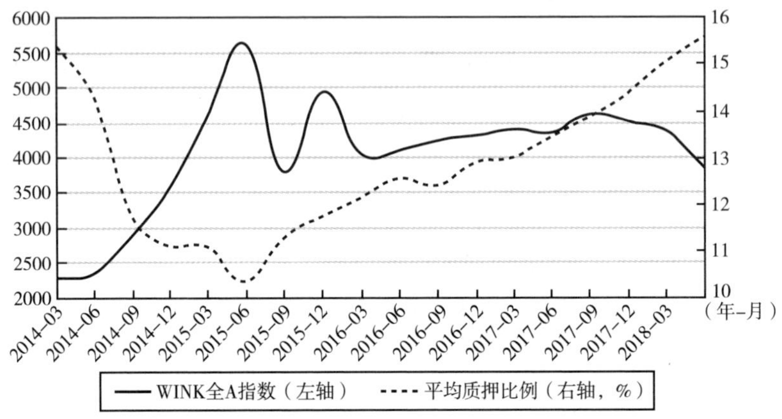

图 1－6　全 A 指数与市场平均质押比例变动

资料来源：Wind，恒大研究院。

从近 3 年的数据来看，场内场外质押比例的占比稳定在 7∶3 左右。截至 2018 年第 2 季度末，场内场外质押比例占比分别为 70.51% 和 29.49%（见图 1－7）。

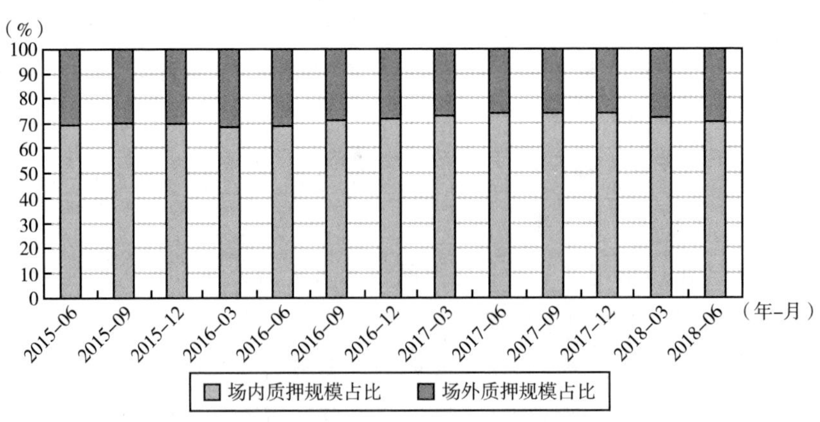

图 1－7　场内及场外质押规模占比

资料来源：Wind，恒大研究院。

如图1－8所示，横轴为不同质押比例（%）区间，2018年季度末，3336家进行股票质押的上市公司中，44.90%的公司股票总质押比例在10%以下，11.33%的公司质押比例在40%以上，质押比例在70%以上的为11家。

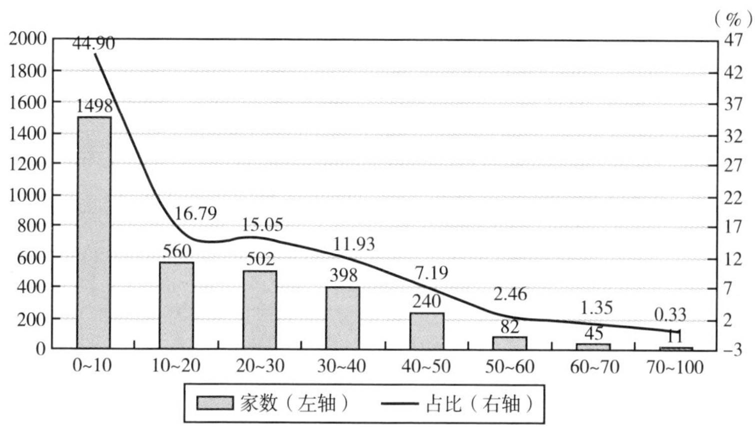

图1－8 不同股票质押比例公司家数及其占所有质押公司比例

资料来源：Wind，恒大研究院。

从板块分类来看，中小板和创业板的上市公司质押比例显著高于主板上市公司的质押比例（见表1－1）。

表1－1 不同板块上市公司质押情况

	主板	中小板	创业板
质押上市公司家数	1752	881	703
家数占比	52.52%	26.41%	21.07%
平均质押比例	13.94%	20.54%	20.10%

资料来源：Wind，恒大研究院。

国有企业和民营企业在质押公司比例上并无显著差别，但在平均质押比例上却呈现国有企业低而民营企业高的现象。在金融周期下行过程中，货币政策收缩和金融“去杠杆”，会导致企业的融资发生一定的困难，而作为国有企业，因为有政府等机构的信用背书，其在资本市场的融资便利性要显著高于民营企业，而民营企业因融资手段穷尽而不得不诉诸股票质押，作为在融资方式上的最后挣扎（见表1－2）。

表 1－2　　不同股东性质的上市公司股票质押统计　　单位：家

	上市公司总数	质押家数	质押公司占比	平均质押比例
国有企业	872	809	92.78%	5.39%
民营企业	2661	2527	94.96%	20.69%
合计	3533	3336	94.42%	15.57%

资料来源：Wind，恒大研究院。

从图 1－9 的观察发现，股权质押表现出明显的行业差异，这种现象广泛存在于我国资本市场。机械、基础化工以及医药股权质押总数靠前，而传媒、纺织服装、钢铁、煤炭以及农林牧渔板块质押比例靠前。按照 Wind 大股权统计角度（5%以上持股者），农林渔牧类公司股权质押的家数高达行业

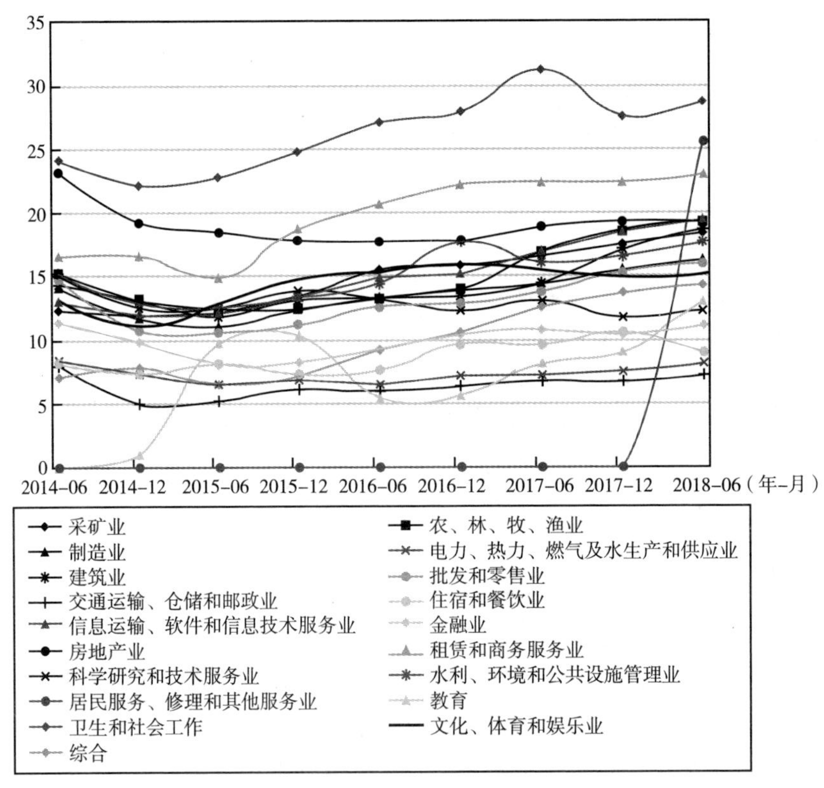

图 1－9　沪深 A 股各行业质押比例

注：依据证监会《上市公司行业分类指引（2012 年修订）》进行分类统计。

数据来源：Wind 数据库，整理绘制。

总数的近 80%，相比而言，以国有为主的金融业则比例最低。之所以股权质押表现出行业差异，这与各行业的自身特征密不可分。

按照质押股份是否能够自由流通进一步细分统计，分为无限售股和有限售股。其中无限售股的质押数量和质押比例基本上均高于有限售股，因为《股票质押式回购交易及登记结算业务办法（试行）（2017 年修订）》中第 64 条规定，以有限售条件股份作为标的证券的，质押率的确定应根据该上市公司的各项风险因素全面认定并原则上低于同等条件下无限售条件股份的质押率。这样，与无限售股质押相比，有限售股质押率较低，意味着采用有限售股质押的融资成本较高（见图 1－10）。

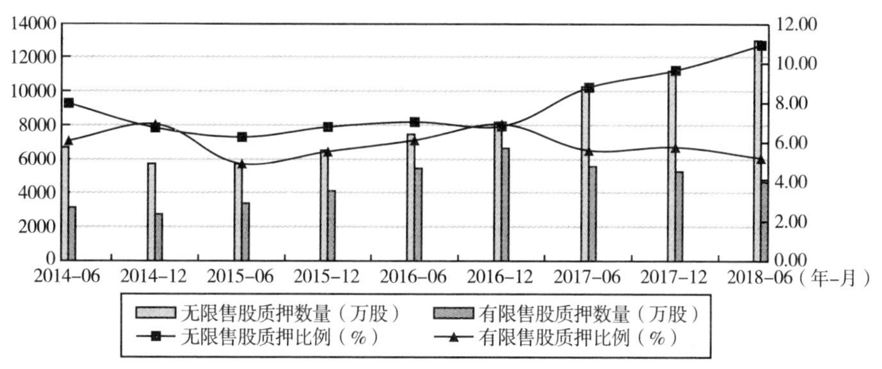

图 1－10 沪深 A 股无限售股和有限售股质押情况

数据来源：Wind 数据库，整理绘制。

截至 2018 年第 2 季度末，全市场质押股票对应的市值为 55601.29 亿元，其中限售股市值 17888.81 亿元，非限售股市值 37712.48 亿元。从行业来看，质押股票市值最高为医药行业，约 6387.06 亿元，其中限售股市值 1499.56 亿元，非限售股市值 4887.50 亿元，其次是房地产行业和基础化工行业，总质押市值分别为 4089.63 亿元和 3903.01 亿元（见图 1－11）。

按照 Wind 大股权统计角度（5% 以上持股者），我国资本市场上大股东质押持股数量表现出一种递增的趋势，而大股东质押股数占所持股份比重却呈现一种下降的态势。对于大股东说，由于其拥有较多的股权，以质押方式将其沉没在资产负债表上的“静态”资本激活为一种“动态”可用资本。基于此意义，股权质押融资被视为将企业“经济存量”转化为“经济能量”的一种有效财务策略。另外，在股权质押期内，大股东在公司的地位并未发

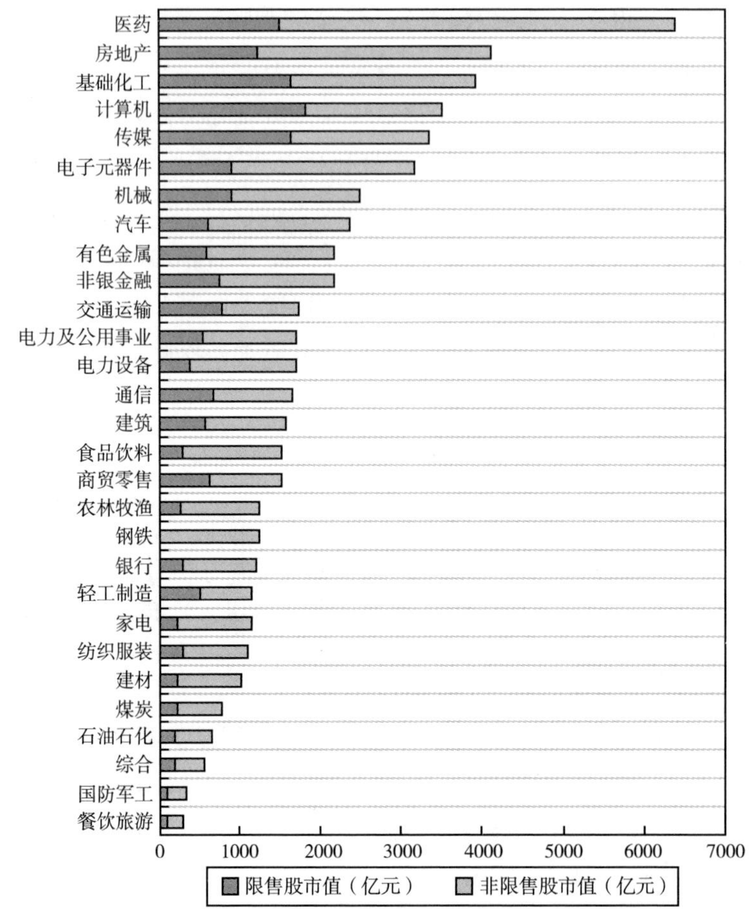

图 1－11　各行业限售及非限售股质押市值

资料来源：Wind，恒大研究院。

生变化，仍然享有相应的权利，如投票权、新股优先认购权等。这些股权质押的便利与优势刺激了大股东参与的积极性。但是，股权质押与股票市场行情休戚相关，过高的质押比例可能使大股东股价下跌时面临无力追加质押的巨大财务压力还可能使其失去在公司的大股东地位。基于此考虑，大股东股权质押比例总体上呈现一种递减的趋势（见图 1－12）。

在图 1－13 中，大股东未平仓总市值与大股东疑似触及平仓市值两者之间是一种此消彼长的关系。总体来说，大股东未平仓总市值基本上呈现上升的趋势，而大股东疑似触及平仓市值表现一种波动中下降的趋势。2014 年第

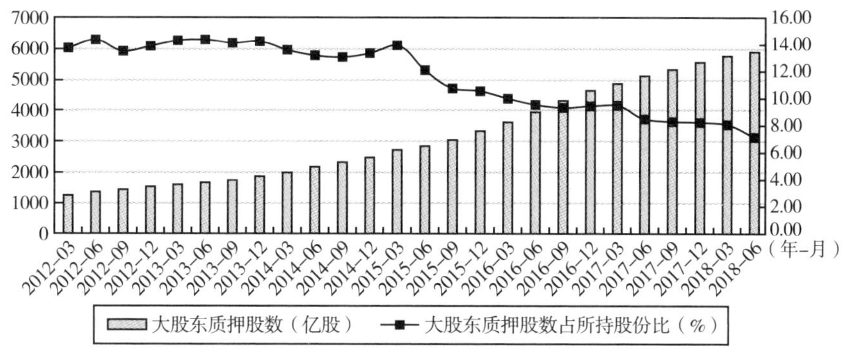

图 1-12　沪深 A 股大股东质押交易情况

数据来源：Wind 数据库，整理绘制。

2 季度至 2015 年第 3 季度，大股东疑似触及平仓市值在短期内急剧变化，与这一时期内股权质押规模激增，且股市行情剧烈波动有关，使众多公司因股权质押而触及警戒线和平仓线。

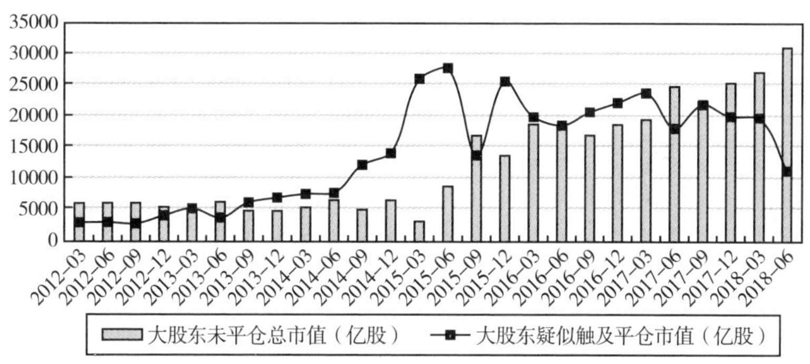

图 1-13　沪深 A 股大股东股权质押风险情况

数据来源：Wind 数据库，整理绘制。

股票质押回购是指符合条件的资金融入方（简称“融入方”）以所持有的股票或其他证券质押，向符合条件的资金融出方（简称“融出方”）融入资金，并约定在未来返还资金、解除质押的交易。上海证券交易所、中国证券登记结算有限责任公司于 2013 年 5 月 24 日联合发布了《股票质押式回购交易及登记结算业务办法（试行）》，标志着这一创新业务的正式推出已具备制度基础。根据该交易模式，将股票质押交易区分为质押式回购交易和非质押式回购交易。在图 1-14 中，大股东在质押回购式交易中质押股数自

2013 年 6 月开始呈现一种上升的趋势，而大股东质押股数占所持股份的比重却呈现下降的趋势。

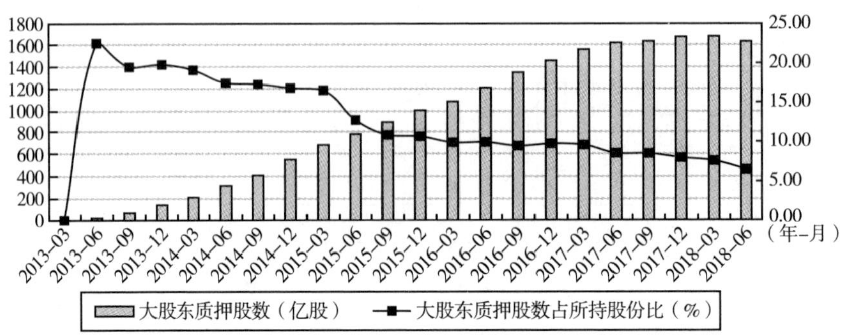

图 1－14　沪深 A 股大股东质押式回购交易情况

数据来源：Wind 数据库，整理绘制。

如图 1－15 所示，大股东在非质押回购式交易中质押股数基本上表现为一种上升的趋势，而大股东质押股数占所持股份的比重却呈现下降的趋势。总体上，两种交易模式的质押规模差别不大。

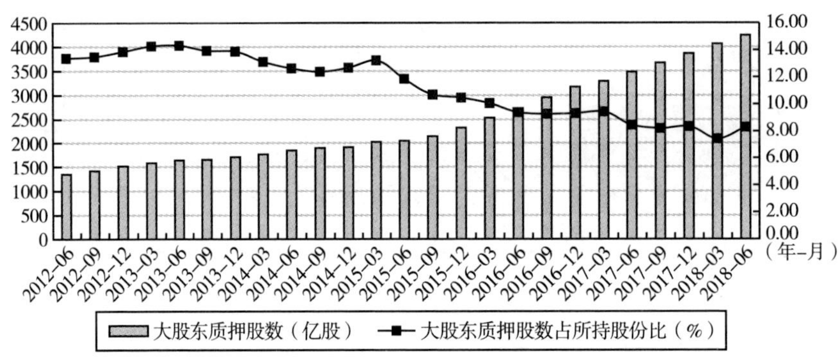

图 1－15　沪深 A 股大股东非质押式回购交易情况

数据来源：Wind 数据库，整理绘制。

股权质押这一融资方式产生的物质基础是股权结构集中，在股权结构较分散的欧美经济体中，股权质押业务并不普遍。我国台湾地区的公司大多数为家族所控制，股权结构集中，这为个人或家族质押股权提供了先天条件，同时股权质押也是控股家族或个人强化其对公司控制权的重要工具之一。在图 1－16 中，我国台湾地区董监事股权质押数量和股权质押比例均呈现一种下降的趋势，越来越少采用股权质押这一融资方式，可能因为股权质押是导致公司发生财务危机的重要原因，同时还会加剧公司代理问题，损害公司业绩和企业价值。

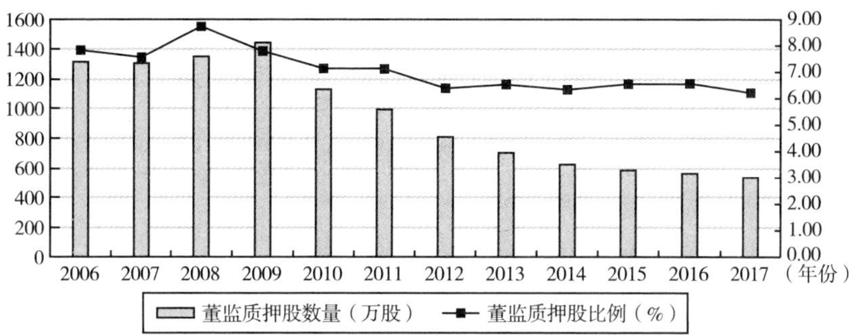

图1－16　我国台湾公司董监事股权质押情况

数据来源：Wind数据库，整理绘制。

（二）股票质押风险测算

相较于质押利率波动，股票质押最大的风险来自担保证券的价格下跌。根据最新的股票质押规定和普遍行情来看，由于限售股对市场的冲击相当有限，风险影响程度低，因此在以下风险测算中仅考虑非限售股的风险状况。

从表1－3中测算来看，由于创业板的质押率最低，因此各期限下创业板的下跌容忍度最高，给融资方和出资方均预留了较大的风险调节空间。而随着质押的延长，即为之付出的融资利息增加，股价下跌容忍幅度反而减少，因此常会出现提前解质或补充质押的现象。实践中，特定股东和大股东的股票质押因数量多、融资量大而在面临风险时容易出现担保品无法补足的情况，从而带来平仓风险，给股东、融出方以及市场带来较大影响。并根据2013年5月上交所和中证登联合颁布的《股票质押式回购交易及登记结算业务办法（试行）》“持有上市公司股份5%以上的股东，将其持有的该上市公司股票进行股票质押回购的需要披露”，因此，以下风险的讨论仅限于近三年特定股东和大股东的股票质押行为，并且已解质的不在讨论范围之列。截至2018年第2季度末，过去三年仍有效的特定股东和大股东质押业务共计 20712 笔，涉及上市公司 2239 家，有效合约 11285 份（见表 1－4）。

表 1－3　　股票质押 1M－3Y 期限的风险测算

	主板	中小板	创业板	主板	中小板	创业板	主板	中小板	创业板
质押融资率	45%	40%	35%	45%	40%	35%	45%	40%	35%
初始均价	1	1	1	1	1	1	1	1	1
质押融资额	0.45	0.40	0.35	0.45	0.40	0.35	0.45	0.40	0.35
质押利率	7.50%	7.50%	7.50%	7.50%	7.50%	7.50%	7.50%	7.50%	7.50%
质押期限	1M	1M	1M	1Y	1Y	1Y	3Y	3Y	3Y
履约担保警戒线	150%	160%	160%	150%	160%	160%	150%	160%	160%
履约担保平仓线	130%	140%	140%	130%	140%	140%	130%	140%	140%
初始履约担保比例	221%	248%	284%	207%	233%	266%	181%	204%	233%
警戒线股价	0.68	0.64	0.56	0.73	0.69	0.60	0.83	0.78	0.69
警戒线对应跌幅	32.08%	35.60%	43.65%	27.44%	31.20%	39.80%	17.31%	21.60%	31.40%
平仓线股价	0.59	0.56	0.49	0.63	0.60	0.53	0.72	0.69	0.60
平仓线对应跌幅	41.13%	43.65%	50.69%	37.11%	39.80%	47.33%	28.34%	31.40%	39.98%
平仓线对应警戒线跌幅	13.33%	12.50%	12.50%	13.33%	12.50%	12.50%	13.33%	12.50%	12.50%

资料来源：Wind，恒大研究院。

注：质押率主要依据近三年的平均质押率假设，且仅考虑非限售股质押情况；质押利率考虑过去三年平均质押利率。

表 1－4　　2018 年第 2 季度末股票质押风险分布

	测算项目	平仓线以下	平仓线－警戒线	高于警戒线＋10%	高于警戒线＋10%以上	合计
主板	合约数	1654	502	250	1398	3804
	股数（亿股）	1112.12	450.28	252.39	998.45	2813.24
	履约额（亿元）	7720.51	2112.42	1204.06	4807.56	15844.55
	担保市值（亿元）	6965.93	2945.39	1866.33	9882.39	21660.04
	平均履约担保率（算术平均）	90.96%	139.52%	155.07%	202.95%	142.74%
中小板	合约数	1556	483	264	1755	4058
	股数（亿股）	529.43	202.07	110.75	619.77	1462.02
	履约额（亿元）	3992.63	1070.23	600.36	3521.69	9184.91
	担保市值（亿元）	3664.83	1605.19	988.71	7533.95	13792.68
	平均履约担保率（算数平均）	98.30%	150.33%	164.90%	217.76%	160.49%

续表

	测算项目	平仓线以下	平仓线－警戒线	高于警戒线＋10%	高于警戒线＋10%以上	合计
创业板	合约数	1125	337	130	1831	3423
	股数（亿股）	216.30	74.46	29.09	321.05	640.9
	履约额（亿元）	1885.22	456.26	163.20	1801.94	4306.62
	担保市值（亿元）	1645.55	688.61	269.25	4277.08	6880.49
	平均履约担保率（算数平均）	87.29%	149.84%	165.74%	242.09%	182.67%

资料来源：Wind，恒大研究院。

全市场累计有4335份特定股东和大股东股票质押合约面临平仓风险，占比38.41%，履约额13598亿元，而担保市值仅12276亿元，平均履约担保率仅90.28%，该部分合约一旦无法补足担保品或违约，对股东、质权方和市场都会产生较大的负面影响。处于警戒线以下但在平仓线之上的合约有1322份，履约额3639亿元，担保市值5239亿元。高于警戒线10%的合约有644份，履约额1768亿元，担保市值3124亿元。

2018年第2季度末A股总市值50.42万亿元，跌入平仓线以下的股票担保市值占2.43%。2018年上半年A股股票日均成交4386亿元，其中快速下跌的6月日均成交额仅3468亿元，成交额的减少对抵御平仓带来的流动性风险可谓雪上加霜。基于此，再对目前的特定股东和大股东股票质押做市场下跌的敏感性测试。

假设全市场再下跌5%，则全市场累计将有4872份特定股东和大股东股票质押合约面临平仓风险，占比43.17%，履约额15062亿元，而担保市值13483亿元，平均履约担保率仅89.52%，处于警戒线以下但在平仓线之上的合约有1343份，履约额3777亿元，担保市值5441亿元，高于警戒线10%的合约有671份，履约额1743亿元，担保市值2790亿元（见表1－5）。

表1－5 2018年第2季度末股票质押风险分布（假设市场再下跌5%）

－5%	测算项目	平仓线以下	平仓线－警戒线	高于警戒线＋10%	高于警戒线＋10%以上	总计
主板	合约数	1654	502	250	1398	3804
	股数（亿股）	1112.12	450.28	252.39	998.45	2813.24
	履约额（亿元）	7720.51	2112.42	1204.06	4807.56	15844.55
	担保市值（亿元）	6965.93	2945.39	1866.33	9882.39	21660.04
	平均履约担保率（算术平均）	90.96%	139.52%	155.07%	202.95%	142.74%

续表

-5%	测算项目	平仓线以下	平仓线-警戒线	高于警戒线+10%	高于警戒线+10%以上	总计
中小板	合约数	1556	483	264	1755	4058
	股数（亿股）	529.43	202.07	110.75	619.77	1462.02
	履约额（亿元）	3992.63	1070.23	600.36	3521.69	9184.91
	担保市值（亿元）	3664.83	1605.19	988.71	7533.95	13792.68
	平均履约担保率	98.30%	150.33%	164.90%	217.76%	160.49%
创业板	合约数	1125	337	130	1831	3423
	股数（亿股）	216.30	74.46	29.09	321.05	640.9
	履约额（亿元）	1885.22	456.26	163.20	1801.94	4306.62
	担保市值（亿元）	1645.55	688.61	269.25	4277.08	6880.49
	平均履约担保率	87.29%	149.84%	165.74%	242.09%	182.67%

资料来源：Wind，恒大研究院。

假设全市场再下跌10%，则全市场累计将有5531份特定股东和大股东股票质押合约面临平仓风险，占比49.01%，履约额16631亿元，而担保市值14542亿元，平均履约担保率仅87.44%，处于警戒线以下但在平仓线之上的合约有1323份，履约额3466亿元，担保市值4992亿元，高于警戒线10%的合约有652份，履约额1582亿元，担保市值2537亿元。随着股价的进一步下跌，若不采取增强担保措施或提前赎回，落入平仓线以下的股票质押合约将越来越多，而质权方一旦采取平仓措施，则将进一步压制股价，形成负循环。而对高质押比例的大股东而言，无法及时提供担保品或提前赎回，因受到股东减持新规的影响，则对质权方的影响反而更大，但也因此减小了对市场的冲击（见表1-6）。

表1-6　2018年第2季度末股票质押风险分布（假设市场再下跌10%）

-10%	测算项目	平仓线以下	平仓线-警戒线	高于警戒线+10%	高于警戒线+10%以上	总计
主板	合约数	1654	502	250	1398	3804
	股数（亿股）	1112.12	450.28	252.39	998.45	2813.24
	履约额（亿元）	7720.51	2112.42	1204.06	4807.56	15844.55
	担保市值（亿元）	6965.93	2945.39	1866.33	9882.39	21660.04
	平均履约担保率（算术平均）	90.96%	139.52%	155.07%	202.95%	142.74%

续表

-10%	测算项目	平仓线以下	平仓线-警戒线	高于警戒线+10%	高于警戒线+10%以上	总计
中小板	合约数	1556	483	264	1755	4058
	股数（亿股）	529.43	202.07	110.75	619.77	1462.02
	履约额（亿元）	3992.63	1070.23	600.36	3521.69	9184.91
	担保市值（亿元）	3664.83	1605.19	988.71	7533.95	13792.68
	平均履约担保率	98.30%	150.33%	164.90%	217.76%	160.49%
创业板	合约数	1125	337	130	1831	3423
	股数（亿股）	216.30	74.46	29.09	321.05	640.9
	履约额（亿元）	1885.22	456.26	163.20	1801.94	4306.62
	担保市值（亿元）	1645.55	688.61	269.25	4277.08	6880.49
	平均履约担保率	87.29%	149.84%	165.74%	242.09%	182.67%

资料来源：Wind，恒大研究院。

仅从大股东的角度来看，约有 2103 份股票质押合约面临平仓风险，涉及履约额 9100 亿元，担保市值 8424 亿元，并且均面临较大的维持担保压力（见表 1-7）。

表 1-7　2018 年第 2 季度末大股东股票质押风险分布（合约视角）

	平仓线以下	平仓线-警戒线	高于警戒线+10%	高于警戒线=10%以上	合计
合约数	2103	716	361	2663	5843
股数（亿股）	1256.69	535.04	275.55	1354.09	3421.37
履约额（亿元）	9099.76	2572.79	1285.39	6928.69	19886.63
担保市值（亿元）	8424.37	3698.34	2038.72	14810.75	28972.18
平均履约担保率	95.35%	145.08%	160.08%	214.96%	162.59%

资料来源：Wind，恒大研究院。

另外，共计 1810 个大股东参与了股票质押，在平仓线以下的大股东质押有 738 个，其中 472 个大股东的质押比例在 50% 以上，约 7539 亿元担保市值处于随时应对平仓的状态。对大股东而言，如果自身质押比例过高，而短期内又无法将更多的证券补充质押，则面临平仓的风险更大。实际上，股东进行股票质押业务所产生的风险与其融资目的或资金用途息息相关，当质押融资用于购置流动性较差的资产时，质押风险更易产生。一般而言，大股东融资的目的有以下几类：以股东借款方式补足上市公司的流动性需求和持续投资发展需求。该类融资用途是有责任心的大股东的合理行为，但容易因误判行业形势和公司发展方向而使资金使用时期被延长，这类风险在经济下行时更易发生；发展新产业或创业，这是监管层所鼓励的股票质押资金用途之一，即利用大股东的企业家精神为创业创新添砖加瓦，但该类资金用途仍然会产生流动性风险，如大股东将资金用于自身或其子女进行非相关多元化业务发展，抑或是投机进入房地产、自然资源等领域，从而产生流动性问题，并在此基础上不得不进行多次股票补充质押，最终极有可能失去上市公司控制权；用于资本套利，如直接增持自家公司股票、参与公司再融资、参与市值管理（如为其他股东提供收益担保、处置并购或剥离上市公司的各类资产）、购买高息理财等，该类融资用途可能合法但不一定合理，尤其是对未掌握更多信息的中小股东来说是一种利益侵害，而在价格波动频繁的资本市场中大股东因自身水平有限而易造成资金的亏损，从而对自身流动性带来风险，并因循环补充质押后也会对中小股东造成质押平仓带来的股价下跌风险，最终损人不利己（见表1-8）。

表1-8　2018年第2季度末大股东股票质押风险分布（大股东视角）

质押股数占大股东持股比例	0~50%	50%~60%	60%~70%	70%~80%	80%以上	合计
平仓线以下（股东数）	266	64	76	66	266	738
对应担保市值（亿元）	1748.04	538.72	849.03	1031.41	5119.37	9286.57
平仓线-警戒线（股东数）	98	22	34	30	95	279
对应担保市值（亿元）	643.19	202.39	469.34	727.72	2205.6	4248.24
警戒线以上（股东数）	399	67	70	67	190	793
对应担保市值（亿元）	4644.05	1415.22	1472.74	1691.64	6213.72	15437.37
股东合计	763	153	180	163	551	1810
担保市值合计（亿元）	7035.28	2156.33	2791.11	3450.77	13538.69	28972.18

资料来源：Wind，恒大研究院。

对质权方而言，股票质押流动性风险同样不容小觑。第一，在持续下跌的市场中，若直接执行平仓指令，其冲击成本过高会使最终回款可能低于应付履约额，从而造成亏损；第二，受减持新规影响以及限售股影响抑或是出现大股东股票司法冻结等情况，质权方无法及时在二级市场处置质押股票，会造成资金时间成本和机会成本的大幅上升，并对公司资金运用安排带来相当大的困难。

对市场而言，亦对大部分中小股东而言，股票质押带来的风险主要是：第一，股票质押被质权方强行执行平仓，从而对股价带来下行压力，造成中小股东的直接亏损；第二，因大股东质押比例过高从而失去公司控股权，公司发展不确定性增加，从而对股价也造成较大下行压力；第三，对公司其他参与股票质押的股东造成履约担保率下降，从而引发更大面积的股票质押违约风险。

（三）风险对比：质押融资与2015年股灾配资

本轮股权质押融资与导致2015年6月A股股灾的杠杆配资都建立在以股票作为抵押或质押物的杠杆融资行为上，都对资本市场存在一定负面影响，但由于两次“融资潮”发生时的市场状况、融资各参与方等因素不同，其产生的风险、对各利益相关方造成的冲击也不同。

1. 从资金来源的角度看，本轮股权质押融资潜在风险相对更低

从资金融出方的角度看，2015年股灾的资金来源主要为券商两融、信托、银行及这些机构形成的场外配资，而本轮股权质押融资的资金主要来源为券商场内股票质押式回购、银行和信托的场外质押融资。其中，两融资金来自券商自有资金或证券公司从证券金融公司借入，证券金融公司资金则主要来自银行；2015年的场外配资主要通过银行、信托、配资公司进行，其最终来源大部分也是银行。而最近的股票质押式回购业务资金最终来源则主要是券商自有资金及资管计划，而场外质押贷款的资金最终来源为银行及信托计划。

除两融外，2015年的股灾配资还以伞形信托、银行、券商形成场外配资为主要资金来源，该类资金主要来自银行（见图1-17）。2016年11月，证监会没收恒生网络超1亿元违法所得，并处以约3.3亿元罚款，对恒生电子利用HOMS系统支持信托场外配资进行处罚。信托公司通过向银行借款获取资金，将资金注入伞形信托，通过HOMS系统支持伞形信托形成多个独立运行的子账户，将资金通过不同子账户投资于不同的配资公司及高净值大户，大户直接利用杠杆资金购买二级市场股票，而配资公司则进一步为散户提供高杠杆融资（见图 1 - 18）。

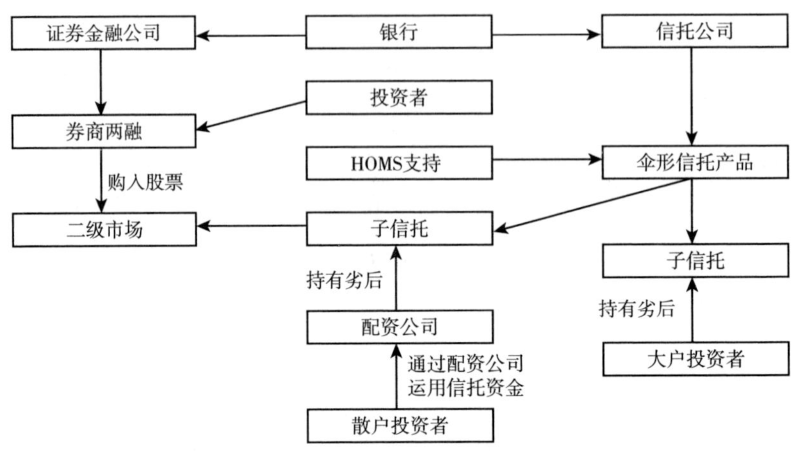

图 1 - 17　2015 年配资融资资金传导链条

资料来源：Wind，恒大研究院。

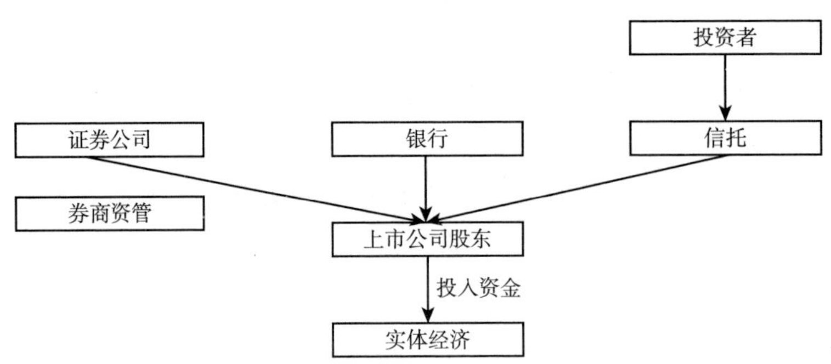

图 1 - 18　本轮股权质押融资资金传导链条

资料来源：Wind，恒大研究院。

2015 年配资潮资金流过的层级更多、资金链更复杂、业务更隐晦而难以监管，而本轮质押融资无论是场内还是场外的，都有较为明晰的监管体系，另外层级较少，资金链也相对简单。因此，2015 年配资透明度低，潜在风险更大，在融资方方面主要对银行、券商造成冲击；本轮股权质押融资潮透明度较高，潜在风险相对较小，在融资方方面主要对券商及其资管计划的投资者造成冲击。

2. 从融资杠杆及成本角度看，本轮质押融资成本、杠杆相对更低

从资金成本及杠杆率的角度看，2015 年配资潮的杠杆、成本更高。在当时，两融的杠杆比例（质押品市值/融资额）为 1：1～1：2，资金成本多在 8.3%～8.9%，成本随着融资规模的上升而下降。伞形信托配资的杠杆比例为 1：2～1：3，资金成本差别较大，为 7%～24%，也存在没有固定成本的特殊配资，以期限极短、杠杆极高（低于 9 倍）为特征，如果融入方买卖股票获得收益，则将其中 20% 支付给融出方，如果融入方亏损，其亏损将在收盘以现金交割结算，但不会产生利息（见表 1－9）。

表 1－9　　2015 年 6 月部分券商两融融资利率

证券公司	两融融资利率（%）	证券公司	两融融资利率（%）	证券公司	两融融资利率（%）	证券公司	两融融资利率（%）
中信建投	8.6	方正证券	8.35	光大证券	8.35	东方证券	8.35
中信证券	8.35	长江证券	8.35	华泰证券	8.35	东方财富	8.60
兴业证券	8.35	银河证券	8.35	国泰君安	8.35	华创证券	8.60
天风证券	8.35	国信证券	8.35	平安证券	8.35	中金公司	8.60
申万宏源	8.6	广发证券	8.35	海通证券	8.35	国联证券	8.35

资料来源：Wind，恒大研究院。

与之形成对比，在目前的股票质押融的资情况下，若将股票参考市值作为本金，按 30%～60% 的质押率计算，其杠杆比例为 1：0.3～1：0.6，远小于股灾期间的杠杆比率。而场内质押式回购的利率平均为 7%，场外质押回购的利率由银行与融入方自行确定，可参考一般的银行抵押贷款利率，因而目前股票质押贷款成本也比 2015 年配资潮期间低。在资金成本较高、杠杆较大的情况下，股票下跌对证券持有者的冲击更大，也更容易引发强平风险。

3. 从资金融入方及投向角度看，2015 年配资资金投机性更强

从资金融入方的角度看，2015 年配资的主要融入方为散户、大户、游资、私募基金，主要投向为股票二级市场；本轮股票质押融资主要融入方为上市公司大股东，投向一般为实体经济。

2015 年配资状况的几点因素决定了其对股市影响巨大：（1）融资者理

性程度相对较低。当股市下跌时，散户、游资等具有“快进快出，追涨杀跌”等特点，他们更为频繁的交易将会导致股市波动加大、价格不稳定，风险剧增；（2）投向为购买二级市场股票。当融资者预期股票下跌时，融资者本身有卖出所持股票换取资金的需求，这将对股票价格形成压力，尤其当融资者在市场急跌而急于卖出股票，使用市价委托时，这种抛压对流动性的吸收尤为明显，对股票下跌有很强助推作用。这种作用降低了担保品本身的市值，进一步触发融出方警示、强平等行为，形成恶性循环。相比之下，目前股票质押融资方为企业大股东，其融资所得资金投向一般为实体经济，不会直接对股市造成影响或形成压力，其对股市的影响小于2015年配资。

4. 相比配资冲击时，本轮股权质押融资冲击时A股整体估值更低

相比2015年6月的股市估值情况，目前A股以动态PE衡量的估值整体相对更低，风险更小，投资者买入意愿更强，政府逆向维稳操作更容易实施。从图1－19可见，目前全A股指数市盈率（TTM，加权平均值）不到2015年配资潮冲击时的1/2，估值相对更低，继续下跌将对长线投资者产生吸引力，即买盘会不断上升。因此，本轮股权质押融资潮造成的下跌动力、对二级市场的冲击也将比2015年配资时更小。

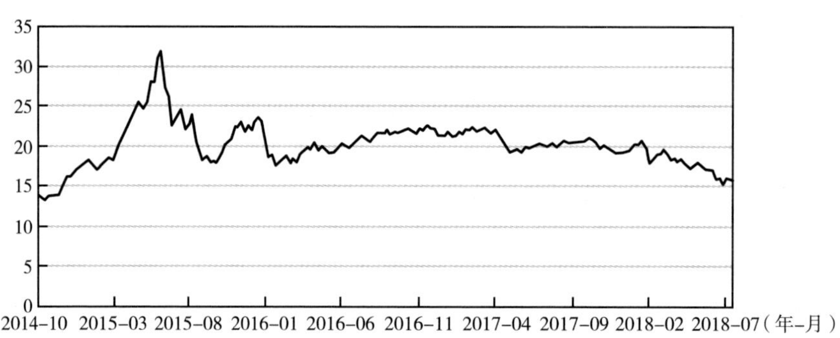

图1－19　全A指数板块整体市盈率

资料来源：Wind，恒大研究院。

5. 本轮质押潮中资金融出方风险不容忽视

受股权质押业务大规模发展影响，券商2017年末股票质押业务账面资金融出额大幅提升。2017年末，中信证券、广发证券、招商证券账面股票质押式回购融出额分别为780.34亿元、265.82亿元、306.96亿元，同比分别增长约98%、95%、83%，从表1-10可见，即使增速较小的华泰证券其股票质押式回购业务增速也达到28%，并且这主要是由于华泰证券以资管产品进行股票质押式回购业务为主，而非通过自有资金进行该业务所致。

表1-10　主要券商股票质押式回购业务账面融出额及其变化

证券公司	2017年12月31日	2016年12月31日	同比变化幅度（%）	2017年末履约保障比例（%）
国泰君安	769.26	534.02	44	236
华泰证券	484.13	377.91	28	238
中信证券	780.34	394.19	98	246
招商证券	306.96	167.92	83	231
广发证券	265.82	136.51	95	249
海通证券	745.29	528.21	41	232

资料来源：公司年报，恒大研究院。

从年初履约保障比例的角度看，券商平仓风险在可控范围内。2017年12月31日，以上大型券商履约保障比例并无低于200%，平均以150%的履约担保比例为警戒线标准，则平均来看以上券商仍可接受股票下跌25%以上幅度。从2017年12月29日至2018年6月29日，上证指数、深证成指、创业板指分别下跌约14%、15%、8%，小于25%。因此，从质押品整体价值的角度看，目前证券公司的股票质押式回购业务平仓风险相对较小，但基于前面测算，随着股票价格继续下跌，股权质押将可能引发自我加强的连锁反应，导致风险加大。

从股票质押式回购业务融出额占净资产比例的角度看，证券公司股票质押式回购业务占比较大，风险较高。由于券商计入买入返售金融资产科目的股票质押式回购业务主要采用自有资金，其将占用企业净资产。从表1-11可见，相比2016年末，2017年末6家券商的股票质押式回购占净资产比例大幅提升，其中占比变化最小的华泰证券提升13.86%，占比变化最大的招商证券提升30.07%。2017年末，6家大型券商中，该业务占比超50%的已达5家，超60%的达2家，这体现券商股票质押式回购业务存在占用自有资金过多、占比过大的风险。

表 1－11　　主要券商股票质押式回购业务账面融出额及其变化

证券公司	2017 年 12 月 31 日		2016 年 12 月 31 日		占比变化
	期末净资产（亿元）	股票质押式回购融出额占净资产比例	期末净资产（亿元）	股票质押式回购融出额占净资产比例	
国泰君安	1108	69.46%	1337	39.94%	29.51%
华泰证券	857	56.52%	886	42.66%	13.86%
中信证券	1458	53.53%	1531	25.74%	27.79%
招商证券	599	51.23%	793	21.17%	30.07%
广发证券	814	32.67%	886	15.40%	17.27%
海通证券	1220	61.11%	1297	40.73%	20.38%

资料来源：公司年报，恒大研究院。

除此之外，资管新规也将对券商资金周转形成考验，暂时性降低券商流动性，加剧券商股权质押业务风险。

综上所述，在本次股票质押式回购潮中，作为本次资金主要融出方的证券公司及上市公司大股东承担了较大风险。证券公司主要存在业务占比过大、流动性不足的风险，而大股东则存在控制权减少的风险。

对于融出方风险而言，证券公司应妥善协调该业务与其他业务的结构，避免该业务占比过大，而监管层则应保证存在稳健持续的资金流入证券公司，在清理违规业务的同时，防止证券公司发生流动性风险。对于融入方的风险而言，大股东则应努力寻求更多样化的融资方式，避免质押过多股权，股票价格下跌时，应及时补充质押品、与证券公司协调展期等，避免控制权被不必要转移。

三、股票质押违约处置

当个别股票价格下跌导致履约保障比例处于警戒线甚至平仓线以下时，股票质押风险实质性发生，此时若不及时采取有效措施，质押融资将对各利益相关方造成损失。在这样的情况下，不同市场参与方可采取不同对策，以减少甚至避免股票卖出对各方造成的冲击。

（一）资金融入方可采取措施

应对股票价格下跌导致的股票质押平仓风险，资金融入方可采取以下措施来应对冲击：第一，采取稳定股价相关措施；第二，补充质押品；第三，协商延期；第四，提前赎回。

（1）上市公司可以通过回购股票、大股东增持、实行股权激励计划、停牌等手段稳住股价，防止股价继续下跌触及平仓线。从 2018 年 6 月 1 日至 7 月 6 日，在剔除股权激励注销及业绩承诺补偿等原因后，上市公司主动式股票回购计划规模达 250 亿元，环比增加 5 倍。从 2018 年初至 7 月 5 日，深市共有 274 家上市公司发布 430 次大股东及董监高增持计划，累计承诺增持金额 448 亿元。深交所方面亦发文支持公司进行股票回购、鼓励大股东及董监高增持。这些消息本身具有利好作用，暗示上市公司股东、经营者认为其股票价值被低估，加上措施本身将在二级市场购入股票，对股价形成支持，因而能缓解股票下跌压力，支持股票质押业务存续。

相较而言，停牌则是对股价的短期稳定措施，主要针对突发事件可能导致的股价剧烈波动。由于停牌会造成诸如影响正常交易等负面后果，监管层也不允许上市公司停牌太久，因此，通过停牌稳定股价是次优选择。

（2）通过补充质押品缓解平仓风险将有效提高股票质押的履约保障比例，但在股东质押品到达质押比例监管红线后，该措施将受到限制。根据 Wind 数据库统计，从 2015 年 7 月至 2018 年 6 月，A 股上市公司共进行补充质押 733 次，补充质押在维持股票质押融资业务中起到重要作用。但当股价连续下跌、股票质押比例逼近监管红线时，补充质押也会给股价跌破新平仓线后的股票处置带来更大的压力。而且券商场外质押被叫停，将可能出现有券也不可补的情况。

（3）在股票质押到期后，如果股东现金不足无法赎回，也将造成强平风险，质押延期将缓和该问题。当质押股东在质押到期后，因为个人资金周转问题无法如期购回股票时，可与相关质权人协商延期，缓和自身流动性问题。

（4）提前赎回将直接化解股票质押风险，但对股东的财务实力具有一定要求，否则只能通过其他方式筹资。在《股票质押式回购交易及登记结算业务办法（2018 年修订）》于 3 月 12 日实施后，纳斯达、莱茵体育、创意信息等上市公司股东由于合规需要，通过减持自身持有的上市公司股份提前赎回质押的股票，而近期长生生物相关股东发布公告拟通过卖房还款，也即提前赎回可化解股票质押风险，并将损失风险完全过渡到股东身上。

在卖出股票提前赎回过程中，大股东可以将卖出交易委托给专业机构处理，以减少股票卖出对市场造成的冲击。在为提前还款而卖出股票或筹集资金时，大股东可先通过大宗交易、协议转让等将自身所持股份中未质押部分以不低于股票质押融资还款额的价格卖给金融机构的资产管理或自营部门。股东在协议转让、大宗交易后获得资金，提前赎回所质押的股票。受让部门则通过对冲的方式对股票进行价格套保，并在限售期过后以程序化、分批次的方式卖出股票，所得资金向转让方多退少补。这样的转让方法将比单纯强平对股市造成的冲击更小，而且能防止股东在股票连续下跌情况下补充质押达到监管红线，最终造成无法继续质押。该模式下，股东需要支付给受让方一定的费用，或缴付一定的结算备付金，作为受让方卖出及对冲服务的收入。该方法对完全违约后的资金融出方也同样适用，其担保股票受让方除转移至自营或资产管理部外，还可以寻找市场上其他具备风险对冲能力的受让方，具体业务中该类方法称作“互换”。

（二）资金融出方可采取措施

资金融出方可采取以下措施来应对冲击：第一，转让股票质押收益权；第二，将质押品进行协议转让；第三，协商延期；第四，要求出质人提前赎回产品；第五，减少股票质押式回购的新业务量。

（1）证券公司可以通过资管计划持有股票质押合约，并通过转移资管计划收益权来转让股票质押收益权。通过这样的方法，证券公司将立即获得资金，但也将支付一定的折扣。

（2）对于确实需要违约处置的股票，证券公司不会在二级市场“一平了之”，而更倾向于通过对价格冲击较小协议转让等方式收回本金。根据“减持新规”规定，任何股东在连续 90 天内减持的，采取集中竞价、大宗交易方式减持股票总数分别不得超过公司股份总数的 1%、2%，对股市短期冲击较小；而采用协议转让则转让比例需要大于公司股份总数的 5%，且受让方在受让后 6 个月内不得转让该股份；对于处于限售期的股票，证券公司短期内无法通过竞价交易转让。截至 2018 年 6 月 26 日，尚未出现由于股票质押平仓导致上市公司控制权非正常转移的情形。因此，实际进行平仓时，股权质押整体风险对股市造成的冲击较为有限，但不排除个股受到的冲击。

（3）协商延期、要求出质人赎回产品，与融入方对应措施类似，需要出质人及质权人双方洽谈协商。

（4）减少新业务体量也能从各种角度降低融出方风险，对缓和股票质押风险冲击有重要作用。该举措不能降低个别股票质押风险，但可以降低证券公司等股票质押业务整体的流动性风险。

第二节 理论基础

本书主要对信息不对称理论、委托代理理论和有效市场假说这三大理论的基本观点、发展历程及其应用进行简要的回归与总结，以期为本书后续研究奠定理论基础。

一、信息不对称理论

信息不对称理论形成于20世纪70年代，解释了信息在交易双方不对称分布而对市场交易行为和市场运行效率所产生的一系列重要影响。2001年10月10日，瑞典皇家科学院宣布，授予阿克洛夫、斯宾塞和斯蒂格利茨三位经济学家诺贝尔经济学奖，以表彰三位经济学家在信息经济学领域所作出的突出贡献。作为信息经济学领域中的一个重要研究方向，信息不对称理论一直以来都备受学术界的关注。事实上，自古典经济学开始，就已隐含了信息不对称理论的萌芽，只是古典经济学强调信息的对称性和充分性，古典经济学正是以其中一个方面为基石而发展起来的。例如，古典经济学认为，市场会在“看不见的手”的作用机制下达到供需均衡，从而实现稀缺资源的有效配置。但是，这一过程实现的前提条件是市场上的信息是充分的和对称的，即交易双方都拥有完全信息，而不存在信息不对称和不充分问题。然而，实践中这一前提往往并不能满足，也就是说，信息一般是不对称的和不充分的。由于这一前提条件对于古典经济学来说是其立足的根基，直到古典经济学成熟之后，这些假设条件开始逐渐被质疑。Hayek 和 Lange 在20世纪

30 年代的论战中提出了信息分散理论。该理论认为市场信息是分散的，而并非完全的和对称的。进一步地，Baumol（1981）将信息划分为完全信息和不完全信息来探讨两者的差异，及其对社会福利的不同影响。Simon（1947）认为市场参与者的有限理性导致了信息的不完全，并将市场参与者的决策过程看作一个信息收集、评价和筛选的过程。Stigler（1961）在《信息经济学》一书中首次提出了信息搜集成本问题。Akerlof（1970）在其《柠檬市场》一文中指出，市场上的交易双方所掌握的信息往往是有差异的，卖方通常拥有比买方更多的私有信息，在这种情况下市场效率就会受到影响，市场机制甚至会彻底“失灵”。自此，学术界开始对信息不对称问题进行拓展性研究，例如，Spence（1974）研究了劳动市场中的信息不对称问题；Rothschild 和 Stigliz（1976）探讨了保险市场中的信息不对称问题，并先后形成了逆向选择理论、信号传递理论以及委托代理理论等信息经济学的基本理论。

根据不同的角度进行划分，信息不对称具有不同的类型。从信息不对称发生的时点来划分，信息不对称性可能发生在交易之前，也可能发生在交易之后，分别称为事前信息不对称和事后信息不对称。其中，事前的信息不对称为逆向选择模型，事后的信息不对称为道德风险模型。根据信息不对称的内容来划分，研究不可观测行为的模型称为隐藏行动模型，研究不可观测信息的模型称为隐藏信息模型。前者是指参与人一方的行为对于另一方来说具有不可预测性，后者则是指参与人一方所具的信息对于另一方具有不可知性。因而，将信息不对称中博弈中拥有信息优势的一方称为“代理人”，而将不具有信息优势的一方称为“委托人”。信息经济学中的所有模型都可以在委托代理模型的框架下进行分析，将信息不对称的情形进行细分，可得到五种不同的模型（见表 1-12）。

表 1-12　　非对称信息的基本模型

时间 内容	隐藏行动（hidden action）	隐藏信息
事前		逆向选择模型 信号传递模型 信息甄别模型
事后	隐藏行动的道德风险模型	隐藏信息的道德风险模型

资料来源：张维迎. 博弈论与信息经济学［M］. 上海：上海人民出版社，2006.

（1）逆向选择模型（Adverse Selection）是自然选择代理人的类型；代理人知道自己的类型（如能力）而委托人却并不了解，双方签订委托代理合约。逆向选择问题主要是由于事前的信息不对称所引起的，解决逆向选择问题的关键是设计一种信息甄别机制和信号传递机制，使代理人所占有的私人信息最大限度地被委托人掌握，促使代理人说实话、说真话，治理机制的核心问题是信息成本最小化和信息量最大化。

（2）信号传递模型（Signaling Model）是自然选择代理人的类型；代理人了解自身类型（如能力）而委托人却并不了解；代理人基于显示自己类型的目的，会发出某种信号；当委托人观测到代理人信号后，双方签订委托代理合约。

（3）信息甄别模型（Screening Model）是自然选择代理人的类型；代理人了解自身类型（如能力）而委托人却并不了解；委托人提供多份合约给代理人供其选择，代理人依据自身类型选择一份最有利自身的合约，并依据合约行动。

（4）隐藏行动的道德风险（Moral Hazard with Hidden Action）是指在签约之前信息是对称的；在签约之后，代理人采取行动（努力或偷懒），自然选择状态；代理人的行动与自然状态共同决定了某些可观测的结果；委托人只能观测到结果，并不能直接观测到代理人的行动和自然状态。此时，代理人就可能会发生偷懒、“搭班车”甚至损害委托人利益的机会主义行为。道德风险主要是由事后的信息不对称引起的，解决道德风险问题的关键是设计一份激励约束合约，促使代理人从自身利益出发选择对委托人最有利的行动，在实现自身效用最大化的同时，委托人也能实现其效用最大化，即激励相容约束，核心问题是如何降低激励约束成本。

（5）隐藏信息的道德风险模型（Moral Hazard with Hidden Information）是指在签约之前信息是对称的；在签约之后，自然选择状态；代理人根据观测到的自然选择，然后采取相应行动；委托人可以观察到代理人所采取的行动，但不能观测到自然选择。解决该问题的关键是设计一份激励约束合约促使代理人在给定的自然状态下选择对委托人最有利的行动。

二、委托代理理论

委托代理理论兴起于 20 世纪 60 年代末 70 年代初（Wilson，1969；Ross，

1973；Mirrlees，1974；Grossman and Hart，1983），是博弈论与信息经济学的一个重要分支，也是现代企业理论的重要组成部分，核心是解决所有权和经营权分离的现代企业中由于信息不对称和利益冲突，委托人对代理人的激励与约束问题（Scott，1997）。1937 年科斯的《企业的性质》一文发表，打开了企业这个“黑箱”，改变了传统经济学中将企业这种组织看作一个生产函数的观点，认为企业是一系列契约的联结，组织问题的产生是由于企业的所有权与经营权的分离，委托人和代理人的目标函数并不一致，代理人很可能会偏离委托人的目标函数，委托人需要监督或激励代理人以促使其合作。委托代理问题的产生源于委托人和代理人在追求自身效用最大化的过程中存在利益冲突。第一，委托人和代理人的效用目标不同。委托人作为投资者拥有对公司的剩余索取权，投资企业的目的是增加自身财富，其效用目标是实现自身财富的最大化。代理人作为企业的管理者，其效用目标是多元化的，不仅追求个人财富和职业稳定，还往往追求其个人成就和职业声誉等。双方利益目标的分歧必然会使委托人和代理人在决策时发生冲突，进而影响企业的信息披露质量和激励契约等。第二，委托人和代理人的责任不对等。委托人作为企业的投资者最看重企业的盈亏，而代理人作为企业的管理者只负责企业的日常经营，企业的盈亏状况对代理人的影响远远弱于对委托人的影响，这将会弱化委托人对代理人的制约，增加委托人的风险。第三，委托人和代理人之间的信息不对称问题将会产生逆向选择和道德风险。第四，合约不完备的存在，使委托人不能在合约中将所有的权利义务和可能出现的情形都进行规定，因而委托人无法通过签订一个完备的合约来制约代理人的行为。

在设计一个最佳的委托代理合约时通常需要满足三个条件：一是双方共同分担风险；二是委托人要利用所观测到的任何信息，即代理人在隐藏行动或隐藏信息时，要利用贝叶斯统计推断来构造一个概率分布，并以此设计委托代理合约；三是在设计激励约束机制时，其报酬结构要因信息的性质而有所变化，双方要对未能解决的不确定性因素和规避风险的程度十分敏感。一个最优委托代理合约必须同时满足两个条件：一是参与约束，即代理人接受合约所得到的效用不能小于放弃合约时所得到的最大效用（保留效用）；二是激励相容约束，即代理人总是选择能使自身效用最大化的努力水平，委托人的自身效用只能通过代理人自身效用最大化来实现。在长期的研究中，学者们总结了解决委托代理问题的一般方法："一阶条件"，核心是用一阶条件（局部约束）来代替代理人选择效用最大化行为的激励相容约束（全局约束），要求代理人选择的行为能使其预期效用是一个驻点。这个方法由 Mirrlees（1971）提出，经过 Holmstrom（1979）、Grossman 和 Hart（1983）等的发展，由 Rogerson（1985）在理论上完成证明并给出了具体求解过程，运用这种方法的充分必要条件是业绩分布的单调似然率特征和分布函数的凸性化条件。

三、有效市场理论

有效市场理论是现代证券市场理论体系的支柱之一，同时也是现代金融经济学的理论基石之一，许多得到广泛应用的金融投资理论都是建立在有效市场理论基础之上的（徐龙炳和陆蓉，2001）。关于市场有效问题的论述可追溯到 Gibson（1889），Gibson 曾描述过该假说的大致思想。法国数学家 Bachelier（1900）在《投机理论》一文中最早描述和检验随机游走模型，认为价格行为的基本原则应是"公平游戏"，投机者的期望利润应为零，该基本原则实质上就是"鞅"。Samuelson（1965）和 Mandelbrot（1966）研究了随机游走理论之后，揭示了有效市场理论期望收益模型中的"公平游戏"原则。"有效市场"这个术语是由 Fama（1965）最早提出的，他认为资本市场是有效的，证券价格中已经包含所有公开信息和私有信息，证券价格在任何时点上都是其内在价值的真实反映，任何投资者都不能通过对任何渠道来源信息的分析获取超额报酬（Fama，1970）。换而言之，在有效市场中，投资者是完全理性的，证券价格是其内在价值的真实表现，证券价格只会围绕其内在价值上下波动，而不会长期偏离其内在价值。进一步，Malkiel（1992）将证券市场的有效性归纳为三个方面：第一，有效的市场就是与资产价格相关的信息能在资产价格中及时地反映出来；第二，市场的有效性应该是市场对于某个给定的信息集是有效的，如果将这些信息向市场上所有的参与者公开，资产价格不受影响；第三，市场对于某个给定的信息集是有效的，说明投资者使用该信息集在市场中进行交易不可能获得任何异常收益。

现代市场有效性的奠基性研究工作是 Samuelson（1965）提出了信息有

效的市场，并不是经济学中的资源配置有效和帕累托有效市场。在有效市场中，资产价格已经反映了目前市场参与者所拥有的任何信息和对市场的预期，资产价格的波动是不可预测的。学术界后续对市场有效性的研究基本上都是将市场的有效性和市场对信息的反映结合起来，使用资产价格对信息的反应速度和反应程度来衡量市场的有效程度。Fama（1970）根据市场对不同层次信息的反映程度将市场的有效程度分为三类：弱势有效市场、半强势有效市场和强势有效市场。其中，弱势有效市场假设是指当前资产价格能够充分反映资产本身历史价格所包含的信息；半强势有效市场假设是指当前资产价格已经反映了所有公开信息，即除了历史价格信息之外，还包括会计数据、竞争公司的经营状况、国民经济数据以及与公司有关的其他所有公开信息；强势有效市场假设是指当前资产价格不仅反映了所有已公开的信息，同时还反映了如内幕消息、私人信息等所有未公开的信息。有效市场假说的成立依赖于三个基本假定：第一，市场上所有的投资者都是理性的，能够对资产理性定价，从而市场是有效的；第二，当部分投资者非理性时，由于其投资行为是随机的，彼此之间相互抵消而并不会对资产价格产生系统性影响；第三，即使所有的非理性投资者按照同一方向偏离理性标准，但市场上理性投资者也会消除其对资产价格的影响，使资产价格回归到理性价格，保持市场的有效性。非理性投资者在按照非理性价格进行交易的过程中，由于其处于亏损状态，最终被市场所淘汰（见图 1－20）。

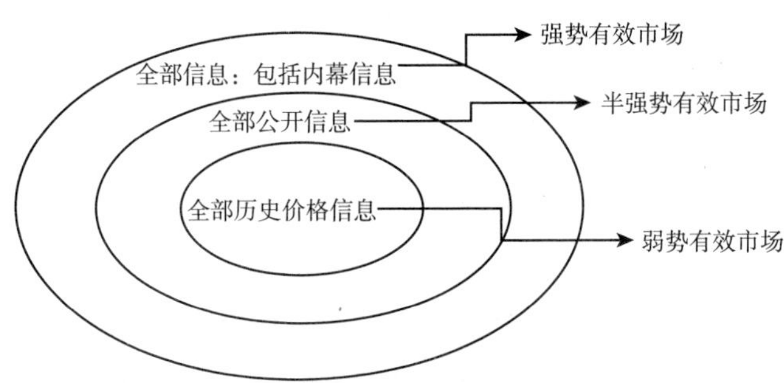

图 1－20　三种有效市场假说的关系

有效市场假说提出之后，国内外学者先后采用各种研究方法对该假说进行了检验。根据弱势有效市场的假设，学术界对弱势有效市场假说的检验集中于三个方面：股价序列是否服从随机游走模型、检验股票价格或收益率数据间的独立性以及交易规则的有效性。整体来看，一般的经验检验均支持弱势有效市场假说。对半强势有效市场假说的检验，学术界普遍采用的是事件研究法，通过测量某特定事件发生前后股票价格或收益率的变化来衡量股价对新信息的反应效率。根据半强势有效市场的假设，股票价格对新信息的反应是迅速充分的，不应存在过度反应或反应不足。否则，半强势有效市场假说就不成立。学者们运用事件研究法检验半强势有效市场的结果基本上都支持半强势有效市场假说，也同样支持弱势有效市场假说。学术界对强势有效市场的检验主要是通过间接方式实现的，检验内部人员和专业投资机构的股票交易盈利状况来探究是否有投资者能够持续获取超额报酬。在强势有效市场假说的检验上，西方学者的研究结论存在较大分歧，但是仍然有大量证据表明内幕信息并不能给投资者带来超额收益，从而支持了强势有效市场假说。

从实践应用来看，宏观层面上证券市场的效率状况是政府制定调节政策的基础。证券市场的非效率往往意味着“市场失灵”，这就为政府利用“有形之手”提供了合理的经济学基础。如果证券市场是有效的，那么政府的最佳策略是减少市场的干预。同时，证券市场效率不断提升的过程，也是政府“有形之手”不断“归位”的过程。微观层面上，证券市场的效率状况也是投资者制定投资策略的基础。

本章小结

本章主要介绍了我国有关股权质押的法律法规，对我国资本市场上股权质押融资现状进行了初步统计分析，并对信息不对称理论、委托代理理论和有效市场假说这三大理论的基本观点、发展历程及其应用进行简要的回归与总结，这些理论梳理总结为后续行文奠定了基础。

| 第二章 |

文献综述及评价

从已有研究来看，对该研究具有借鉴意义的文献主要集中在以下四个方面：(1) 控股股东在公司治理中的角色；(2) 股权质押的动因及其经济后果；(3) 择时行为的存在性及其手段；(4) 股价崩盘风险的形成机理、度量和影响因素。

第一节 控股股东在公司治理中的角色

Berle 和 Means (1932) 通过对美国最大的 200 家公司进行调查，发现现代公司的所有权分散与所有权和控制权分离，后来被诠释为“Berle – Means 命题”。随后，Jensen 和 Meckling (1976) 基于股权分散与分离的结构安排提出了著名的代理成本学说，认为在代理人部分所有的情况下，管理者有“偷懒”和牟取私利的自身利益最大化动机。随后，大批学者追随 Jensen 和 Meckling (1976) 的研究视角，探讨代理问题对公司财务活动的影响。由此，管理层的道德风险和逆向选择问题被提出来，发现普遍存在管理者额外津贴、挥霍浪费、过度投资、短期机会主义和资产替代等一系列财务问题 (Jensen and Meckling, 1976; Mikkelson, 1981; Narayanal, 1985; Jensen, 1986)。但是，Herman (1981) 采用 Berle 和 Means (1932) 的方法再次考察美国公司的股权结构，发现自 20 世纪 30 ~ 70 年代，首先公司的所有权已经逐步从分散趋向集中，机构外部投资者已成为公司股份的主要持有者，掌握公司相当比例股份的控股股东开始形成；其次，管理层本身正逐渐成为所有者，公司控制权和所有权已由分离趋向一定程度的结合。20 世纪末，人们开始注意到关于公司股权的研究主要集中在以美国为主，基本上没有跨出英美法系的国家范围，大部分研究结论也是以美国公司所有权结构为典型样本得出并成型的。从 20 世纪 90 年代中期开始，关于所有权结构的研究从英美法系开始推向其他法系国家，从发达国家推向转型经济体国家和新兴国家与地区。LLSV（1998）以 49 个国家中最大的 10 家非金融类上市公司为样本，深入分析前三控股股东的持股情况。此后，Faccio 和 Lang（2002）对英国等 13 个西欧国家，Mitton 和 Todd（2002）、Linsal（2003）等对东亚、西亚、南美和葡萄牙等 18 个新兴市场的股权结构进行了深入研究，发现在世界范围内股权高度集中，以控股股东为主的所有权结构才是最典型的组织形式，股权分散仅仅是发达的英美法系国家里大公司的普遍组织形式。由此可见，在世界范围内股权不是完全分散而是高度集中的，所有权与控制权不是完全分离而是在一定程度上重合（LLSV 命题）的，其所带来的经济后果是：一方面，由于控股股东和管理层的利益逐渐趋于一致，两者之间的代理问题趋于缓和；另一方面，由于股权集中所带来的控股股东剥削中小股东而产生的消极影响日益突出，特别是在法律保护较弱的转型经济国家和新兴国家。从 20 世纪 90 年代中期开始，LLSV（1998，1999，2000a，2000b，2002）相继发表了一系列论文，全面系统地阐述了关于所有权结构、外部投资者法律保护与公司财务行为之间相互影响和相互作用的问题，最终形成了控股股东与中小股东代理冲突下的公司治理与公司财务研究。基于研究需要，本部分主要对控股股东的监督效应和隧道效应已有的研究进行梳理归纳。

一、控股股东的监督效应

控股股东的监督效应是指控股股东通过有效监督管理层或直接参与经营管理来提升公司价值。传统的公司治理理论认为控股股东有动机、有能力约束管理层的自利行为，并对企业价值产生整体效应。Holderness 和 Sheehan（1988）指出，如果控股股东的目的是剥削公司，那么只要保持刚好能够确保绝对控股水平就可以了，但是控股股东的平均持股比例高达 64%，在考虑表决权条款后，也有 36% 的公司的控股股东的平均持股比例超过 66%。进一步研究发现，控股股东在挑选高层管理团队和董事会时发挥了积极的作用。控股股东持有高比例的股权不仅因为其重视对管理层的监督，而且高比例的持股能够为其带来管理上的利益，控股股东不仅能够监督管理团队还能带领管理团队。Yafeh 和 Yosha（2003）发现，具有控股股东治理的公司，其广告费用、研发费用和管理人员在职消费均有大幅度的下降。Linsal（2003）通过对 18 个新兴国家的研究发现，控股股东对公司价值具有正向影响。Faulkender（2002）、Guney 等（2003）、Jani 等（2004）、Pawlina 和 Renneboog（2005）等发现，股权越集中，公司持有现金的水平越低，控股股东越能对公司管理层进行有效的监督。此外，Denis 和 Serrano（1996）发现，对于业绩较差并存在控股股东的公司，当公司击败接管要约后，管理层更换的频率显著高于其他公司。Kang 和 Shivdasani（1995）、Franks 和 Mayer（2001）、Renneboog 和 Trojanowski（2005）也发现控股股东对管理人员的更换具有积极作用。Grossman 和 Hart（1980）、Shleifer 和 Vishny（1986）还发现，控股股东在公司收购中具有促进作用。但是，Demsetz（1983）则认为，股权集中度与收益率应该是不相关的，Demsetz 和 Lehn（1985）又分别以公司前 5 位控股股东、前 20 位控股股东和赫芬达尔指数作为衡量所有权集中度的标准，以平均会计收益率作为代表性收益率，证实了 Demsetz（1983）的观点。Thomsen 等（2006）通过梳理关于控股股东与公司业绩的代表性文献之后得出结论：整体而言，所有权结构与公司业绩之间不存在显著关系。

国内学者郑国坚和魏明海（2006）基于控股股东的内部资本市场及其背后的利益动机，认为控股股东与上市公司 IPO 前的业务关联性、组织形式和产权性质等特征形成的内部资本市场，是上市公司 IPO 股权结构形成的主要影响因素。罗进辉等（2008）分析了控股股东持股及其相关的股权结构特征对管理层过度投资行为的治理效应。结果表明，控股股东持股比例与企业的过度投资水平呈一种倒“N”形的曲线关系，即控股股东对管理层过度投资行为的监督作用同时存在激励效应和防御效应；非国有控股股东对管理层过度投资行为的监督更有力；次控股股东的存在有利于发挥控股股东的激励效应，抑制控股股东的防御效应，特别是当控股股东不处于控股地位时。宋渊洋和李元旭（2010）研究表明，当控股股东拥有战略决策控制权时，企业更可能采用国际化战略，并且国有控股股东比民营控股股东更倾向于采用国际化战略。采用国际化战略后，国际化扩张的快慢取决于CEO努力程度，控股股东需要通过适当的激励机制调动CEO的积极性。陈玉罡和傅豪（2012）研究发现，控股股东的持股比例越高，进行劣质收购后其控制权发生转移的概率越低。当控股股东持股比例较低时，盈利能力强、杠杆高、成长性好但营运能力差、规模小的公司更容易发生控制权转移；当控股股东持股比例较高时，流动比率差、杠杆高的劣质收购公司更容易发生控制权转移。周仁俊和高开娟（2012）分析了控股股东控制权实现过程中对管理层股权激励的监督或冲突作用以及这种影响在不同股权性质和不同成长性公司中的不同表现。结果发现，控股股东控制对管理层的作用显著影响股权激励效果；国有控股上市公司控股股东对管理层的监督作用明显，随着控股股东持股比例的增大，管理层股权激励效果增强；民营控股上市公司控股股东控制权与管理层股权激励之间存在冲突，控股股东持股比例越高，股权激励效果越差；高新技术企业控股股东控制权与管理层股权激励之间存在冲突；非高新技术企业中控股股东与管理层之间存在不明显的监督作用。高敬忠（2013）检验了控股股东行为对上市公司业绩预告披露策略选择的影响。结果发现，在控股股东对上市公司管理层业绩预告作用中利益防御动机与利益趋同动机同时存在，并随着控股股东持股比例的变化，其作用也在利益防御效应和趋同效应之间变化。叶继英和张敦力（2014）研究发现，控股股东拥有较强的控制地位对高管的自利行为有一定的抑制作用，控股股东持股比例越高，高管股权激励对股利政策的影响越不显著；股权激励显著影响股利政策在控股股东持股比例较低的公司成立，隐含了拥有较高控制权的控股股东能够抑制高管自利行为。

二、控股股东的侵占效应

控股股东的隧道效应是指控股股东凭借其对公司的控制权获取隐形收益，损害公司价值的行为。控股股东独享的收益称为控制权私有收益。Grossman和Hart（1998）指出，如果公司中有持股比例较高的控股股东，就会产生控制权私有收益问题，这种收益只能为控股股东享有，而不能为其他中小股东分享。在理论上，Johnson 等（2000），La Porta 等（2002）运用静态模型，Shleifer 和 Wolfenzon（2002）、Almeida 和 Wolfenzon（2006）使用动态模型，分别揭示了股权集中度下控股股东的侵占行为以及其与公司治理的内在机制。在实证研究方面，主要从控制权溢价（Dyck and Zingales，2004）、公司价值（Thomsen et al.，2006）、股利政策（Truong and Heaney，2007）等方面寻求经验证据。La Porta 等（1999）、Bebchuk 等（2000）认为，控股股东可能采取各种手段侵占中小股东的利益，如支付高管过高的薪酬、担保贷款、股权稀释、关联交易、掠夺公司投资机会、非效率投资等。

国外学者 Barclay 和 Holderness（1989）指出，如果控股股东预期能够凭借投票权取得中小股东无法获得的收益，则大宗股票应该以溢价交易，而且溢价接近于私有收益的现值，通过研究普通股大宗交易的价格，发现了控股股东控制权私有收益的经验证据。Shleifer 和 Vishny（1997）认为，当控股股东的所有权超过一定的临界点时，就能够完全控制整个企业，并获取中小股东无法得到的控制权私有收益。Bennedsen 和 Wolfenzon（2000）同样发现，终极控股股东可以利用很少的资源控制权。Holderness（2003）总结了基于美国的相关研究后发现，控股股东的形成主要来自两个方面的原因：一是控股股东通过监管能够增加公司价值，从而增加其分享的收益；二是控股股东可以获取控制权私有收益，但所有权的集中对于公司价值并没有多大的影响。La Porta 等（2000b、2002）研究表明，公司大小股东之间的利益冲突可能降低公司价值。Lemmon 和 Linsal（2003）通过对 8 个东南亚国家研究发现，控股股东在金融危机中的剥削行为越严重，公司价值越低。Thomsen 等（2006）对欧洲公司研究发现，控股股东持股比例越高，对公司价值的侵占程度越严重。还有其他研究从关联交易（Betrand et al.，2003；Bae et al.，2002；Cheung et al.，2006）、股利政策（La Porta et al.，2000a；Faccio et al.，2001；Lee and Xiao，2003）、债务融资（Faccio et al.，2003；Aslan and Kumar，2008）等角度寻求控股股东攫取的证据。LLSV（2000b）研究发现，相对于缺乏法律保护的国家来说，如果公司有好的投资项目，法律保护好的国家的公司股东就愿意推迟获得股利。Truong 和 Heaney（2007）以 37 个国家的 8279 个上市公司为样本研究发现，控股股东为内部人时，公司更不可能发放股利或股利支付率很低，表明其更有可能留存收益以便进行“掏空”

或侵占。此外，Bebchuk 等（2000）Betrand 等（2002）、Fan 等（2008）、Jian 和 Wong（2010）等发现，控股股东通过集团内公司间的商品和劳务转移、资产和控制权转移掠夺公司财富的概率特别高。但是，控股股东并不总是“掏空”公司，也有支持上市公司的时候（Friedman et al.，2003；Riyanto and Toolsema，2004），控股股东“支持”上市公司的目的是帮助其暂时度过危机，以便今后能够继续从上市公司输送资源，此行为被称为“双向资金占用”。

中国上市公司股权比较集中，控股股东控制现象普遍存在。控股股东通过资金占用、资产重组、关联交易等途径侵占公司资源的现象非常严重（李增泉等，2004；陈晓和王琨，2005），已引起了社会各界的广泛关注。陈信元等（2003）发现，高额现金股利并没有提高公司价值，而可能是控股股东等转移资金的工具。阎大颖（2004）研究表明，我国上市公司的股利政策倾向与公司股权结构的流通性和集中度具有显著的内在联系，非流通控股股东以现金股利进行“圈钱”是造成上市公司热衷派现的重要原因。原红旗（2004）、肖珉（2005）、唐跃军和谢仍明（2006）等也发现，控股股东存在以现金股利转移资金的倾向。柳建华（2007）对我国上市公司现金股利与资金占用之间的关系进行了研究，发现上市公司现金股利与资金占用之间存在显著的负相关关系。当控股股东持股比例增加、控股股东有能力自由选择是支付现金股利还是用其他方式转移上市公司资源时，现金股利支付率与控股股东的资金占用率之间的替代关系就变得更不明显；而组织形式使集团控股股东转移资源的途径多样化，控股股东所控制的上市公司的现金股利支付率与资金占用率之间的替代关系也同样更不明显。王化成等（2007）认为，所有权和控制权的分离程度越高，上市公司股利分配倾向和分配力度就越小。陆正飞等（2010）研究发现，“一股独大”和内部人控制是激进股利政策的主要原因，董事会成员在股利政策选择时也存在机会主义行为，公司采取激进股利政策可能会导致其债务成本增加。此外，激进的股利政策不受市场欢迎，其累计超额回报显著为负。李增泉等（2010）认为，当控股股东难以通过股权转让来实现其产权收益时，除了现金股利分红外，“掏空”几乎是唯一的选择，但当控股股东可以低成本进行股权转让时，控股股东就需要在股权转让收益与“掏空”收益之间进行抉择，甚至援助上市公司以提高股权转让价格。但是，蒋东生（2010）以用友软件为例，对“高分红”现象的原因进行了研究，发现上市公司的“高分红”并非都是源于控股股东的“掏空”行为，而是因为上市公司具有良好的基本面，派发高额现金股利属于公司的正常行为，高额分红不是“掏空”，而是对外部投资者的回报。

王鹏和周黎安（2006）研究了控股股东的控制权和现金流权（即所有权）对公司绩效的影响，结果表明，控股股东的控制权有负的“侵占效应”，现金流权则有正的“激励效应”；控制权的“侵占效应”强于现金流权的“激励效应”；随着两者分离程度的增加，公司绩效将下降，并体现出递增的边际效应。王化成和佟岩（2006）研究表明，控股股东的持股比例与企业的盈余质量显著负相关；控股股东为国有股时盈余质量更低；其他股东的制衡能力越强盈余质量越高。刘慧龙等（2009）从资金占用、现金持有与公司业绩和企业价值三个层面，分析了控股股东与其他控股股东在隧道挖掘问题上是相互制衡还是竞争合谋，认为既可能“相互制衡”，又可能“竞争性合谋”。当其他控股股东对控股股东的制衡能力较强时，倾向于“竞争性合谋”，随着其他控股股东对控股股东制衡能力减弱，从“竞争性合谋”趋向于“相互制衡”。刘运国和吴小云（2009）从终极控制人的股权属性、金字塔控制结构、控制权和现金流权的分离3个维度对上市公司纵向股权结构与控股股东的“掏空”行为进行了实证研究。结果发现，中央政府控制的上市公司被控股股东“掏空”的总程度最小，地方政府和自然人控制的上市公司被控股股东“掏空”的总程度没有显著差异；政府控制的控股股东更多地通过生产性经营来“掏空”上市公司，自然人控制的股东则更多地通过非经营性方式来“掏空”上市公司；自然人对上市公司的金字塔控制层级越多，控制权和现金流权的分离程度越大，控股股东对上市公司的“掏空”行为越严重，在中央政府控制的上市公司中，金字塔控制层级越少，控制股东的“掏空”行为越严重，控制权和现金流权有分离的上市公司被控股股东占用的资金高于控制权和现金流权没有分离的公司。

刘星等（2010）基于企业内部资本配置的理论阐释，以无风险资产和风险性资产的组合投资为研究对象，从控股股东无偿占用上市公司内部资金的角度构建企业价值期权模型，探析控股股东的现金流权、现金流权与控制权分离度对资本配置决策和企业价值的影响。研究结果表明，控股股东的现金流权与企业资本配置效率正相关，与企业价值正相关；现金流权和控制权分离度与企业资本的配置效率负相关，也与企业价值负相关，并且发现由控股股东侵占而产生的对风险性资产的非效率“挤占”是导致上市企业资本配置行为扭曲的一个重要动因。杨兴全和曾义（2011）对终极股东控制权现金流权分离、公司投资行为与公司价值的关系进行实证研究。结果表明，终极控制股东的两权分离导致公司的过度投资行为，进而降低了公司价值，而且这种负面作用在高自由现金流公司中更严重。俞红海和徐龙炳（2010）则发现股权集中、控股股东的存在会导致公司过度投资，控股股东控制权与现金流权分离进一步加剧了这种行为，同时自由现金流水平也对过度投资有正向影响；现金流权水平的提高、公司治理机制的改善，则可以有效抑制过度投资。魏卉和杨兴全（2011）考察了控股股东控制权与现金流权的分离程度对股权融资成本的影响。研究发现，现金流权与股权融资成本显著负相关，两权分离程度与股权融资成本显著正相关，而且这种正相关性在高自由现金流与低成长公司中更显著。进一步检验发现，两权分离对股权融资成本的影响还与终极控股股东性质有关，与国有控股公司相比，两权分离程度与股权融资成本的正相关关系在非国有控股公司中更显著，而在国有控股公司中，地方政府控制的上市公司中两权分离程度与股权融资成本正相关性显著高于中央政府控制的上市公司。洪金明等（2011）研究信息披露质量、控股股东资金占用以及审计师选择之间的关系后，实证发现，信息披露质量越高的公司会减少控股股东的资金占用并且倾向于选择高质量的审计师，高质量审计师也能够起到降低控股股东的资金占用的效果。

陈耿和杜烽（2012）从控股股东利益倾向和行为特征的角度，研究作为定向增发主要参与人的控股股东对增发价格的影响。研究发现，增发价格的高低会受到控股股东“隧道效应”和“利益协同效应”的共同作用：隧道效应促使增发价格降低，利益协同效应则促使增发价格随控股股东持股比例的提高而升高。同时，控股股东隧道动机对增发价格的抑价效应一直存在，不会随着控股股东持股比例的提高而受到利益协同效应的削弱，而利益协同效应在控股股东参与增发时则会受到隧道效应的弱化。郑国坚等（2013）基于“掏空”方的财务状况的视角分析其“掏空”行为，并实证检验各种常见的治理机制在公司处于非正常状态即控股股东面临财务困境时的有效性问题。研究发现，面临财务困境时，控股股东对上市公司的非法资金占用行为异常明显，显示其强烈的“掏空”动机；此时各种治理机制在抑制控股股东“掏空”行为的有效性方面存在系统性差异；法制监管的治理作用非常明显，且不受其他治理因素的影响，外部审计、控股股东所有权和董事持股只能在一定范围内发挥作用，其他治理机制（其他股东制衡和独立董事比例）等均未奏效。陆正飞和王鹏（2013）研究上市公司的控股股东是否会利用上市公司与关联企业之间的同业竞争关系，向上市公司进行利益输送，从而使上市公司达到盈余管理目的。研究发现，当存在向上操纵盈余的动机时，较之不存在同业竞争关系的上市公司，存在同业竞争关系的上市公司的销售收入、销售现金流及主营业务利润的增长显著更快，而操纵性应计显著更低。结果表明，存在同业竞争关系的上市公司的盈余操纵更多地来源于控股股东通过同业竞争关系进行的利益输送。王化成等（2015）以 2003~2012 年中国 A 股上市公司为样本，考察了控股股东持股比例对股价崩盘风险的影响。研究发现，随着控股股东持股比例的提高，未来股价崩盘风险显著下降，这支持了监督效应和更少“掏空”效应，但不支持更多“掏空”效应。进一步分析表明，控股股东持股同时通过监督效应和更少“掏空”效应影响股价崩盘风险。李明和叶勇（2016）检验了媒体负面报道对控股股东“掏空”行为的影响。结果表明，媒体负面报道能够减少控股股东的“掏空”；相对于国有上市公司，在媒体负面报道后非国有上市公司控股股东“掏空”程度减少得较大。

第二节　股权质押动因及其经济后果

相比于股权结构分散的英美经济体，股权结构集中的新兴经济体中股权质押业务非常普遍，因而关于股权质押的研究也就集中于东亚及其他新型经济中，尤其是对中国资本市场的研究。中国台湾对股权质押的研究较早，而大陆则起步较晚。前期文献基本上都以代理理论为分析框架，从股权质押引发的代理问题出发，认为股权质押加剧了公司控股股东与中小股东的代理冲突（第二类代理问题），其研究路径大多遵循“控股股东股权质押（自身行为）——加剧代理冲突及‘掏空’（行为传导及作用机制）——恶化公司业绩——损害企业价值”。

一、关于股权质押动因的研究

只要企业存在负债，控股股东或企业管理层就有减少企业价值的动机，例如，企业管理层通过发放清算性股利或者投资于高风险项目来损害债权人的利益（Watts and Zimmerman，1986）。信息共享和抵押担保品都是帮助银行降低逆向选择成本的重要手段，基于最大限度地降低由于债务人违约所造成的损失，银行这些债权人通常在贷款合约中要求债务人提供抵押担保品作为损失的补偿，以降低债务代理成本，确保债权的安全和实现（Artashes and Stacescu，2014）。银行等债权人具有对抵押担保品的追索权，这能够增强债务人还款意愿，激励贷款合约执行（Barro，1976；吴静，2013）。在我国信贷市场中，相对于国有企业，民营企业从银行等金融机构贷款往往被要求提供抵押担保品（An et al.，2014），而家族控股公司的抵押担保品使用率更高（Pan and Tian，2016）。作为权利质押形式之一股权质押，就是为保障债权的实现而设立的一种担保物权，股权质权担保力的大小直接影响着债权的安全，与银行等质权人的利益密切相关（阎天怀，1999）。股权质押实质上是一种信用扩张的融资杠杆操作行为（沈仰斌和黄志仁，2001），通过质押股权控股股东将其沉没在资产负债表上的“静态”股权转化为“动态”的可用资本，使财务资源的杠杆效应得以充分发挥，是一种将“经济存量”转变为“经济能量”的有效财务策略（艾大力和王斌，2012）。在股权质押期内，质押股权仍归属于原股东，其股东地位维持不变，依然享有相应的股东权利，如质押股权的表决权、新股优先认购权和余额返还请求权（阎天怀，1999），同时控股股东个人财富与公司股价之间的关联性会因此而可能有倍增的效果。目前，国内学者关于股权质押动机的研究还较少，国外学术界的研究更是鲜有涉及。高兰芬（2002）指出，质押目的具有多重性，质押的动机总体上可分为三类：投资目的（有投资机会但公司已无法再追加借款）、投机目的（护盘或炒作股票）和现金增资目的（质押持股取得借款买进新股避免股权被稀释）。由于质押目的的多重性，控股股东（董监事）个人持股质押有利于或有害于公司经营的视质押目的而定。为此，探讨控股股东股权质押的动机有助于深化理解其融资决策背后的逻辑以及所可能产生的经济后果。

（一）补充流动性资金

现金流之于企业犹如血液之于人体。控股股东股权质押行为彰显了其财务状况，所面临的资金短缺是促使其质押股权的诱因，尤其对于被动质押①（艾大力和王斌，2012）。随着我国经济下行压力的持续增大，自 2013 年以来沪深 A 股上市公司现金流严重恶化，与 2012 年相比（2012 年度经营性现金流净额为 4.60 万亿元，同比增速 52.8%），经营性现金流净额陡降至 3.06 万亿元，同比下降 33.4%②。显然，2014 年中国上市公司对于资金的诉求非常强烈。与其他融资方式相比，股权质押融资因其便利性和快捷性，更易于解决其资金流动性不足的问题。在合理融资需求得到满足后，公司违规寻求资金的需求和冲动自然就会减少，这也为企业规范经营提供了物质基础（马德水，2016）。当公司面临投资机会却无法再通过公司举债来募集投资项目所需资金时，控股股东可能会质押持股来筹集短缺资金，这种股权质押行为被视为公司举债的延伸（Chen and Hu，2007）。同时，股权质押比率存在显著的行业差异，因产业的差异而有不同的股权质押比率（Chiou et al.，2002）。例如，在轻工制造业，企业往往是轻固定资产、重无形资产，当公司资金需求无法满足时，控股股东通过股权质押来补充公司营运资金，这一融资行为传递出控股股东对公司前景乐观预期和强烈支持公司发展的信号，对于改善公司经营业绩具有积极作用（闻岳春和夏婷，2016）。实践中，典

---

① 艾大力和王斌（2012）按照大股东对股权质押借款的用途指向性，将其细分为主动质押和被动质押两类。前者是指股东将股权出质行为常态化，即股东将其沉没的账面股权主动“激活”为可动用的财务资源，以满足未来投资之需求，它在本质上是一种杠杆化的财务行为，在期望高收益的同时也试图平衡杠杆化风险；后者是指股东因面临正常经营所需资金压力而被迫将股权质押套现，中国上市公司的股权质押融资多数属于此类。

② 数据来源：Wind 数据库，安信证券研究中心。中国沪深 A 股上市公司 2007 - 2014 年度经营性现金流净额同比增速分别为：-4.1%（2007 年）、14.0%（2008 年）、10.9%（2009 年）、-15.4%（2010 年）、11.4%（2011 年）、52.8%（2012 年）、-33.4%（2013 年）、61.5%（2014 年）。

型案例是乐视网股权质押融资补血。在资金短缺的情况下，乐视网掌门（贾跃亭）通过频繁的股权质押融通资金，为其几个子生态业务的正常运营补充“血液”[①]。但是，对沪深 A 股 584 个股权质押样本的质押借款投向统计分析，发现仅占 18.49% 的质押借款流向了上市公司，补充了公司营运资金，也确实提高了公司绩效，但却有 81.51% 的质押借款流向了控股股东自身或第三方，表明控股股东更倾向于为其自身或第三方提供融资担保（张陶勇和陈焰华，2016），当质押借款投向股权被质押公司时，向外部投资者传递出控股股东“支持”公司发展的积极信号，而且国有控股股东质押的信号传递效果比民营控股股东更为明显（吴静，2016）。

（二）强化公司控制权

公司中控股股东的存在是股权质押这种融资方式产生的“物质基础”（王斌等，2013），但控股股东的存在就会产生控制权私利（Grossman and Hart，1980、1988；Barclay and Holderness，1989；叶康涛，2003），控制权私利是控股股东掌握公司控制权而产生的排他性收益（郝云宏等，2013）。当控股股东的持股份额超过某一临界点时，就有能力控制整个企业，并获取中小股东无法得到的控制权私利（Shleifer and Vishny，1997）。对于终极控股股东而言，能够用更少的资源获取公司的控制权（Bennedsen and Wolfenzon，1999）。在我国台湾地区质押也是控股家族或管理当局强化控制权的方法之一（高兰芬，2002；Kao et al.，2004；金成隆等，2009）。为了维持或强化在公司的控制权，控股家族或股东必须得有足够的资金，但个人或单个家族的资金有限，金字塔结构成为东亚国家上市公司普遍采用强化控制权的方法之一。[②] 在中国台湾地区另一种强化控制权的方法就是质押，控股家族或股东以其持有的公司股份作为担保，向银行等金融机构贷款来买进自己公司或控股集团更多的股票，质押如同金字塔结构一样，也是控股股东强化控制地位的工具之一，因而也会加重控制权与所有权偏离。以股权质押比率作

---

① 陈宇曦．紧绷的乐视网：贾跃亭持股 97% 已质押 乐视控股持股全质押［EB/OL］．澎湃新闻：http：//www.cb.com.cn/gushi/ 2017_0427/1182264.html，2017 年 4 月 27 日．

② Yeh 和 Lee（2001）研究发现，中国台湾上市公司有 76% 被家族控制，其董事会有 66.45% 为控制家族完全控制。

为探讨代理问题的变量，发现股权质押比率与买入操作比率正相关，子公司操作母公司股票的动机可能与巩固个人利益有关，这表明当公司内部人的信用高度扩张时，子公司易沦为巩固内部人利益的工具（沈仰斌和黄志仁，2001）。进一步地，通过对中国台湾地区控股股东股权质押的研究也发现，多数控股股东持股质押并不是出于公司的资金需求，而是将股权质押借款用来买进公司股票以增强对公司的控制权（Chiou et al.，2002；Kao et al.，2004）。这种现象在早期中国台湾地区资本市场非常普遍，当有利好消息预计股价上涨时，控股股东质押持股取得更多资金再次买进公司股票，强化其在公司的控制权。特别是在公司面临恶意并购时，为了增强其控制权，控股股东必须获得足够的资金在二级市场买进股票，当市场稳定之后再实施减仓操作用于偿还股权质押贷款。

（三）实施利益侵占

在公司治理中控股股东可能会起到监督效应或隧道挖掘效应。监督效应是由于控股股东拥有剩余所有权，有动机监督公司管理层，减少其他股东“搭便车”问题，这对于缓解股东与管理层间的代理问题起到的积极作用；隧道挖掘效应则是控股股东可能会利用其控制权优势，通过任命管理层或影响董事会，损害中小股东利益，攫取控制权私利的行为（周萍等，2017）。控制权私利是控股股东掌握公司控制权而产生的排他性收益。与以往赤裸裸式“资金侵占”不同，控股股东凭借其控制权以更隐蔽的关联交易、产品转移定价、买卖资产、担保贷款等途径实现其利益输送目的。无论是采用何种工具进行利益输送，其控制权私利行为实际上均是一种“法、理、情”的纠结，是一个典型的伦理决策问题，表现为三种基本模式：违法违规的“闯红灯模式”（违法违规）、“擦边球模式”（合法但可能不合理）和“蚕食者模式”（合乎法律规范和公司治理程序但可能有悖社会伦理“不合情”）（郝云宏等，2013）。如果控股股东一开始就准备从公司谋取私利，为了避免“掏空”而造成股权贬值损失，股权质押无疑成为其转嫁风险的利器，控股股东借助于股权质押将其股份在高价位质押套现，而当股权价值下降后可以将已贬值的股份转让于银行等质权人（李永伟，2007）。控股股东股权质押行为是其资金紧张的表现（吕长江和肖成民，2006），当股价被高估时经由股权质押获取尽可能多的资金，而不是通过直接出售股份套利，其初衷可能是作为对以往直接侵占上市公司资金的一种替代（黄志忠和韩湘云，2014）。鸿仪系“掏空”案例（黎来芳，2005）和明星电力“资金黑洞”案例（李永伟和李若山，2007）也证实，股权质押成为控股股东“掏空”上市公司，侵占中小股东利益的重要手段之一。当面临的财务约束（股权被质押、冻结）严重时，控股股东更容易对上市公司进行占款（郑国坚等，2014）。股权质押之后，一旦公司股票价格下跌，银行等质权人就会要求其追加质押或提供保证金，此时控股股东不会考虑长远利益的，更倾向于短期内能够大幅增加利益的投资计划（Kao and Chen，2007）。之所以频繁发生股权质押下的“隧道挖掘”现象，是因为对股权的会计属性认识不清，持股质押使控股股东在公司的所有权与控制权偏离加重，其侵占公司资源的诱因增强。而且，无论是上市公司、银行还是监管部门，对于控股股东股权质押行为没有给予足够重视，更未建立相应的风险防范机制，这为控股股东通过股权质押实施“隧道挖掘”提供了有利的制度空间。

质押股权的价值决定了股权质押借款的规模，而股票市场的估值水平直接决定了质押股权的价值，必然会影响控股股东股权质押的意愿和规模（徐寿福等，2016）。因此，控股股东通常在股价高位时质押股权，在维持其股东地位不变的同时套现巨额资金，甚至足够收回其前期投资；当股权贬值至低于股权质押借款时，控股股东就会选择放弃该部分质押的股权（闻岳春和夏婷，2016）。虽然控制权与所有权偏离降低了控股股东的“掏空”成本（Fan and Wang，2002），但相比于两权分离带来的“掏空”成本降低效应，股权质押所带来的“掏空”成本降低效应更为明显，因为在股权价值已低于质押融资额的情境下，股权质押套现使控股股东的“掏空”成本几乎为零，使其“掏空”行为变得更加有利可图，这更易诱发控股股东的“掏空”行为（李永伟，2007）。进一步地，从股权性质视角出发，与国有控股股东相比，民营控股股东因其融资约束等会更多采用股权质押融资策略（王斌等，2013；An et al.，2014），而且股权性质所体现的政治关系较好地解释了控股股东通过质押股权借款，利用隧道效应侵占中小股东利益的现象（谭燕和吴静，2013），股权质押已成为控股股东快速套现的一种方式（郝项超和梁琪，2009）。

（四）实施并购重组

股权质押的杠杆效应使其成为“资本玩家”恶意并购的工具（乐嘉春，2003）。例如，在深圳明伦集团并购明星电力的过程中，股权质押发挥了关键性作用，使其几乎是以“空手套白狼”的方式便成功并购了一家质地优良的上市公司（李永伟，2007）。在中国资本市场中，运用股权质押这一杠杆工具实施并购的案例时有发生。例如，为了并购史密斯菲尔德食品公司，双汇发展（000895）的股东罗特克斯公司将其持有的双汇发展及双汇集团（河南省漯河市双汇实业集团有限责任公司）的全部股权质押，用于双汇国际控股有限公司境外银行贷款担保。2013 年 8 月 31 日，罗特克斯公司与中国银行（香港）签订了股权质押协议，将其所持有的双汇发展和双汇集团的全部股权质押给中国银行（香港），双汇发展直接和间接被质押的股权高达 73.26%①。还有润邦股份（002483）质押子公司（绿威环保）55% 的股权申请并购贷款②。

以往文献关于控股股东股权质押动机的研究总体上涵盖上述四个方面，认为实施利益侵占的居多，表明控股股东股权质押对中小股东和公司绩效（或公司价值）的消极影响远超过其积极影响。但是，并不是全部的控股股东质押持股都是出于“掏空”目的，不同类型的股权质押所传递的信号存在显著差异。为此，资本市场的外部投资者在选择投资发生股权质押的公司时，要保持审慎态度，注意股权质押可能带来的潜在问题，防范股权质押可能产生的风险，如道德风险和市场风险。

二、关于股权质押经济后果的研究

关于控股股东股权质押可能产生经济后果的研究，基本上均以代理理论

---

① 余胜良．双汇发展七成股权被质押用于海外并购［EB/OL］．证券时报网：http：//finance. people. com. cn/ stock/n/ 2013/0913/c67815 - 22908598. html，2013 年 09 月 13 日．

② 江苏润邦重工股份有限公司董事会．江苏润邦重工股份有限公司关于公司质押子公司股权申请并购贷款的公告［EB/OL］．巨潮资讯：http：//www. cninfo. com. cn/ cninfo - new/disclosure/ fulltext/bulletin detail/true/1202965096？announce Time ＝ 2016 - 12 - 28，2016 年 12 月 28 日．

为分析框架，从股权质押所引发的代理问题出发，认为股权质押会加剧公司大股东与中小股东的代理冲突（第二类代理问题），对公司业绩和企业价值产生了负面影响，其诱发的盈余操纵降低了会计信息质量，研究路径大多遵循"控股股东股权质押（自身行为）——加剧代理冲突及'掏空'（行为传导及作用机制）——恶化公司业绩——损害企业价值"。基于以往文献关于控股股东股权质押经济后果的研究，可以归纳为四个方面：（1）股权质押带来的代理问题；（2）股权质押对会计信息质量的影响；（3）股权质押对公司绩效和企业价值的影响；（4）造成的其他经济后果。

（一）股权质押的代理问题

传统代理理论认为公司股权分散于各中小股东之间，而公司控制权则集中于管理层之手，公司代理问题来自投资者与管理层的利益冲突（Jensen and Meckling，1976）。但是，后续许多研究对股权分散假设的有效性提出了质疑（Shleifer and Vishny，1986；Morck et al.，1988；Claessens et al.，1999；La Porta et al.，1999）。La Porta 等（1999）通过对 27 个较富裕经济体的大型企业的所有权结构进行研究，发现除非在投资者保护制度健全的经济体中，只有少数的企业是股权分散的，相反多数国家（或地区）的企业均存在所谓的控股股东①。近年来，以控股股东为主的股权结构才是最典型的所有权结构，而在中国更是如此，股权分散只是英美经济体中的独特现象（LLSV，1999；Mitton and Todd，2002；Lins，2003）。在股权集中结构中，控股股东通常是公司的管理层，通过从事自我交易活动，损害小股东的利益（Liang and Chen，2016）。

股权质押融资是股东以其所持有的股权作为担保，向银行等金融机构申请贷款或为第三方提供贷款担保的一种财务活动行为。它原本是控股股东的个人行为，在经营权与所有权分离的情况下，似乎与公司经营无关。然而，正是股权集中结构下控股股东的存在，使股权质押这一个人的行为与企业经营发生了联结。实践中，公司控股股东往往通过金字塔结构、交叉持股或者

① Morck 等（2000）以投票权来定义所有权结构。如果公司存在一个股东或者团体直接（登记在其名下的股份）抑或是间接（凭其所控制个体持有的股份）的投票权超过 20%，那么该公司则是存在控股股东的企业，而非股权分散的企业。

参与管理等方式来强化其控制权（LLSV，1999；Claessens et al.，2000；Yeh et al.，2001；Fan and Wong，2002；Yeh，2005；Lin et al.，2012）。此时控股股东拥有的控制权往往超过所有权，控制权与所有权的偏离使控股股东剥削中小股东利益牟取个人私利的诱因增强（La Porta et al.，1999）。[①] 在我国台湾地区股权质押成为控股家族或股东获取资金来维持或增强其在公司控制权的重要方法之一（高兰芬，2002）。如同金字塔结构，股权质押这一杠杆操作也是控股股东强化其控制权的工具之一，同样也会造成所有权与控制权的偏离加重，实际所有权与控制权的偏离比名义所有权与控制权的偏离更为严重，使公司控股股东与中小股东之间的代理问题变得更严重（高兰芬，2002；Chen et al.，2007；金成隆等，2009；周建新等，2013），股权质押比率越高，代理问题表现越为严重（Yeh and Ko，2003）。股权质押引发的代理问题在亚洲金融危机后受到广泛关注，因为大多数在金融危机期间发生财务危机的公司都具有高股权质押比率的特征，高股权质押比率是公司未来发生财务危机的重要信号（邱正仁等，2002）。股权质押使控股股东的控制权与所有权发生偏离，不仅增加了代理成本，损害中小股东利益，还会产生道德风险，如盈余管理、直接的股价操纵和投资风险项目（Chen et al.，2007）。控股股东过度杠杆化会产生对中小股东利益的侵占行为（艾大力和王斌，2012），鸿仪系“掏空”案和明星电力“资金黑洞”案也证实股权质押是控股股东侵占中小股东利益、快速套现的重要工具，其中隐藏着极高的商业伦理和诚信风险（黎来芳，2005；李永伟和李若山，2007；郝项超和梁琪，2009）。股权质押所引发的代理问题在空头市场中较严重（高兰芬，2002；高兰芬和邱正仁，2002）。无论事前出于何种目的质押股权，当股市进入空头时，股价下跌使质押股权的控股股东（或董监事）面临财务压力，剥夺中小股东利益的可能性增强，此时控股股东与中小股东之间的代理冲突加剧，进而降低公司绩效。Chen 等（2017）检验了股权质押对公司维护信用以及股东权益的股票回购决策的影响，发现股权质押比率与公司股票回购决策呈显著正向关系，股权质押比率高时，公司从事股票买回宣告的可能性

① Claessens 等（1999）研究发现所有权与控制权的偏离会降低公司价值，这种折价现象提供了大股东剥削中小股东的经验证据。

随之提高。在考虑资讯竞争的调节作用后，发现公司高资讯竞争程度可以减缓股权质押对公司宣告买回的影响，这种减缓效果在金融危机发生后更明显。研究表明，股票价格下跌时会提高质押股票保障额度不足的可能性，股权高质押比率公司，有较高动机从事股票买回以维持公司股价。股权质押所带来的代理问题还存在于控股股东与银行等质权人之间。相对于公司控股股东而言，银行等质权人作为外部人而处于信息劣势，可能面临着来自控股股东的道德风险，例如，公司控股股东为了获取更大规模的质押贷款或稳定股价而操纵盈余抬升股价（Chen et al.，2007），股权质押对公司在股灾中停牌有显著正向影响（孙建飞，2017）。银行等作为外部债权人可以利用质押品质量的“激励效应”控制信贷风险，以此来降低债务代理成本（谭燕和吴静，2013；徐寿福等，2016）。

综上所述，如同金字塔结构和交叉持股，股权质押带来的代理问题源于质押股权使控股股东（或董监事）的所有权与控制权发生偏离，致使实际所有权与控制权的偏离比名义所有权与控制权的偏离更为严重，控股股东（或董监事）剥削中小股东利益的诱因增强，而且这种代理问题在空头市场表现得更为严重，代理问题的产生增加了公司的代理成本，损害了公司绩效和企业价值。

（二）对会计信息质量的影响

西方主流文献大多认为上市公司的盈余管理是由管理层基于个人或公司利益而实施的，例如，出于降低公司的政治成本，避免债务违约、增加管理层薪酬目的而进行的盈余管理（Watts and Zimmerman，1986）。随着安然、世通等公司财务造假案的曝光，学术界开始将目光转向由管理层股权激励而诱发的盈余管理（Bergstresser and Philippon，2006；Cheng and Warfield，2005）。管理层会“耍弄”资本市场，但资本市场不能有效识别管理层精心设计的业绩“陷阱”（黄志忠和韩湘云，2014）。在中国情境下，公司的盈余管理行为更多的是在控股股东的授意下实施的。与英美经济体股权高度分散不同，中国上市公司的股权结构具有相对集中的特征，而公司的管理权通常掌握在控股股东手中。例如，公司控股股东往往会在减持之前进行盈余管理而抬高股价（蔡宁和魏明海，2009）。公司的盈余管理行为扭曲了财务报表信息，使财务报表提供的信息变得与包括股东和债权人在内的资本提供者的决策不太相关，公司不向其资本提供者披露真实信息是一种不道德的行为（Chen et al.，2007）。

股权质押是担保贷款的一种形式，股票的市场估值水平直接决定了质押股权的价值，从而决定了控股股东能够从银行等金融机构获得贷款的规模（Chen et al.，2007；Kao and Chen，2007；徐寿福等，2016），通常可以借到所质押股票价值三成至六成的资金，被质押股票的价格波动越大能借到的成数就越低。[①] 但是，用于质押的标的股票通常在市场上公开交易，股票价格受到多种因素干扰发生波动，导致质押股票升值或贬值。当股票价格上涨时，质押股权的价值随之上涨，此时能够从金融机构获得更多资金；当股票价格下跌时，质押股权的价值随之下降，金融机构会要求追加质押，如果控股股东无力提供保证金或者追加质押，那么已经质押的股份就会被在二级市场上抛售。为了取得较高的贷款成数而衍生的股价稳定需求，使控股股东具有操纵盈余的诱因，盈余平稳化的诱因也使其个人财务杠杆行为与公司财务报告产生联结（黄志忠和韩湘云，2014；Chen et al.，2007）。经验研究表明，上市公司在股权质押前后普遍存在盈余管理行为，在外部监管环境趋严的情况下逐渐从应计盈余管理向更加隐蔽的真实盈余管理转变（王斌和宋春霞，2015；陈共荣，2016）。而且，随着股权质押比率的提高，控股股东越可能出于自利目的操控盈余，进而降低了盈余报告的可信度，同时也损害了公司绩效（Kao and Chen，2007）。一旦控股股东进行了盈余管理，那么公司披露的财务报告将变得不可信（Chen et al.，2007）。例如，随着股权质押比率的提高，公司盈余信息与股价变动的相关性变弱（高兰芬和邱正仁，2002），这因为股权质押原本系控股股东的个人行为，在所有权与控制权分离的情形下，公司的代理问题来自公司管理层的自利行为，以至于控股股东的股权质押行为与公司经营无关，而公司盈余是公司的经营成果，理论上控

---

① 深圳证券交易所和上海证券交易所发布的《股票质押式回购交易及登记结算业务办法（2018 年修订）》第 67 条规定：证券公司应当依据标的证券资质、融入方资信、回购期限、第三方担保等因素确定和调整标的证券的质押率上限，其中股票质押率上限不得超过 60%。以有限售条件股份作为标的证券的，质押率的确定应根据该上市公司的各项风险因素全面认定并原则上低于同等条件下无限售条件股份的质押率。质押率是指初始交易金额与质押标的证券市值的比率。

股股东股权质押比率高低与公司盈余无关，也不会影响盈余与股价变动的关系。但对于存在控股股东的公司而言，股权质押加剧了控股股东与中小股东的代理问题，控股股东可能会利用其对公司的控制权，通过操控盈余来影响股价或隐匿不利于中小股东的交易，这会使会计数字的可靠性降低，会计盈余与股价变动的相关性随之降低。而且，此种效应在亏损公司和股价表现不好的公司更为显著，当公司亏损或股价表现不好时，公司股价更易形成下跌压力，使具有控制权的控股股东由于个人财务困境而剥夺公司财产以及实施盈余管理活动的可能性增加，即使公司当期盈余消息利好，市场也会因为严重的潜在代理问题而降低对盈余利好的反映。为了隐匿剥削事实或基于自利动机，控股股东在股权质押过程中更可能有乐观的倾向且选择延迟披露坏消息（金成隆，2009）。但是，在面临股价大幅下跌压力时，质押股权的控股股东可能会以侵占上市公司资金的方式来补充保证金，并不必然会通过盈余管理来提高企业业绩，从而维持或抬高股价（黄志忠和韩湘云，2014）。换言之，控股股东股权质押不必然导致盈余管理行为，从而会计信息也并不一定会被扭曲。

综上所述，由于股权质押融资的规模取决于质押股权的市场估值水平，因而在股权质押过程中控股股东的利益动机表现为操纵盈余稳定股价甚至抬高股价以获得更多的信贷资金。在股权质押过程中，控股股东有动机进行盈余管理影响股价及股价同步性，在监管环境趋严的情况下从应计盈余管理转向更加隐蔽的真实盈余管理（陈波和王翠婷，2010；蔡春等，2011；王斌和宋春霞，2015），以达到其稳定股价或隐匿其剥削证据的目的。这种盈余操纵行为使公司股价吸收了较多的噪声信息，弱化盈余信息与股价变动及股票报酬间的相关性，进而降低会计信息质量。

（三）对公司绩效的影响

目前，关于股权质押比率与公司绩效和公司价值关系的研究，并未取得一致的结论。已有研究从控股股东股权质押加重了其控制权与所有权的偏离程度，使控股股东剥削中小股东诱因增强的视角出发，探讨股权质押所引发的代理问题对公司绩效和企业价值的影响。虽然大多的研究认为股权质押行为会对公司经营绩效产生显著的负面影响（杨丽弘，1999；熊大中 2000；陈宏姿 2001；高兰芬，2002；高兰芬和邱正仁，2002；Yeh and Ko，2003；Chiou et al.，2002；Kao et al.，2004；Chen et al.，2007；Kao and Chen，2007；郝项超和梁琪，2009；陈安琳等，2013；郑国坚等，2014），也可能导致公司发生财务危机（邱正仁等，2002；洪昕琳，2006；廖敏龄，2010）。例如，分别以净利润率、每股盈余（EPS）、资产报酬率（ROA）、权益净利率（ROE）来衡量公司绩效，结果发现股权质押比率与公司经营绩效呈负相关关系，且股权质押比率越高的企业经营绩效越差（杨丽弘，1999）。将公司区分为正常公司与财务危机公司之后，发现无论是正常公司还是财务危机公司股权质押比率均与公司经营绩效显著负相关，高股权质押比率为财务危机公司的重要特征之一（熊大中，2000）。进一步地，公司绩效指标分别采用会计绩效（ROE 和 ROA）和财务绩效（Tobin's Q），结果证实股权质押比率与会计绩效指标和财务绩效指标均呈负相关关系。这可能是因为股权质押行为使股东的控制权与所有权发生偏离，股权质押比率越高，其控制权与所有权偏离越严重，公司运营受到控股股东行为的影响加深，其剥削中小股东利益的诱因增强，增加了公司的代理成本，进而影响公司绩效和企业价值。但是，部分研究发现股权质押比率与公司绩效间并无显著关联性（许加昂，2000；黄璟琦，2002）。为此，还有部分学者专门探讨了股权质押比率与公司绩效是否存在因果关系，如果适度的质押有助于提升公司绩效，那么最适质押比率是存在的，因而公司绩效与质押比率将呈现“凹”形。然而，由因果关系分析表明，质押比率是公司绩效的 Granger 因，而公司绩效是质押比率的 Granger 因则不具有显著性，并无证据表明最适质押比率是存在的（辛沛翰等，2008）。

Wang 和 Chou（2018）通过研究与中国台湾股权质押有关的监管变化的市场反应，发现那些控股股东股权质押的公司在这些事件中的股票回报率显著高于没有发生股权质押公司的股票回报率。而且，机构投资者在《公司法（2011 年修）》通过之后，增持了质押公司的股权，表明代理问题的减少增加了其持有不太符合规定的公司股票的意愿，法规的调整有助于改善对投资者的保护。

这些研究结论出现差异的原因可能有：一是股权质押目的的多重性，因而不同质押目的会对公司经营产生不同的影响；二是股权质押与公司绩效间的关系受到多种因素干扰。因此，研究股权质押与公司绩效间的关系时，应该考虑如质押目的、投资机会、资金用途、监督机制、产业类别和经济景气状况等因素的影响。例如，质押目的的多样性，如投资目的、投机目的或现金增资目的，如果质押是为了炒作或股价护盘，则股权质押比率与公司绩效呈负相关；反之，如果为提升投资效率而做出融资权宜之计，则股权质押有助于提升公司绩效（辛沛翰等，2008）。进一步地，按照质押资金投向的不同，股权质押对公司绩效的影响也会不同，当质押资金投向控股股东自身或第三方时，公司绩效显著低于投向股权被质押的公司（张陶勇和陈焰华，2014）。在考虑质押前后情形下，股权质押对公司绩效也会有不同程度的影响，股权质押后控股股东持股比率对公司绩效的影响更大（吴美颖，2004）。相比国有控股股东而言，民营控股股东在质押股权后因担心控制权转移风险，从而具有强烈动机来提升公司经营业绩（王斌等，2013）。对于那些投资机会较多的公司来说，虽然股权质押行为会增加公司风险，但在经济景气时，股权质押比率与公司绩效呈正相关；在经济不景气时股权质押比率与公司绩效呈负相关。不同经济景气状态下，控股股东股权质押所面临的压力不同，因而经济景气状况可能会进一步对此关系推波助澜（余莉芳，2000；Chen and Hu，2001）。但是，在加入机构投资者持股比率、负债比率及股利政策这三个监督机制后，控股股东股权质押行为对公司绩效的负面影响会随之降低（刘绿萍，2003）。虽然股权质押是控股股东的个人行为，在经营权与所有权分离的情况下，股权质押似乎与公司经营无关，如果掌握公司经营权的控股股东质押股权，就会使其个人股权质押行为影响公司价值和其他股东的利益。因而，立足于保障投资者利益与防范股权质押风险，控股股东股权质押行为应该受到监督，政府应该在法令上有所作为，外部投资者也应要求公司在一定程度上限制控股股东的股权质押行为，并及时披露股权质押的信息，尤其是质押资金的用途。

综上所述，目前关于股权质押与公司绩效两者关系的研究，学术界并未达成一致共识。虽然多数学者认为控股股东的股权质押行为会损害公司绩效和企业价值，还可能致使公司发生财务危机，并将其归咎于股权质押所产生的代理问题，增加了公司的代理成本。但是，少数学者认为这两者之间并无关联性。还有部分学者主张在分析股权质押行为与公司绩效间的关系时，需要综合考虑其他因素的影响，如经济景气状态、产业类别、质押目的、投资机会等，综合考虑这些因素之后，股权质押比率与公司绩效之间可能呈正相关或负相关关系。

（四）造成的其他经济后果

股权质押除了可能会加剧代理冲突、降低会计信息质量和损害公司业绩与企业价值之外，还有证据显示其可能会弱化公司治理机制、增加公司信用风险，影响公司研发创新以及外部独立审计。

虽然股权质押借款可能用于项目投资来提高公司绩效，但经验研究证实，股权质押借款大部分不是用于公司项目投资，而是挪为私用。例如，中国台湾地区控股家族或股东将股权质押借款用于买进公司的股票来强化其控制权（Chiou et al.，2002；Kao et al.，2004）。只要股权质押借款不是用于公司的投资活动，就相当于控股股东已经变相撤回部分投资于公司的资金。此时控股股东实际投资于公司的金额因股权质押借款而降低，使其不在意公司所面临的风险，进而增加公司的信用风险。另外，股权质押之后，一旦公司股价下跌，将面临银行等质权人追缴保证金或追加质押的风险，此时对公司决策能够施加影响的控股股东就可能会动用公司资产进场护盘，甚至采用NPV为负的投资项目（Chiou et al.，2002），这种自利行为使公司的信用风险随着股权质押比率的提高而增加。通常，董事会作为解决股东与经理人之间代理问题的关键性制度安排，在公司治理机制中发挥着极其重要的作用，董事会的质量决定着一个公司未来业绩与股权回报（高明华等，2014）。但是，如果控股股东股权质押借款用于增加其在公司的股权份额，就意味着其能够以较少的实际股权份额取得较多的董事会席位或者更有能力影响董事的选举，从而左右董事会的决策，使公司董事内部化的情形更严重，造成公司治理机制弱化。股权质押比率越高，公司代理问题越严重，公司信用风险也越高（陈安琳等，2013）。

股权质押也对企业研发投入产生影响。张瑞君等（2017）研究发现，控股股东股权质押比率与企业研发投入之间显著负相关，金字塔控制链条越长，两者的负向关系越显著。在其他控股股东股权质押的情况下，两者间的负向关系也越显著。而且，发生控股股东股权质押的公司更倾向于将开发支出资本化以进行正向盈余管理，但公司内部现金流约束和高质量外部审计监督会对此有所抑制。随着股权质押的解除，开发支出资本化随之也可能转为费用化，控股股东会动态调整开发支出会计政策的选择，而且控股股东股权质押比率与开发支出会计政策隐性选择之间的正向关系主要出现在非国有控股公司和高新技术公司中（谢德仁等，2017）。

审计是一种有价值的监督形式，可以降低会计信息的虚假程度（Jensen and Meckling，1976；Watts and Zimmerman；1983），高质量的审计确实能够抑制管理当局任意地操纵财务报告（Warfield et al.，1995；Becker et al.，1998；Francis et al.，1999）。以往文献发现股权质押比率越高，公司盈余报告的质量越差（高兰芬和陈安琳，2007；方俊儒，2010），公司发生财务危机的可能性也越高（邱正仁等，2002）。即股权质押比率越高，其财务报表舞弊可能性越高，则审计师签发非标准审计意见的概率也就越高（吴琮璠和黄娟娟，2009），以规避未来的诉讼风险。对审计师来说，客户经营风险越高，其未来面临的诉讼风险以及声誉受损的概率就越高（Palmrose，1987）。此时，审计师倾向于收取更高的风险溢价，使审计收费增加（Bell et al.，2001；Houston et al.，2005），因而相比于未发生股权质押的公司，审计师对于那些股权被质押公司的审计收费会更高，而且股权质押比率越高，审计收费也越高，说明审计师能够识别股权质押可能带来的风险，并将其反映在审计收费中（张龙平等，2016；张俊瑞等，2017）。

综上所述，股权集中结构下，控股股东的存在是股权质押这一融资方式产生的“物质基础”。股权质押原是控股股东的个人行为，是其信用扩张的一种融资杠杆操作，其个人财富与公司股价之间的关联性会因此而有倍增的效果。但是，控股股东的存在，公司经营决策都是在其授意下进行的，代表了控股股东的意愿，使其个人的股权质押行为与公司经营发生关联。股权质押目的具有多样性，总体上可归为四类：为公司补充流动性资金、强化对公司的控制权、变相“掏空”公司和实施兼并收购，因质押目的的不同会对公司经营产生不同的效果。与金字塔结构和交叉持股相似，股权质押使控股股东的控制权和所有权偏离加重，致使实际的控制权和所有权偏离比名义的控制权和所有权偏离更为严重，控股股东侵占中小股东利益的诱因增强，股权质押所引发的代理问题增加了公司代理成本，并对公司绩效和公司价值产生消极影响。目前，关于股权质押与公司绩效两者关系的探讨，学术界并未形成一致结论，大多数学者认为股权质押比率越高，公司绩效越差，并可能致使公司发生财务危机，少数学者则认为两者之间并无关联性。出现分歧的原因可能在于股权质押与公司绩效之间的关系受到诸如经济景气状态、产业类别、质押目的、投资机会等多种因素的干扰，因而分析两者关系时要综合考虑多种因素的影响，具体问题具体分析。以往文献表明在股权质押过程中，控股股东有操纵盈余影响股价及股价同步性的强烈动机，从而达到稳定股价或隐匿侵占证据的目的。这种盈余管理行为使公司股价吸收了较多的噪声信息，弱化了盈余信息与股价变动及股票报酬之间的关联性，降低了公司会计信息质量。此外，股权质押所产生的代理问题还会弱化公司治理机制，增加公司信用风险和经营风险，但是审计师能够识别股权质押可能带来的风险，对此倾向于收取更高的风险溢价，随着股权质押比率越高，客户公司财务报表舞弊的可能性越大，其签发非标准审计意见的概率越高，以规避可能导致的诉讼损失。可见，以往有关研究已取得阶段性成果，研究视角丰富，采用包括案例研究和经验研究在内的多种研究方法，但是实践的发展迫切需要理论的指导，亟待理论突破与创新。鉴于以往研究的贡献与不足，可以从以下几个方面着手尝试：

1. 股权质押是否改变了公司的风险偏好

股权集中结构下，控股股东的存在是股权质押这一融资方式产生的“物质基础”。股权质押原是控股股东的私人行为，似乎与公司经营无关。但是，控股股东存在的情况下，公司经营决策都是在其授意下进行的，代表了控股股东的意愿，使其个人股权质押行为与公司经营发生关联。然而，控股股东股权质押时并不一定对由此可能带来的风险做出适当的评估。一方面，公司业绩下滑致使公司股价承受巨大的下跌压力，对于已经质押股权的控股股东来说，其面临着因股价下跌而需要提前还款、追缴保证金或追加质押的风险，以及质押届满无力还款的风险；另一方面，伴随股价的下跌，已经质押股权的控股股东通过循环质押以新贷还旧债的难度更大。如果控股股东第一次是在高价位高比率质押股份，那么控股股东难以通过再次质押股份来偿还旧债。由于控股股东行为与公司经营的密切关系，那么在股权质押过程中，控股股东基于自利动机是否会改变公司的风险偏好，以缓解股价下跌压力。

通过对这一问题的讨论，使外部投资者对股权被质押公司的风险有一个更清晰的认识，以采取对于此类公司投资风险的防范对策。

2. 股权质押是否降低了公司会计稳健性

会计稳健性是一项重要的会计信息质量要求。会计稳健性有两项来源：一是选择稳健的会计方法；二是来自确认收益和损失的不对称及时性。换而言之，相较于将坏消息确认为损失，会计将好消息在财务报表中确认为收益时要求有更高的可验证性（Basu，1997）。在股权质押过程中，控股股东有操纵盈余影响股价及股价同步性的强烈动机，以稳定股价或隐匿其侵占证据，以获取更多的信贷资源或防止公司易主。那么，股权质押过程中的盈余管理行为是否降低了公司会计稳健性？在外部监管环境趋严的情况下，从应计盈余管理向真实盈余管理转变，这两种盈余管理方式哪种降低会计稳健性的效应更为明显？通过对这一问题的讨论，可以甄别股权被质押公司的盈余质量是否仍有相关性和价值性。

3. 从贷款银行视角探讨股权质押的影响

目前，关于股权质押的研究集中于控股股东股权质押的动机以及可能对公司经营所产生的影响，并没有从银行等质权人的角度来探讨股权质押的相关问题。股权质押交易不仅影响作为出质人一方的股权被质押的公司，也会对债权银行等质权人产生有利或不利的影响。因此，后续研究可以尝试讨论股权质押对于债权银行等经营的影响，或者债权银行等质权人对于代理问题和公司经营的影响。通过对该问题的讨论，可以进一步了解股权质押对交易双方的影响及其后果，对于可能的负面影响采取积极防御措施。

4. 分析师跟踪能否抑制股权被质押公司的盈余管理行为

以往文献发现，在股权质押过程中存在盈余管理行为，这些盈余操纵行为使公司股价吸收了更多的噪声信息，弱化了盈余信息与股价变动及股票报酬之间的关联性，使外部投资者对股权被质押的公司丧失了信心。分析师作为外部独立的第三方，是资本市场上重要的外部监督力量，分析师跟踪使公司的盈余管理方式更为隐性化（叶建芳等，2015）。分析师跟踪那些股权被质押的公司，能否抑制这些公司的盈余管理行为，提高公司的会计信息的可靠性和相关性，让外部投资者重拾信心。通过对这一问题的讨论，可以为建立有效的股权质押外部监督机制提供有益的经验证据，从而在保障控股股东个人理财行为与确保中小股东利益不受损害之间取得平衡。

第三节 资本市场错误定价的文献回顾

有效市场理论认为，资本市场上的投资者是完全理性的，通过公司的盈亏状况来判断公司的真实价值，同时资产价格也能够充分反映公司的内在价值（王生年和朱艳艳，2017）。但是，现实中资本市场并不是完美的，存在各种交易摩擦，导致众多资产并没有反映其真实价值，有时甚至严重偏离其内在价值，产生了资本市场上的错误定价现象，即资产误定价。国内外学者围绕资本市场错误定价对实体经济的影响以及影响路径进行了深入广泛研究，发现资本市场错误定价将会导致其资源配置功能的失效，扭曲公司的投融资行为，降低资源配置效率，还可能会对实体经济产生致命性的冲击（Barro，1990；Chirinko and Schaller，2007；Polk and Sapienza，2009；花贵如等，2010；崔晓蕾等，2014；许致维和李少育，2014；李君平和徐龙炳，2015）。

一、资本市场错误定价的影响

Taggart（1977）在《融资决策模型》一文中指出，长期债权和股权的市场价值是公司发行证券的重要决定因素。当股票价格被高估时，理性的管理层利用股权融资的低成本优势，通过发行更多股票进行融资；相反，当股票价格被低估时，理性的管理层则通过回购被低估的股票来最大化公司价值（Stein，1996）。Baker 和 Wurgler（2002）最早系统地研究了市场时机对公司资本结构的影响，发现市场时机对公司资本结构具有持久显著的影响，资本结构是公司管理层过去根据市场时机实施融资活动的累积结果。公司越偏好股权融资，错误定价对公司股权融资的促进作用越明显（Baker et al.，2003）。Chen 和 Zhao（2004）研究了美国 1971～2001 年市值账面比和收益率对企业融资决策的影响，结果发现市值账面比高的公司更偏好于股权融资，但这些公司并不是为了向下调整企业目标资本结构，而是市值账面比高的企业具有股权融资成本较低的优势。Henderson 等（2006）通过调查 1990 ~ 2001 年世界范围内企业融资资金来源状况进行发现，市场时机是公司证券发行时考虑的重要因素，公司倾向于在股票市场收益率较高时发行股票。Campello 和 Graham（2013）发现，1990 年的股市泡沫促进了融资约束公司的股权融资，同时还发现无论是否存在融资约束，股市泡沫对公司债务融资均没有显著影响。国内学者大多从市场择时视角研究了资本市场错误定价对公司资本结构的影响（刘瑞等，2006；王正位等，2007；郭杰和张英博，2012）。但是，王正位等（2011）基于中国 A 股再融资管制环境，通过对股权再融资政策变更对公司资本结构影响的研究，发现股权再融资政策的变更是影响公司资本结构的重要因素，而股票市场估值的“市场时机”并不是影响公司资本结构的显著因素。徐浩萍和杨国超（2013）研究了投资者情绪对债券融资成本的影响，发现由于股票市场和债券市场的联动机制，股票市场过度乐观的投资者情绪会传染到债券市场，从而降低债券的融资成本。因此，资本市场错误定价也会影响公司的债务融资决策。进一步地，李君平和徐龙炳（2015）研究了资本市场错误定价对不同融资约束程度公司融资方式选择的影响，发现对于股权融资，无论融资约束程度高低，错误定价对公司股权融资均有显著的正向影响；对于债务融资，股价被高估会显著促进高融资约束公司的债务融资（包括长期债务和短期债务），但对于低融资约束公司并不存在显著影响，而且错误定价对高融资约束公司短期债务融资的正向影响远远高于长期债务融资。这些发现表明，在中国资本市场上，错误定价对于不同融资约束程度公司其融资方式选择的影响存在显著差异，对于高融资约束公司的影响表现为股权融资、短期债务融资和长期债务融资的融资优序现象，但对于低融资约束公司并不存在这一现象。

资本市场错误定价不仅会对公司融资决策产生影响，还会对公司投资决策产生重要影响，而且对企业投资水平的影响具有不对称性，错误定价主要经由“股权融资途径”和“迎合途径”对公司投资产生影响。国外学者基本证实了资本市场错误定价影响公司投资决策的股权融资渠道的存在性（Chirinko and Schaller，2001；Baker et al.，2003；Gilchirst et al.，2005；Chang et al.，2007；Campello and Graham，2013）。国内学者也就资本市场错误定价对公司投资的影响进行了研究。刘瑞和陈收（2006）立足于中国股票市场，运用市场时机理论分析股票的市场估价对公司投资行为的影响，发现股票价格对公司长短期投资决策均具有显著的正影响。郝颖等（2009，2010）基于行为财务理论，构建了股票错误定价通过股权融资渠道影响企业投资决策的理论模型，发现公司股权融资的依赖程度越大，公司投资水平对股票价格的敏感性就越高，而且对企业投资决策的影响因不同的所有权控制特征和治理效率而存在差异。张静和王生年（2016）以我国上市公司股权结构特征为背景，检验错误定价对过度投资的影响路径，发现错误定价通过股权融资渠道而非迎合渠道对公司过度投资产生正向影响，在大股东持股比例较高的情况下其影响更加显著。但是，在股价被低估时，“股权融资途径”不再重要，而是通过“迎合途径”对公司投资水平产生影响。Lou 和 Wang（2016）对于美国市场的研究表明，在股价被低估时伴随着投资缩减，而对我国市场的研究发现，在股价被低估时管理层缩减投资规模的意愿并不显著（黄宏斌和刘志远，2014），这可能与中国市场代理问题较为严重，管理层具有更强的扩大投资激励，而缩减投资激励不足有关（唐雪松等，2007）。李君平和徐龙炳（2015）通过对错误定价对于公司投资的影响及其影响路径的研究，发现在股价被高估时会促进公司投资，但主要作用于较高融资约束的公司，而对于低融资约束公司并没有显著影响。进一步发现，股价被高估不仅会促进高融资约束公司的股权融资，还会促进其债务融资，从而减轻其融资约束，促进公司投资，但该影响对于国有公司并不存在。这些研究发现表明，在资本市场存在摩擦，公司面临较高融资约束的情况下，股价被高估可以通过缓解融资约束的路径促进公司投资，改善资源配置。陆蓉等（2017）揭示了资本市场会由于资产错误定价，引起产业结构调整，从而影响实体经济，但该影响具有不对称性，资产价格高估会对产业结构调整产生影响，而低估则不会产生显著影响。

二、资本市场错误定价的产生原因

资产误定价作为资本市场上的“异象”之一，对传统资本资产定价理论提出了挑战。以往研究将造成“误定价异象”的原因归结为两类：一是从传统财务理论出发，基于信息不对称理论，认为会计盈余是资产定价的基础，管理层的盈余管理活动可能会造成错误定价，以及信息披露行为和信息披露质量等都会对资本市场上资产定价产生影响（Sloan，1996；Xie，2001）。财务会计信息是资本市场信息的重要来源，其质量高低直接决定了资本市场的有效性，因此会计信息质量对资本市场上资产定价具有决定性的影响。二是从行为财务理论出发，认为投资者非理性的认知和偏好以及受限的套利活动是造成资本市场错误定价的主要原因（Barberis and Thaler，2003；Baker and Wurgler，2011）。作为投资决策主体，投资者对资产定价具有直接影响。现实中，资本市场上的各类投资者对资产价格的认知分布是有限理性的，存在各种各样的认知偏差，这使其无法达到理性预期和效用最大化，在投资决策中往往会犯错，难以用完全理性地对市场做出一致的无偏估计。

三、资本市场错误定价的衡量

资本市场错误定价会对公司投融资决策产生重要影响，那么对于错误定价的准确衡量成为研究这一问题的关键。Baker 等（2003）首先采用托宾 Q 来衡量错误定价水平，目前学术界普遍采用三种方法来衡量资产误定价水平。第一，主要借鉴 Rhodes - Kropfa 等（2005）的做法，通过比较公司的市场价值与基础价值来衡量错误定价水平，如游家兴等（2012）、王璐清等（2015）、徐寿福等（2016）、陆蓉等（2017）、胡国强和肖志超（2018）。第二，由 Berger 等（1995）最早提出，首先根据行业内的所有公司估计公司的基础价值，在此基础上通过比较公司的实际价值与基础价值，来衡量相对于行业内同行业的错误定价水平，该方法在后续研究中得到了广泛应用，如 Doukas 等（2010）、游家兴等（2012）。第三，借助 Feltham 和 Ohlson（1995）所建立的剩余收益估价模型，运用公司自身财务数据来测算公司的内在价值，以此再衡量错误定价水平，如 Frankel 和 Lee（1998）、游家兴等（2012）、张肖飞（2018）、王生年和朱艳艳（2017）等。同时，以往文献发现可操控性应计盈余与未来股票收益率成反比，表明那些具有较高可操控性应计盈余的公司，其股票价格被相对高估了（Sloan，1996；Houge and Loughran，2000；Xie，2001；李远鹏和牛建军，2007；樊行健等，2009；杨开元等，2013）。

为此，也有部分研究采用可操控性应计盈余估计错误定价水平（Polk and Sapienza，2009；李志文和宋云玲，2009；罗琦和贺娟，2015；罗琦和付世俊，2015；李君平和徐龙炳，2015a、2015b）。

通过上述文献述评看出，已有研究对控股股东股权质押动因及其经济后果、资本市场错误定价进行了较为深入的探讨。其中，股权质押原本是控股股东的个人行为，是一种信用扩张的融资杠杆操作，而控股股东的地位使其与公司经营发生了关联。梳理和归纳文献发现控股股东股权质押目的具有多样性，对公司经营产生的效果也各不相同，支持公司发展战略、增强对公司控制权和变相“掏空”套现、实施兼并收购的动机并存，但利益侵占动机较多，控股股东股权质押行为对公司经营的消极影响远超过其积极影响，很可能会造成盈余操纵、会计信息质量降低，公司信用风险增加、公司绩效受损及发生财务危机等后果。对于控股股东股权质押动机及其经济后果相关文献的述评，有助于识别其股权质押融资背后的真实意图及其经济后果，客观评价以往研究的贡献与不足，进一步明确未来研究方向，借以提醒广大外部投资者注意股权被质押公司的投资风险，并为政府监管部门建立健全和有效实施监管政策提供理论支持。

资产误定价作为资本市场上的“异象”之一，对传统的资本资产定价理论提出了挑战。以往文献主要探讨了资本市场错误定价对公司投融资决策影响及其影响路径、错误定价产生的原因，以及错误定价的衡量。资本市场错误定价将会导致市场资源配置功能的失效，扭曲公司的投融资行为，还可能会对实体经济产生致命性的冲击。因此，通过对资本市场错误定价有关文献的梳理与归纳，有利于明确错误定价影响实体经济的具体路径，客观评价以往研究的贡献与不足，进一步确定研究方向，为推动我国金融体制机制改革，促进多层次资本市场建设提供理论支持。

第四节　股价崩盘风险的文献回顾

股价崩盘风险是指负向的股价断崖式下跌的概率（Jin and Myers；Bates，2008;），是公司坏消息长期窖藏后的集中爆发，不仅会导致投资者财富的大幅度缩水，扰乱资本市场的运行秩序，还会极大地破坏国家的金融稳定，甚至造成整个社会的经济危机（曹丰等，2016；杨棉之和李鸿浩，2017）。鉴于其危害性，股价崩盘风险越来越多地受到监管机构、投资者和学者的广泛关注和重视。目前国内外学界关于股价崩盘风险的研究内容集中于三个方面：一是股价崩盘风险的形成机理，二是股价崩盘风险的度量，三是股价崩盘风险的影响因素。关于股价崩盘风险这些问题的探讨，不仅能够丰富股价崩盘风险领域的相关研究，还有助于深化对股价崩盘现象的认识，并对股价崩盘风险采取应对之策。为此，本书分别从上述三个方面入手，对国内外关于股价崩盘风险的研究进行回顾与总结。

一、股价崩盘风险的产生机理

学术界关于股价崩盘风险产生机理的研究可以追溯至 20 世纪 70 年代末 80 年代初，学术界最早从市场层面出发，基于传统财务理论（有效市场假说）探讨股市大盘在没有征兆情形下突然发生暴跌的现象。随着行为财务学的兴起与发展，学术界逐渐突破传统财务理论的分析框架，开始将研究视角拓展非理性领域。进入 21 世纪之后，股价崩盘风险的研究对象开始从市场层面转向了个股层面（Chen et al.，2001），但是学术界关于个股股价崩盘风险产生机理的探讨，直到 Jin 和 Myers（2006）才得到了较为广泛的认可。

学术界分别从不同视角对市场层面股价崩盘风险的产生机理进行了深入探讨，基于有效市场假说和行为财务理论，学术界先后提出了一系列有关股价崩盘风险产生机理的理论假说："杠杆效应假说""波动率反馈假说""股价泡沫假说""信息不完全假说"以及"异质信念假说"。从信息不对称理论和有效市场假说出发，学术界提出的关于市场层面股价崩盘风险形成机理的假说主要有：一是"杠杆效应假说"，二是"波动率反馈假说"。其中，"杠杆效应假说"认为，股票价格下跌将会导致经营杠杆和财务杠杆的上升，进而导致股票收益波动性的加剧（Black，1976；Christie，1982）。该假说主要是针对股票收益非对称性波动的特点，在一定程度上解释了股价多为大幅负向波动的原因，但并不能够解释股价大幅波动所具有的传染性，且该假说对股票收益非对称性波动的解释说明也不够充分（French et al.，1987；Bekaert and Wu，2000）。“波动率反馈假说”认为，信息随着交易过程逐渐在股价中反映出来，使股票价格波动率上升，从而进一步导致风险溢价上升。当进入市场的是好消息时，风险溢价效应对股价的影响会抵减部分好消息对股价的影响，这就降低了好消息所带来的正向收益；当进入市场的是坏消息时，风险溢价效应则会放大坏消息对股价的负向影响，从而使坏消息所带来的损失进一步增加（Pindyck，1984；Campbell and Hentschel，1992）。该假说在一定程度上解释了股价非对称性波动的问题，但外生信息对于市场波动率的影响十分短暂，并不会对风险溢价产生重大影响（Poterba and Summers，1986）。“杠杆效应假说”和“波动率反馈假说”共同的缺陷均在于只能够解释股价的非对称性波动，并不能够解释市场层面股价崩盘风险的传染性。

上述研究均是建立在理性均衡框架基础之上，随着行为财务理论研究的兴起与发展，学术界开始突破传统财务理论框架，尝试从投资者有限理性和信息不完全视角解释市场层面股价崩盘风险的产生机理，先后发展形成了“股价泡沫假说”“信息不完全假说”和“异质信念假说”。其中，“股价泡沫假说”认为，投资者非理性行为会使股价被高估，产生股市泡沫，进而诱发股价崩盘风险（Blanchard and Watson，1982；Shiller，1989）。通过对1987年美国股市崩盘前后投资者情绪的调查研究，学者发现投资者情绪从股市崩盘前的过度乐观突然转变为过度悲观（Shiller，1989）。但是，该观点无法解释到底是由于投资者情绪突变导致了股市崩盘，还是由于股价崩盘才导致了投资情绪的突变。“信息不完全假说”认为，由于信息不完全性（Romer，1993）和交易成本的存在性（Cao et al.，2002）等原因，使股票的市场价格只能反映一部分初始信息。另一部分信息随着市场交易的进行会逐步释放，一旦隐藏的私有负面信息在某个时点突然集中释放，就可能发生股价崩盘。“异质信念假说”认为，投资者对股票价值的认识不同，如果还面临着卖空限制，此时市场只能及时反映投资者的乐观信念，而无法及时反映投资者的悲观预期。因而，股价崩盘风险可能是源于累积的悲观预期的集中性释放（Hong and Stein，2003）。但是，即使是存在卖空机制的成熟资本市场，投资者的悲观预期有渠道能够及时释放到市场中，股价崩盘现象仍然不断发生。

学术界最早从不同视角对市场层面股价崩盘风险的产生机理进行了探讨，研究成果颇为丰富。与之不同，关于个股股价崩盘风险产生机理的探讨较晚，所形成的理论成果十分有限。Chen 等（2001）较早关注了个股股价崩盘风险，并将个股股价崩盘风险定义为股票收益率的条件偏态分布程度，提出了相应的衡量指标。但是，他们并未对个股股价崩盘风险的产生机理做出系统性的解释。Jin 和 Myers（2006）基于委托代理理论，从公司内部环境对个股股价崩盘风险的产生机理进行了系统性的解释，形成了“信息隐藏假说”。管理层基于个人薪酬、职位晋升以及声誉等的考虑，对于公司内部的负面信息往往选择暂时隐瞒，而不是及时披露。而且，由于投资者作为外部人难以完全掌握公司的真实经营情况，因而管理层是有动机也有能力暂时隐藏负面消息的。但是，随着时间的持续推移，公司内部的负面信息不断累积，一旦超过某个阈值，继续隐藏负面信息的成本将超过其可能带来的收益，或者说客观条件已不允许管理层继续隐瞒公司的负面消息。此时，负面消息将会突然集中释放到市场中，对股票价格造成极大冲击，从而引起股价暴跌。管理层基于个人机会主义动机隐藏公司内部的负面消息是导致股价崩盘风险形成的根源，即所谓的“信息窖藏假说”。随后，Hutton 等（2009）运用美国上市公司的数据，其经验研究的结果也支持 Jin 和 Myers（2006）的观点。该假说对后续个股股价崩盘风险形成机理的研究产生了极为重要的影响，后续研究大多都是基于“信息隐藏假说”，探究个股股价崩盘风险的产生机理。

二、股价崩盘风险的度量方法

虽然从股市诞生之初，人们就发现了股价存在暴跌崩盘的现象，但是如何科学地衡量股价崩盘风险，长期以来都是一个困扰的学术界棘手问题。关于股价崩盘风险的度量方法多数以股票回报率为基础，构造不同的度量模型。Chen 等（2001）采用负收益偏态系数（Negative Coefficient of Skewness，NCSKEW）和上下波动比例（Down - to - Up Volatility，DUVOL）作为股价崩盘风险的衡量指标，探讨投资者异质信念与个股股价崩盘风险之间的关系，研究发现随着投资者异质信念的提高，个股股价崩盘风险随之提高。Chen 等（2001）在个股股价崩盘风险的衡量方法上做出了开创性的贡献，后续对于个股股价崩盘风险的经验研究，基本上采用负收益偏态系数和上下波动比例作为衡量股价崩盘风险的代理变量。

相对于 Chen 等（2001）的研究，学术界后续对于股价崩盘风险的研究，在个股收益率的计算方法上有所改进，主要体现在两个方面：一方面，在计算时不再采用个股半年里的日收益率，而是采用个股的年度周收益率；另一方面，在剔除市场因素对个股收益率的影响时，还进一步考虑了股票非同步交易的影响。例如，Hutton 等（2009）的研究考虑了市场回报率及其前推项和滞后项，以剔除市场因素和股票非同步交易对个股收益率的影响。在后续关于股价崩盘风险的研究中（Kim et al.，2011a，2011b；许年行等，2012；许年行等，2013；Kim et al.，2014；Kim and Zhang，2014；Xu et al.，2014；Kim and Zhang，2015；王化成等，2015；叶康涛等，2015），广泛采用了该个股收益率的计算方法。

此外，Jin 和 Myers（2006）以及 Hutton 等（2009）还采用了一个哑变量（Crash）来度量股价崩盘风险，如果个股当年内至少经历了一次股价崩盘周，那么 Crash 就取值 1，反之则取值 0。若年度内某一周的个股特定周收益率小于当年该个股特定周收益率均值的 3.09 个标准差以上，就将该周定义为股价崩盘周。Kim 等（2011a、b）为获得定义更严格的股价崩盘风险指标，将 3.09 个标准差提高到 3.20 个标准差。

三、股价崩盘风险的影响因素

股价崩盘是股价波动的一种极端现象，不仅会导致投资者财富的大幅度缩水，影响资本市场资源配置效率，而且还会极大地破坏国家的金融稳定，甚至造成整个社会的经济危机（曹丰等，2016；杨棉之和李鸿浩，2017）。2015 年 6 月开始，中国股票市场风云突变，在短短两个月内，沪指多次出现连续大幅下跌，从最高的 5178 点陡跌到 3000 点以下。股价崩盘风险越来越多地受到监管部门、实务界和学术界的广泛关注和重视。Jin 和 Myers（2006）提出的“信息隐藏假说”认为，管理层出于个人机会主义动机而不愿及时披露公司内部的负面信息是导致股价崩盘风险的根源。那么，究竟哪些因素诱使了管理层隐藏负面消息，进而导致股价崩盘风险？在 Jin 和 Myers（2006）的理论框架下，现有文献主要从管理层特征（Kim et al.，2016a；

李小荣和刘行，2012）、股权结构（王化成等，2015；曹丰等，2015）、内部控制（王超恩和张瑞君，2015；叶康涛等，2015）、企业会计政策（Kim and Zhang，2010；杨棉之和张园园，2015；田昆儒和孙瑜，2016）、财务报告质量（Hutton et al.，2009；江轩宇，2015；周冬华，赖升东，2016；杨棉之、李鸿浩，2017；肖土盛、宋顺林等，2017）和外部监督，如分析师跟进（杨棉之、刘洋，2016）、机构持股（许年行等，2013；曹丰和鲁冰，2015；孔东民和王江元，2016）、独立审计（江轩宇和伊志宏，2013；吴克平和黎来芳，2016；潘秀丽和王娟，2016）、投资者保护（王化成等，2014）、媒体报道（罗进辉和杜兴强，2014）、税收政策（江轩宇，2013）、债务诉讼（李小荣等，2014）等公司内外部因素出发，探讨了这些因素对个股股价崩盘风险的影响。

部分学者尝试从管理层背景特征角度出发对股价崩盘风险进行研究。Kim 等（2015）发现，高管的过度自信可能将净现值为负的项目误判为价值增值项目，并认为项目执行过程中出现一些负面消息也是正常的或者自信地认为自身能够克服，导致净现值为负的项目一直执行下去，从而增加了个股股价崩盘风险。李小荣和刘行（2012）从公司高管性别出发，认为女性高管的道德责任感更强、机会主义行为更少，还可以形成沟通协作与信任的管理文化，这有利于缓解信息不对称问题。因而，女性高管，尤其是女性 CEO，能够显著地降低公司的股价崩盘风险。

薪酬契约是激励约束管理层行为的一个重要机制。以股权激励为例证，公司实施期权激励的初衷在于将高管的收入与公司价值捆绑在一起，以激励管理层注重公司长期价值与长远发展。但是，期权激励也会产生负面效果，可能会导致管理层过度关注公司股价，难以接受公司股价下跌，造成管理层更加不愿披露公司内部的负面消息，从而增加了股价崩盘风险（Kim et al.，2011b）。在欧美上市公司中，高管股权激励往往占高管薪酬总额的较高比例，高管收入水平相对透明；与之不同，在中国的上市公司尤其是国有上市公司中，无论是股权激励还是货币工资占高管薪酬总额的比例一般较低，而福利是其薪酬中的一个重要组成部分（Gul et al.，2011）。为了维持超额福利水平，我国国有企业的高管有动机隐藏公司内部的负面消息，从而增加了个股未来股价崩盘风险（Xu et al.，2014）。还有学者研究了会计政策选择对股价崩盘风险的影响。Kim 和 Zhang（2015）运用美国 1964 ~ 2007 年的数据，研究发现会计稳健性越高，公司的股价崩盘风险越低。Fang 等（2010）研究发现，在萨班斯奥克斯利法案实施后，股价崩盘风险显著降低，与 Hutton 等（2009）的研究结论一致。DeFond 等（2015）指出，强制采用国际财务报告准则（IFRS）对股价崩盘风险的影响与公司所在的行业有关：一方面提高了企业的财务报告质量，降低了企业的股价崩盘风险；另一方面却给金融类企业提供了更大的盈余操控空间，从而增加这类企业的崩盘风险。王化成等（2015）探讨了控股股东对公司股价崩盘风险的影响，研究发现随着控股股东持股比例的上升，其参与公司治理的意愿逐渐增强，股价崩盘的风险随之显著下降。

信息不对称对股价崩盘风险的影响也受到了学术界的广泛关注。Kim 等（2011a）发现公司复杂难懂的避税行为，使投资者更难以了解管理层的真实意图，加剧了公司与投资者之间的信息不对称程度，管理层更有可能隐藏负面消息，从而增加公司的股价崩盘风险。财务报告是投资者了解公司经营情况的重要媒介，财务报告质量越差，投资者越难以了解公司的真实经营状况，反而越有利于管理层进行消息管理。Francis 等（2012）运用美国 1994 ~ 2009 年的数据，研究发现公司真实盈余管理活动与股价崩盘风险之间是显著正相关关系。Kim 和 Zhang（2014）以操控性应计盈余、财务报告重述和内部控制缺陷作为财务信息透明度的指标，研究发现财务信息透明度越低，公司的股价崩盘风险越高。李增泉和叶青等（2011）研究发现，关系型交易降低了交易双方对高质量信息的需求，并且关系型资产的专用性也提高了投资者解读交易的成本，使公司股价中包含的特有信息减少，增加了未来股价暴跌风险。叶康涛和曹丰等（2015）从内部控制视角出发，发现良好的内部控制信息披露提高了投资者对公司内部控制质量的认知，传递出公司内控质量良好的信号，降低了信息不对称，从而抑制了未来股价崩盘风险。Hamm 等（2012）认为盈利预期调整频率也能传递公司内部信息，管理层越频繁发布公司的盈利预期，信息透明度越高，未来股价崩盘风险越低。Kim 等（2015）检验了公司财务报告的可读性对股价崩盘风险的影响，发现财务报告的可读性越低，公司的股价崩盘的风险越高。

还有学者从公司外部因素方面探讨了对股价崩盘风险的影响。An 和

Zhang（2013）研究了机构持股稳定性对股价崩盘风险的影响。按照机构持股的稳定程度，将其分为交易型和稳定型，发现稳定型机构持股比例与股价崩盘风险显著负相关，而交易型机构持股比例与股价崩盘风险呈正相关，Callen 和 Fang（2013）也有类似的发现。进一步，许年行等（2013）从行为财务视角，发现机构投资者的“羊群”行为与公司的未来股价崩盘风险显著正相关，并且这种正向关系在卖方“羊群”行为的研究样本中更加明显。作为资本市场中的信息中介，分析师对股价崩盘风险的影响较早就受到了关注。分析师参与市场活动的过程，可以对信息的生产、传递和吸收等环节全方位介入，从而降低信息不对称程度，抑制股价崩盘风险（潘越等，2011）。但是，分析师也可能存在乐观偏差，也即倾向于发布乐观的盈余预测，而忽略公司的负面消息，导致公司的负面消息难以及时传递给投资者，在负面消息累积到一定程度突然集中释放到市场时，导致股价崩盘风险（许年行等，2012）。而且，分析师“利益冲突”会使乐观偏差与未来股价崩盘风险间的正向关系更加显著。与其不同，Xu 等（2013）认为，随着跟进分析师人数上升，公司的未来股价崩盘风险显著增加，乐观的分析师数量越多，股价崩盘风险越高。

作为独立第三方的审计师对股价崩盘风险的影响也随之进入研究范畴。Hackenbrack 等（2011）以审计收费的变化作为审计师与管理层合谋的衡量指标，发现审计师与管理层的合谋行为会显著增加公司的股价崩盘风险。Callen 和 Fang（2012）以审计任期作为审计师客户关系的衡量指标，发现审计师任期与公司的股价崩盘风险显著正相关。江轩宇和伊志宏（2013）指出，当聘请的会计师事务所具备较强的行业专长时，公司的未来股价崩盘风险较低。Callen 和 Fang（2015）研究发现，相对其他国家或地区的公司，总部位于较高宗教信仰国家的公司，其股价崩盘风险较低。Hu 等（2013）使用全球 48 个国家的跨国数据进行研究，发现限制内部交易的法律法规能显著降低公司的股价崩盘风险。江轩宇（2013）认为，税收征管有利于制约管理层在避税活动中的机会主义行为，随着税收征管强度的提高，税收激进程度与股价崩盘风险的正向关系减弱。此外，较高的投资者保护水平能显著降低公司的股价崩盘风险（王化成等，2014），媒体的频繁报道对抑制公司的股价崩盘风险有显著影响（罗进辉和杜兴强，2014）。

第五节　文献述评

一、研究成果与不足

通过上述文献述评可以看出，已有研究对控股股东的监督效应与隧道效应，股权质押的动因及其经济后果、资本市场错误定价的影响、产生原因及其度量和股价崩盘风险的形成机理、度量及其影响因素进行了较为深入的探讨。

（一）控股股东的监督效应与隧道效应

已有关于控股股东积极效应的研究证实了控股股东有动机、有能力约束管理层的自利行为，通过有效监督管理层或直接参与经营管理来提升企业价值。同时，以往研究也发现，控股股东存在谋取私利、损害公司价值的行为，凭借其对公司的控制权，采取如担保贷款、股权稀释、关联交易、非效率投资等手段“掏空”公司、输送利益，从控制权溢价、公司价值、股利政策等方面的经验研究同样支持控股股东的“隧道挖掘”效应。

（二）股权质押的动因及其经济后果

已有关于控股股东股权质押动因的研究认为，控股股东股权质押活动传递了其资金需求信号，但控股股东股权质押活动到底是出于“掏空”动机还是“支持”动机要视具体情况而论。关于控股股东股权质押经济后果的研究存在两种对立观点：一种观点认为，控股股东股权质押行为会加剧其与中小股东之间的代理冲突，损害公司价值；另一种观点则认为，银行等质权人对质押品质量的监督效应使股权质押具有一定的治理效应。

（三）资本市场错误定价的影响、产生原因及其度量

资产误定价作为资本市场上的“异象”之一，对传统的资本资产定价理论提出了挑战。以往文献主要探讨了资本市场错误定价对公司投融资决策影

响及其影响路径，错误定价产生的原因，以及错误定价的衡量。资本市场错误定价将会导致市场资源配置功能的失效，扭曲公司的投融资行为，还可能会对实体经济产生致命性的冲击。因而，通过对资本市场错误定价有关文献的梳理与归纳，有利于明确错误定价影响实体经济的具体路径，客观评价以往研究的贡献与不足，进一步研究方向，为推动我国金融体制机制改革，促进多层次资本市场建设提供理论支持。

（四）关于股价崩盘风险的研究

现有文献表明，企业高管特征、高管期权激励、高管在职消费、企业的会计政策、财务报告质量等公司内部因素，以及分析师、机构投资者、审计师、宗教信仰、投资者保护水平、媒体报道等公司外部因素都对公司的未来股价崩盘风险具有显著影响，但是从高管特征以及有限理性视角展开的研究还不够丰富，当前我国学者关于股价崩盘风险的研究，基本借鉴了以欧美成熟资本市场为研究对象的文献，缺乏具有中国特色的、本土化的研究。我国作为新兴资本市场国家，无论是在制度背景上，还是在市场环境上均与西方存在较大差异。

二、研究拓展方向

虽然现有文献已对上述四个方面进行了深入系统研究，但股权质押是中国上市公司股权集中结构下的产物，是欧美经济体股权高度分散下并不普遍存在的特有现象，对于考察中国上市公司控股股东融资决策背后的动机和逻辑，检验我国资本市场的有效性程度，以及开展中国特色的、本土化的股价崩盘风险研究等提供给了一个独特的视角，结合这四个方面的关联性还存在以下可以拓展的研究空间：

（1）现有文献发现控股股东股权质押存在对股票市场和信贷市场的双重择时动机，但是还未有文献涉及控股股东股权质押过程中市场择时的具体路径和工具，即控股股东是如何实现其市场择时行为的，即控股股东如何利用资本市场的低效率，根据股票的市场估值水平动态调整其股权质押决策，已实现其市场择时目的。

（2）现有文献发现控股股东股权质押过程中往往伴随着盈余管理活动，但是还没有文献探讨控股股东操控盈余的方式及其目的（应计盈余管理或者真实盈余管理），是否会对公司的股价及股价同步性产生影响，这又与控股股东股权质押市场择时动机有何必然联系。

（3）现有文献虽然从多个不同视角研究了股价崩盘风险的形成机理及其影响因素，但从股权质押视角出发探讨股价崩盘风险的形成机理及其影响因素仍然较少。控股股东股权质押融资是我国上市公司股权结构集中下的特有产物，这就为开展中国特色的、本土化的股价崩盘风险研究提供了一个独特视角。

本章小结

本章主要从控股股东的监督效应与隧道效应、控股股东股权质押的动机及其经济后果、资本市场错误定价的影响、产生原因及其度量，股价崩盘风险的形成机理、度量方法以及影响因素四个方面对已有相关研究进行了梳理与归纳，在此基础上对现有研究贡献与不足进行了客观的述评，明确了后续可以拓展的研究空间。

第三章

股权质押中的资产误定价异象

第一节 引 言

金融与实体经济之间的关系，一直就是政、商、学界颇具争议的话题。2007～2008年发生的全球金融经济危机，加之高债务和高杠杆的兴风作浪，更使这一话题成为全社会关注的热点。当前，随着我国经济增速换挡，货币政策效率递减，高债务和高杠杆问题逐渐开始引起人们的高度重视。而且，对于高杠杆的关注很快便与我国本土的老问题，如M2/GDP比重过高、信贷增速过快、贷款难又贵等结合起来，“金融应当服务实体经济”几乎成为所有文件、文章以及各类会议的主题，随着国内“经济发展新常态特征更加凸显”，另一个与此相近且彼此应和的命题——制止金融“脱实向虚”，又在朝野不胫而走（李杨，2017）[①]。习近平总书记在党的十九大报告中明确指出：“深化金融体制改革，增强金融服务实体经济能力，提高直接融资比重，促进多层次资本市场健康发展。”作为经济发展中最具活力的环节和资源高效配置的平台，资本市场的健康发展，要坚持金融服务实体经济的根本方向，要把为实体经济服务作为出发点和落脚点。

有效市场理论认为，资本市场上的交易者是完全理性的，能够通过公司的盈亏状况来判断公司的真实价值，同时资产价格也能充分反映公司的内在

① 国务院批转《关于2015年深化经济体制改革重点工作的意见》《关于2016年深化经济体制改革重点工作的意见》《关于2017年深化经济体制改革重点工作的意见》均明确提出：“深化金融体制改革，提高金融服务实体经济效率，健全多层次资本市场，促进资源优化配置。”

价值。但是，现实经济活动中存在各种交易摩擦，导致资本市场上的众多资产并没有反映其真实价值，有时甚至严重偏离其内在价值，产生了资本市场上的错误定价现象，即资产误定价。那么，资本市场错误定价会对实体经济造成何种影响，以及通过何种路径产生影响？

国内外学者围绕资本市场错误定价对实体经济的影响以及影响路径进行了深入广泛研究，发现资本市场错误定价将会导致其资源配置功能的失效，扭曲公司的投融资行为，降低资源配置效率，还会对实体经济产生致命性的冲击（Barro，1990；Chirinko and Schaller，2007；Polk and Sapienza，2009；花贵如等，2010；崔晓蕾等，2014；许致维和李少育，2014）。Taggart（1977）在其《融资决策模型》一文中指出，长期债权和股权的市场价值是公司证券发行活动的重要决定因素。当公司股价被市场高估时，理性的管理层会利用股权融资的低成本优势，通过发行更多的股票进行融资；相反，当公司股价被市场低估时，理性的管理层会通过回购被低估的股票来使公司价值最大化（Stein，1996）。Baker 和 Wurgler（2002）最早系统地研究了市场时机对企业资本结构的影响，发现股票市场时机对资本结构具有显著而又持久的影响，且其显著程度超过了资本结构的其他决定因素，这种影响可持续 10 年之久，资本结构是企业管理层过去根据市场时机进行融资活动的累积结果。

近年来，我国资本市场上股权质押融资活动十分活跃，特别是控股股东股权质押融资活动。股权质押融资是控股股东以其持有的股权作为标的而设立的质押，实质上是担保贷款的一种形式，标的股权的价值决定了质押股权的价值，从而直接影响控股股东从银行等金融机构取得的贷款规模以及资本成本。显然，股权质押融资活动同股票的市场估值水平休戚相关，股票的市场估值水平直接决定了质押股权的价值，必然会对控股股东的股权质押决策产生影响（徐寿福等，2016）。那么，在股权质押过程中，控股股东是否存在利用资本市场的低效率，选择在资产误定价时质押股权的现象，即在公司股价被高估时倾向于大规模质押股权，反之，在公司股价被低估时不愿意质押股权或缩减质押规模。换言之，控股股东股权质押过程中是否存在市场择时行为？针对这一问题的探究，有助于揭示股权质押过程是否存在资产误定价异象，识别控股股东股权质押时是否存在市场择时行为，提醒利益相关者防范由股权质押可能产生的风险，以避免资产误定价带来的损失。

第二节　理论分析与研究假设

股票的市场价格是反映公司价值的重要信息，银行等金融机构会依据公司股票的市场价格决定授予公司的贷款额度和期限。公司股价被高估不仅能够提高公司的债务融资能力，同时会降低债务融资成本（徐浩萍和杨国超，2013）。公司贷款是以其资产作为潜在担保的，其债务融资能力在很大程度上取决于公司资产的市场价格。如果公司无法偿还到期借款，那么需要通过变卖资产来抵偿债务。公司越值钱，出售资产偿还债务的可能性越高，公司的偿债能力越强。因而，公司股价被高估时也会使公司的债务融资更具吸引力（Morck et al.，1990）。同时，股价被高估引起的股权融资会降低公司的杠杆约束，从而可以在一定程度上增加公司的债务融资（Baker et al.，2003）。

股权质押融资是控股股东以其拥有的股权作为标的物而设立的质押，实质上是担保贷款的一种形式，标的股权的价值决定了质押股权的价值，从而直接影响控股股东能够从银行等金融机构取得借款的规模以及借款成本。显然，资本市场上的股权质押融资活动同股票的市场估值水平休戚相关，股票的市场估值水平决定了标的股权的价值，必然会对控股股东的股权质押决策产生影响。第一，股票误定价所导致的质押股权价值的变化直接改变了控股股东的资产质量和信贷条件。在股权质押时，金融机构通常都会在一定折扣率的基础上按照标的股票的市场价值来决定授予其贷款的额度和期限。因此，当公司股价被高估时，控股股东能够从金融机构处获得更大规模的低成本贷款。而且，随着投资者情绪的持续高涨而引发股票价格上涨，使相应标的物价值提升，此时控股股东的资信水平进一步提高（Bernanke and Gertler，1990），这在某种程度上也为控股股东的资产状况提供了“背书”（徐寿福等，2016）。第二，股票错误定价所导致的质押股权的价值变化还影响着控股股东经由质押持股“掏空”的动机和利得。当标的股票被高估时，控股股东股权质押能够获得更多的资金，其“掏空”收益也增多，从而使控股股东的股权质押意愿更强烈。反之，当标的股票被低估时，控股股东股权质押所能获得的“掏空”收益相对较小，此时控股股东通过股权质押进行变相套现或“掏空”的意愿明显减弱。第三，股票错误定价所导致的质押股权价值的变化也影响着银行等金融机构的贷款决策。由于信息不对称的存在，银行等作为外部债权人无法准确地把握经济周期、行业前景、宏观政策等对公司价值可能的影响，不仅无法准确把握公司股价波动的根源，而且还会根据股票市场价格的非理性波动作出信贷决策（黄宏斌和刘志远，2013）。即使控制了公司层面的影响，银行等金融机构的贷款决策对股票价格的非理性波动依然敏感，并且这种效应在依赖于银行贷款和持有大量股票等质押品的银行中更为显著。一方面，信息不对称使银行等债权人会通过股票价格的波动观测公司的经营状况，较高的公司股价增强了其提供贷款的意愿；另一方面，与其他质押标的物相比，由于股权具有更高的流动性、政策便利性，当公司无力偿还债务而出现违约风险时，用于质押的股权更易变现（徐寿福等，2016）。股票价格的非理性波动直接影响着银行等金融机构的贷款决策，这在客观上也改变了控股股东股权质押决策。

股票误定价不仅影响控股股东股权质押决策，而且还影响银行等金融机构的贷款决策，中国资本市场上的股权质押融资活动中存在典型的资产误定价异象。具体来说，当公司股价被高估时，控股股东利用股票误定价的有利市场时机，其股权质押意愿明显增强和质押规模显著增大；反之，当公司股价被低估时，控股股东股权质押意愿明显减弱或倾向于缩减规模。由此，提出基本假设 H3 - 1：

H3 - 1：限制其他条件，控股股东股权质押的意愿和规模与股票误定价方向显著正相关。

第三节　研究设计

一、样本筛选与数据来源

本章选择 2007 ~ 2016 年中国沪深 A 股上市公司作为研究对象，在实证分析前按照以下标准筛选样本数据：（1）剔除样本期内被 ST 或 PT 的公司；

(2) 剔除上市不足一年的公司；(3) 剔除金融行业公司；(4) 剔除存在数据缺失的公司。鉴于中国股票市场是典型的新兴市场，以中小投资者为主体的散户交易比率过重和换手率过高，整个股票市场频繁暴涨或猛跌，若以年度作为考察周期，那么过长的检验区间可能抹杀中国股票收益的真实特性（游家兴和吴静，2012）。因此，为了准确地捕捉市场环境对控股股东股权质押决策的影响，该部分以季度作为检验周期。另外，为了保证实证结果不受极端值的影响，采取对所有连续型变量进行1%和99%分位数的缩尾处理。通过以上数据筛选过程，共计获得77494个样本观测值。该部分的股权质押数据来源于Wind咨询数据库，企业景气指数来自中经网统计数据库，股票价格数据、公司财务数据和公司治理数据均来源于CSMAR数据库。本章所有数据处理均采用Stata 13.0。

二、模型设定与变量定义

（一）资产误定价估计模型

关于资产误定价的估计，借鉴已有文献的研究思路，采用目前学术界广为接受的三种方法来衡量资产误定价水平。

第一种方法借鉴Rhodes－Kropfa等（2005）的研究，通过比较公司的市场价值与基础价值来衡量资产误定价水平。（1）按照模型（3－1）分季度分行业分别进行回归，得到各个行业在每个季度的回归系数 $\{a_{0jt}, \alpha_{1jt}, \alpha_{2jt}, \alpha_{3jt}, \alpha_{4jt}\}$；（2）对同行业各季度的回归系数求平均值，获得各行业的估计模型；（3）将公司各自变量的具体数值代入其所属行业的估计式，估计出相应的基础价值V；（4）通过模型（3－2）计算Ln(M/V)来衡量资产误定价水平（$Mis_{i,t}$）：

$$LnM_{it} = \alpha_{0jt} + \alpha_{1jt}LnB_{i,t} + \alpha_{2jt}Ln(NI)^{+}_{i,t} + \alpha_{3jt}I_{(<0)}Ln(NI)^{+}_{i,t} + \alpha_{4jt}Lev_{i,t} + \varepsilon_{i,t} \tag{3-1}$$

$$Mis_{it} = Ln(M/V)_{it} = m_{it} - v_{it} \tag{3-2}$$

其中，M_{it}为公司i在t期末的市场价值，为非流通股账面价值与流通股市场价值之和；B_{it}为公司i在t期末总资产的账面价值；$(NI)^{+}_{it}$为公司i在t

期末净利润绝对值；$I_{(<0)}$为公司净利润为负时的示性函数，当公司 t 期的净利润为负时取 1，反之则取 0；Lev_{it}为公司 i 在 t 期末资产负债率。

第二种方法最早由 Berger 等（1995）提出，在后续研究中得到了广泛应用（例如，Doukas et al.，2010）。该方法首先根据行业内的所有公司估计出公司的基础价值，在此基础上通过对比公司的实际价值与基础价值，来衡量相对于行业内同行业的资产误定价水平，具体计算公司如模型（3－3）所示：

$$Mis_{it} = Ln[Capital_{it}/Imputed(Capital_{it})] = Ln[Capital_{it}/(Asset_i \times Ratio_i)] \tag{3-3}$$

其中，$Capital_{it}$代表公司 i 在 t 期普通股的市场价值与负债的账面价值总和；Imputed（$Capital_{it}$）是公司 i 在 t 期末的基础价值；$Asset_{it}$为公司 i 在 t 期的资产总额；$Ratio_i$表示公司 i 所处行业各公司的 Capital 与 Assets 之比的中位数。将上述各指标代入模型（3－3）即可得到公司 i 在 t 期的资产误定价水平（$Mis_{i,t}$）。

第三种方法借助 Feltham 和 Ohlson（1995）所建立的剩余收益估价模型，运用公司自身财务报告数据来测算公司的内在价值，以此再衡量资产误定价水平。借鉴 Myers（1999）等学者的方法，首先，对模型（3－4）和模型（3－5）进行时间序列回归：

$$RI_{t+1} = \omega_{10} + \omega_{11}RI_t + \omega_{12}BV_t + \omega_{it+1} \tag{3-4}$$

$$BV_{t+1} = \omega_{22}BV_t + \omega_{2t+1} \tag{3-5}$$

其中，RI_t表示第 t 期的剩余收益，是指投资者获得的收益超过资金机会成本的部分，也即剩余收益＝普通股每股收益－贴现率（即 r）×每股净资产。参照赵志君（2003）等学者的做法，采用银行一年期无风险利率来衡量贴现率。[①] BV_t表示第 t 期的每股净资产。其次，将由模型（3－4）和模型（3－5）得到的回归系数ω_{11}、ω_{12}和ω_{13}代入模型分别计算α_0、α_1和α_3的参数值。其中，$\alpha_0 = \omega_{10}/[(1+r-\omega_{11})]r$，$\alpha_1 = \omega_{11}/(1+r-\omega_{11})$，$\alpha_2 = \omega_{12}(1+$

① 鉴于银行存款利率在一年内可能会多次进行调整，本书采用加权平均利率来表示一年期的无风险利率水平，具体做法是：一年期的加权平均利率（r_t）＝$\sum$ 调整前的利率水平（r_i）×前后两次利率调整距离的天数（t）。

$r)/[(1+r-\omega_{11})(1+r-\omega_{12})]$，将获得的$\alpha_0$、$\alpha_1$和$\alpha_3$数值代入模型（3-6）计算公司第t期的内在价值$V_t$。最后，使用$Ln(P_t/V_t)$来反映公司在第t期的资产误定价水平（$Mis_{it}$），其中$P_t$表示第t期公司股票的市场价格。

$$V_t = \alpha_0 + \alpha_1 RI_t + \alpha_2 BV_t \qquad (3-6)$$

（二）股权质押与资产误定价模型

在模型（3-1）和模型（3-2）的基础上构造模型（3-7）检验控股股东股权质押中的资产误定价异象：

$$Plg = \alpha_0 + \alpha_1 Mis_{it} + \sum \alpha_j Controls + \sum Yq + \sum Ind + \varepsilon_{it} \qquad (3-7)$$

其中，Plg为被解释变量，分别采用控股股东季度内是否股权质押（Plgdum）、季度内累计股权质押次数（Plgfrep）、季度内累计股权质押比率（Plgrat）来表示。如果季度内控股股东发生了股权质押，则Plgdum取值为1，否则取值为0；Plgfrep表示控股股东季度内累计股权质押次数；Plgrat表示控股股东季度内累计质押股权占其季度末持股份额的比重，该比率越高则说明控股股东季度内股权质押比率越高。Mis_{it}表示公司股票的误定价水平，以此来衡量控股股东是否根据公司股票的误定价水平相机选择股权质押规模，也即控股股东股权质押中是否存在利用股票误定价的市场择时行为，因而在回归分析中主要关注系数α_1是否显著为正。应该注意的是，当被解释变量为Plgdum时，采用Logit模型进行估计。当被解释变量为Plgfrep和Plgrat时，由于许多上市公司并未发生股权质押，被解释变量中存在许多零值，此时若采用OLS方法会造成估计偏误，因而采用Tobit模型进行估计。

此外，参考以往文献还控制了包括企业经营特征、公司治理特征、宏观经济特征在内的一系列其他变量，具体变量选取与定义见表3-1。

表3-1　　变量选取与定义

	变量符号	变量名称	变量定义	数据频率
被解释变量	Plgdum	是否质押股权	若季度内质押股权取1，反之取0	季度
	Plgfrep	股权质押频率	季度内累计股权质押次数	季度
	Plgrat	股权质押比率	季度内累计质押股数/季度末持股数	季度
解释变量	Mis	股票误定价水平	见模型（3-1）—模型（3-6）	季度

续表

	变量符号	变量名称	变量定义	数据频率
控制变量	Macro	宏观经济景气指数①	一致指数大于100取1，反之取0	季度
	Size	公司规模	公司总资产的自然对数	季度
	Roe	净资产收益率	净利润/净资产	季度
	Fdgap	资金缺口	Δ资产－Δ留存收益	季度
	Cash	自由现金流	经营活动产生的现金流净额/总资产	季度
	Tobinq	托宾Q	市值/总资产	季度
	Tngble	资产有形性	固定资产净额/总资产	季度
	Age	上市年限	（1＋年度－上市年份）的自然对数	年度
	State	产权性质	国有企业取1，反之取0	年度
	Shrhfd	股权集中度	第一控股股东持股比例的平方和	年度
	Bsize	董事会规模	董事会人数的自然对数	年度
	Indrct	独董比例	独立董事人数/董事会人数	年度
	Dual	两职合一	董事长与总经理两职合一取1，反之取0	年度
	Mnghld	管理层持股比例	管理层持股数量/总股本	年度
	Salary	管理层薪酬	管理层薪酬总额的自然对数	年度
	Yq	季度虚拟变量	属于该季度时取1，反之取0	季度
	Ind	行业虚拟变量	属于该行业时取1，反之取0	季度

第四节　实证结果及分析

一、描述性统计

本章主要变量的描述性统计情况如表3－2所示。经分析发现，控股股东

① 宏观经济景气指数包括：预警指数、一致指数（1996年＝100）、先行指数（1996年＝100）、滞后指数（1996年＝100）。其中，一致指数是反映当前经济的基本走势，由工业生产、就业、社会需求（投资、消费、外贸）、社会收入（国家税收、企业利润、居民收入）4个方面合成；先行指数是由一组领先于一致指数的先行指标合成，用于对经济未来的走势进行预测；滞后指数是由落后于一致指数的滞后指标合成，主要用于对经济循环的峰与谷的一种确认；预警指数是把经济运行的状态分为5个级别，“红灯”表示经济过热，“黄灯”表示经济偏热，“绿灯”表示经济运行正常，“浅蓝灯”表示经济偏冷，“蓝灯”表示经济过冷。

季度内是否质押股权（Plgfdum）、季度内累计质押次数（Plgfrep）和季度内累计质押比率（Plgrat）的均值分别为0.067、0.113和0.020，与徐寿福等（2016）、谭燕和吴静（2013）的统计结果类似，表明控股股东季度内存在连续股权质押行为，且部分公司股权质押比率高达0.643。股票误定价 Mis 的均值和中位数分别为0.024和-0.006，表明总体而言在我国资本市场上存在一定的股价高估现象，这与已有研究表达的我国股票市场存在泡沫的观点相符。

表3-2　变量描述性统计结果

变量	均值	标准差	25%分位数	中位数	75%分位数	最小值	最大值
Plgdum	0.067	0.250	0.000	0.000	0.000	0.000	1.000
Plgfrep	0.113	0.472	0.000	0.000	0.000	0.000	3.000
Plgrat	0.020	0.092	0.000	0.000	0.000	0.000	0.643
Mis	0.024	0.558	-0.371	-0.006	0.389	-1.179	1.523
Macro	0.313	0.464	0.000	0.000	1.000	0.000	1.000
Size	12.640	1.275	11.719	12.476	13.366	10.065	16.548
Lev	0.445	0.223	0.268	0.444	0.615	0.041	1.000
Roe	0.044	0.073	0.011	0.035	0.074	-0.281	0.292
Fdgap	-0.002	0.217	-0.072	-0.016	0.047	-0.915	1.026
Cash	0.015	0.063	-0.019	0.012	0.047	-0.170	0.206
Tobinq	2.370	2.160	0.981	1.734	2.963	0.209	12.594
Tngble	0.231	0.170	0.098	0.196	0.330	0.002	0.731
Age	2.055	0.831	1.609	2.303	2.708	0.000	3.178
State	0.452	0.498	0.000	0.000	1.000	0.000	1.000
Shrhfd	0.151	0.122	0.055	0.114	0.217	0.008	0.566
Bsize	2.162	0.200	2.079	2.197	2.197	1.609	2.708
Indrct	0.370	0.052	0.333	0.333	0.400	0.300	0.571
Dual	0.229	0.420	0.000	0.000	0.000	0.000	1.000
Mnghld	0.079	0.162	0.000	0.000	0.041	0.000	0.656
Salary	14.967	0.791	14.473	14.975	15.473	12.914	16.980

其他控制变量的描述统计结果表明，宏观经济景气指数（Macro）的均值为0.313，表明整个样本期间仅有30%的时段宏观经济运行状况是乐观的，可能与我国进入经济发展新常态有关，我国经济从高速增长转为中高速增长。企业资产负债率（Lev）的均值为0.445，净资产收益率（Roe）的均

值为0.044，表明样本公司盈利能力良好且经营过程中进行了适度负债。两职合一（Dual）的均值为0.229，说明董事长和总经理两职分离是我国上市公司普遍采用的治理结构。独立董事占比（Indrct）的均值为0.370，符合我国《公司法》有关董事会中独立董事人数的规定。股权集中度（Shrhfd）的均值为0.151，表明我国上市公司股权结构较集中，这为控股股东实施股权质押提供了“物质基础”。这些统计结果基本符合我国上市公司的特征。

二、单变量比较检验

根据股票误定价水平的不同对控股股东股权质押特征进行单变量检验，具体结果见表3－3。以股票误定价水平（Mis）是否异于0作为分组标准，如果Mis>0则定义为股价被高估组，反之则定义为股价被低估组。检验结果显示，股价被高估组的Plgfdum、Plgfrep和Plgrat的均值分别为0.08、0.15和0.02，显著高于股价被低估组Plgfdum、Plgfrep和Plgrat的均值0.05、0.08和0.02。中位数的比较检验也证实股价高估组和股价低估组控股股东的股权质押特征存在显著性差异。单变量检验初步表明，在股价被高估时控股股东股权质押的意愿更强，股权质押的规模更大。

表3－3　单变量比较检验结果

		Plgdum		Plgfrep		Plgrat	
		均值	中位数	均值	中位数	均值	中位数
Mis	低估	0.05	0.00	0.08	0.00	0.02	0.00
	高估	0.08	0.00	0.15	0.00	0.02	0.00
差异性检验		－0.034***	－19.102***	－0.073***	－19.434***	－0.008***	－18.813***

注：分组的标准是按照股票误定价程度的均值和中位数；均值（中位数）检验采用了T（Wilcoxon）检验；***、**、*分别表示参数在1%、5%和10%的显著性水平下异于零。

三、相关系数检验

主要变量的相关系数检验结果见表3－4，控股股东股权质押的特征变量季度内是否质押股权（Plgfdum）、季度内累计质押次数（Plgfrep）和季度内累计质押比率（Plgrat）与股票误定价（Mis）均在1%的显著性水平下正相关，初步证明假设 H3 - 1，即控股股东股权质押意愿和质押规模与股价误定价方向显著正相关。具体表现为：当股价被高估时，控股股东股权质押意愿更强，质押规模更大；反之，控股股东股权质押意愿减弱，此时倾向于选择缩减股权质押规模。季度内是否质押股权（Plgfdum）、季度内累计质押次数（Plgfrep）和季度内累计质押比率（Plgrat）与宏观经济周期均在 1% 的显著性水平下负相关，表明宏观经济景气状况是影响控股股东股权质押意愿和规模的重要外部因素。季度内是否质押股权（Plgfdum）、季度内累计质押次数（Plgfrep）和季度内累计质押比率（Plgrat）与企业规模总体上在 1% 的显著性水平下正相关，可能是大规模企业的价值更高，股价更稳定，银行等金融机构更愿意接受这类企业的股票作为质押标的。季度内是否质押股权（Plgfdum）、季度内累计质押次数（Plgfrep）和季度内累计质押比率（Plgrat）与企业自由现金流（Cash）均在 1% 显著性水平下负相关，而与企业成长性（Tobinq）均在 1% 显著性水平下正相关，表明对于那些高成长性企业，自由现金流的不足是促使控股股东股权质押重要的内部因素。季度内是否质押股权（Plgfdum）、季度内累计质押次数（Plgfrep）和季度内累计质押比率（Plgrat）与产权性质（State）均在 1% 的显著性水平下负相关，表明与国有企业相比，民营企业控股股东的股权质押意愿更强、股权质押规模更大，这可能与民营企业面临融资难、融资贵的环境有关。季度内是否质押股权（Plgfdum）、季度内累计质押次数（Plgfrep）和季度内累计质押比率（Plgrat）与董事会规模（Bsize）均在 1% 显著性水平下负相关，表明董事会能够在一定程度上左右控股股东的股权质押意愿和行为。与两职分离的企业相比，在两职合一（Dual）的企业中，控股股东股权质押意愿更强和质押规模更大。独立董事占比（Indrct）、管理层持股比例（Mnghld）与控股股东股权质押的特征变量季度内是否质押股权（Plgfdum）、季度内累计质押次数（Plgfrep）和季度内累计质押比率（Plgrat）均在 1% 显著性水平下正相关。其他变量与控股股东股权质押的特征变量（Plgfdum、Plgfrep、Plgrat）也呈现不同的显著性水平。总体上表明，控股股东股权质押意愿和质押规模不仅受到公司股价误定价水平的影响，而且还受到宏观经济形势以及企业内部特征等多种因素的影响。除了股权质押的三个特征变量外，其余变量之间的相关系数均在 50% 以下，表明这些变量之间不存在严重的多重共线问题。

表 3-4　　变量相关系数检验

	Plgdum	Plgfrep	Plgrat	Mis	Macro	Size	Lev	Age	Roe	Tobinq	State	Shrhfd	Bsize	Indrct	Dual	Mnghld
Plgdum	1.000															
Plgfrep	0.893***	1.000														
Plgrat	0.820***	0.809***	1.000													
Mis	0.079***	0.090***	0.050***	1.000												
Macro	-0.089***	-0.090***	-0.065***	-0.018***	1.000											
Size	0.002	0.017***	0.019***	0.000	-0.124***	1.000										
Lev	-0.002	0.002	-0.002	-0.075***	0.081***	0.409***	1.000									
Age	-0.013***	-0.004	-0.007*	0.009**	-0.069***	0.306***	0.434***	1.000								
Roe	0.006*	0.013***	-0.005	0.029***	0.076***	0.118***	-0.083***	-0.087***	1.000							
Cash	-0.011***	-0.011***	-0.009**	-0.033***	-0.030***	0.101***	-0.055***	0.043***	0.287***							
Tobinq	0.032***	0.037***	0.025***	0.603***	-0.001	-0.496***	-0.384***	-0.211***	0.100***	1.000						
State	-0.200***	-0.187***	-0.164***	-0.089***	0.124***	0.339***	0.312***	0.404***	-0.038***	-0.268***	1.000					
Shrhfd	-0.015***	-0.005	-0.038***	0.025***	0.026***	0.260***	0.044***	-0.078***	0.104***	-0.095***	0.193***	1.000				
Bsize	-0.062***	-0.059***	-0.047***	-0.048***	0.104***	0.263***	0.164***	0.098***	0.033***	-0.185***	0.280***	0.031***	1.000			
Indrct	0.026***	0.027***	0.012***	0.056***	-0.067***	0.027***	-0.027***	-0.033***	-0.017***	0.062***	-0.074***	0.043***	-0.462***	1.000		
Dual	0.061***	0.055***	0.046***	0.037***	-0.062***	-0.165***	-0.162***	-0.223***	0.013***	0.140***	-0.283***	-0.060***	-0.181***	0.102***	1.000	
Mnghld	0.069***	0.060***	0.048***	0.020***	-0.123***	-0.262***	-0.375***	-0.551***	0.033***	0.217***	-0.428***	-0.101***	-0.184***	0.087***	0.244***	1.000

注：表中数值为变量的回归系数，*、**、*** 分别表示在 10%、5% 和 1% 的显著性水平下显著。

四、回归结果与分

在表3－5中报告了以模型（3－7）为基础的控股股东股权质押与股票误定价的回归分析结果。其中，模型（1）和模型（2）采用Logit模型进行混合回归，模型（3）至模型（6）均采用Tobit模型混合回归。由于同一个体不同时期的扰动项可能存在自相关，因而模型（1）至模型（6）均在公司层面进行了聚类处理（Firm－Level Cluster）。模型（1）的回归显示，控股股东股权质押意愿与股票误定价水平（Mis）在1%的显著性水平下正相关，模型（2）在控制了宏观经济环境和公司层面特征的影响后，控股股东股权质押意愿仍然与股票误定价水平在1%的显著性水平下正相关，表明控股股东股权质押决策受到公司股票的市场估值的显著影响。当公司股价被高估时，控股股东股权质押的主动性显著提高，此时质押股权能够从银行等金融机构取得更大规模的资金。反之，当公司股价被低估时，控股股东质押股权的积极性减弱。模型（3）的回归结果显示，控股股东季度内累计股权质押次数与股票误定价水平在1%的显著性水平下正相关，模型（4）在控制了宏观经济环境、公司层面特征、季度效应以及行业效应的影响后，控股股东季度内累计股权质押次数与股票误定价水平依然在1%的显著性水平下正相关，表明控股股东股权质押的频率受到当期公司股票的市场估值的显著影响。当股价被高估时，控股股东当期股权质押次数显著增加，甚至连续性质押；当股价被低估时，控股股东当期股权质押次数显著减少，甚至不会发生股权质押行为。模型（5）的回归结果显示，控股股东股权质押比率与公司股票的误定价水平在1%的显著性水平下正相关，模型（6）在控制了宏观经济环境、公司层面特征、季度效应以及行业效应的影响后，控股股东股权质押比率仍与股票误定价水平在1%的显著性水平下正相关，表明控股股东股权质押规模受到公司股票误定价水平的显著影响。当股价被高估时，控股股东股权质押倾向于大规模质押股权；反之，控股股东选择缩减股权质押规模。上述六个模型的结果均证实，在股权质押中控股股东存在利用资本市场的估值水平，相机选择质押股权的现象。当股价被高估时，控股股东股权质押的积极性显著提高，倾向于更大规模质押股权；当股价被低估时，控股股东股权质押的意愿减弱，甚至选择缩减股权质押规模。换而言之，控股股东股权质押中存在利用资产误定价的市场择时行为，资产误定价同样会影响公司的债务融资决策。假设 H3 - 1 得到了证实。与此同时，该结果也揭示了资本市场并非完全有效的，对投资机会的过度乐观的市场估值能够激励以控股股东为主要代表的内部人采取行动来利用投资者的认知偏差，迎合其非理性偏好。而且，控股股东能够识别资产的误定价水平，并会对资产误定价做出反应而筹集更多的资金。

表 3 - 5　　控股股东股权质押与股票误定价

	(1) Plgdum	(2) Plgdum	(3) Plgfrep	(4) Plgfrep	(5) Plgrat	(6) Plgrat
Mis	0. 550 *** (10. 71)	0. 513 *** (5. 29)	0. 958 *** (10. 83)	0. 791 *** (5. 77)	0. 160 *** (10. 32)	0. 138 *** (5. 42)
Macro		- 0. 730 *** (- 5. 72)		- 1. 110 *** (- 5. 99)		- 0. 201 *** (- 5. 52)
Size		0. 046 (0. 82)		0. 077 (0. 95)		0. 003 (0. 23)
Lev		0. 922 *** (4. 58)		1. 377 *** (4. 74)		0. 259 *** (4. 72)
Age		0. 241 *** (3. 73)		0. 361 *** (3. 81)		0. 063 *** (3. 59)
Roe		0. 095 (0. 25)		0. 298 (0. 52)		0. 034 (0. 31)
Cash		- 0. 692 (- 1. 62)		- 0. 915 (- 1. 48)		- 0. 136 (- 1. 18)
Fdgap		0. 160 ** (2. 29)		0. 264 ** (2. 55)		0. 060 *** (2. 94)
Tobinq		0. 095 *** (3. 52)		0. 138 *** (3. 42)		0. 028 *** (3. 73)
Tngble		- 0. 304 (- 0. 95)		- 0. 527 (- 1. 12)		- 0. 104 (- 1. 21)

续表

	(1) Plgdum	(2) Plgdum	(3) Plgfrep	(4) Plgfrep	(5) Plgrat	(6) Plgrat
State		-2.495*** (-17.07)		-3.350*** (-19.32)		-0.625*** (-19.79)
Shrhfd		1.116*** (2.99)		1.655*** (3.02)		0.195** (2.00)
Bsize		0.332 (1.33)		0.431 (1.18)		0.086 (1.30)
Indrct		0.606 (0.73)		0.410 (0.35)		0.031 (0.15)
Dual		0.059 (0.75)		0.084 (0.72)		0.016 (0.76)
Mnghld		0.630** (2.22)		0.735* (1.75)		0.117 (1.52)
Salary		-0.111 (-1.50)		-0.158 (-1.42)		-0.038* (-1.85)
_cons	-2.692*** (-58.47)	-2.454* (-1.79)	-5.257*** (-44.90)	-3.675* (-1.84)	-0.986*** (-35.98)	-0.469 (-1.29)
Ind	No	Yes	No	Yes	No	Yes
Yq	No	Yes	No	Yes	No	Yes
N	77461	74003	77461	74834	77461	74834
Pseudo R^2	0.0124	0.1715	0.0099	0.1280	0.0117	0.1746
chi2	114.745	1370.226				

注：表中数值为变量的回归系数，括号内为回归系数的 T 值，*、**、*** 分别表示在 10%、5% 和 1% 的显著性水平下显著。

表 3-5 中控制变量的结果显示，控股股东股权质押的三个特征变量（Plgfdum、Plgfrep、Plgrat）与宏观经济环境在 1% 的显著性水平下负相关，表明企业的投融资决策深受宏观经济环境的影响，经济周期是控股股东股权质押决策时考虑的重要外部因素。控股股东股权质押的三个特征变量（Plgfdum、Plgfrep、Plgrat）与企业资产负债率（Lev）、上市年限（Age）和成长性（Tobinq）均在 1% 的显著性水平下正相关，而与产权性质（State）则在

1%的显著性水平下负相关，表明对于那些高负债率、高成长性的民营企业，控股股东股权质押的意愿更强和质押的规模更大，这可能与其面临严重的融资约束有关。在模型（2）、模型（4）和模型（6）中控股股东股权质押的三个特征变量（Plgfdum、Plgfrep、Plgrat）与股权集中度（Shrhfd）分别在1%、1%和5%的显著性水平下正相关，说明股权结构集中为控股股东股权质押这一融资方式的产生提供了“物质基础”。这些控制变量表明，控股股东股权质押融资决策不仅受到资产误定价水平的影响，同时还受企业内外部等多种因素的影响。为此，控股股东股权质押融资决策是综合权衡企业内外部等多种因素影响的结果。

五、进一步研究

（一）股票误定价与股权质押：按照股票误定价水平分组

前面研究结果表明，控股股东股权质押决策存在利用资本市场的估值水平，相机选择质押股权的现象，即控股股东股权质押决策存在利用资产误定价的市场择时行为。由于股票误定价（Mis）有正有负，即公司股价存在高估或低估的情况。为了进一步检验控股股东能否对股票误定价及时作出反应，将股票误定价（Mis）取绝对值（|Mis|），并按照股票误定价绝对值（|Mis|）的中位数进行分组，当股票误定价的绝对值（|Mis|）高于中位数时，划分为股价高估组；当股票误定价的绝对值（|Mis|）低于中位数时，划分为股价低估组，具体的分组回归结果见表3－6。

表3－6　股票误定价与股权质押：按照股票误定价水平分组

	Plgdum			Plgfrep			Plgrat		
	(1)	(2)	(3)	(4)	(5)	(6)	(7)	(8)	(9)
	全样本	高估	低估	全样本	高估	低估	全样本	高估	低估
|Mis|	0.240***	0.238*	0.021	0.355***	0.408*	0.036	0.067***	0.080**	0.015
	(2.90)	(1.74)	(0.10)	(3.03)	(1.87)	(0.12)	(3.04)	(2.08)	(0.25)
Macro	-1.846***	-0.537***	-0.642***	-2.548***	-0.755***	-0.977***	-0.470***	-0.134***	-0.180***
	(-7.88)	(-6.76)	(-8.12)	(-8.16)	(-6.42)	(-8.36)	(-7.57)	(-6.17)	(-7.87)

续表

	Plgdum			Plgfrep			Plgrat		
	(1)	(2)	(3)	(4)	(5)	(6)	(7)	(8)	(9)
	全样本	高估	低估	全样本	高估	低估	全样本	高估	低估
Size	0.098 * (1.77)	0.224 *** (4.39)	0.184 *** (3.08)	0.159 ** (1.97)	0.356 *** (4.49)	0.275 *** (3.01)	0.017 (1.16)	0.053 *** (3.71)	0.038 ** (2.22)
Lev	0.973 *** (4.88)	0.457 ** (2.17)	1.083 *** (4.66)	1.440 *** (4.95)	0.714 ** (2.19)	1.686 *** (4.76)	0.269 *** (4.90)	0.133 ** (2.23)	0.323 *** (4.79)
Age	0.249 *** (3.86)	0.337 *** (4.71)	0.165 ** (2.33)	0.374 *** (3.93)	0.533 *** (4.90)	0.272 ** (2.51)	0.066 *** (3.72)	0.095 *** (4.82)	0.047 ** (2.33)
Roe	0.073 (0.20)	-0.093 (-0.24)	0.188 (0.38)	0.263 (0.47)	0.116 (0.19)	0.427 (0.55)	0.030 (0.29)	-0.001 (-0.01)	0.068 (0.46)
Cash	-0.738 * (-1.75)	-0.565 (-1.17)	-0.090 (-0.16)	-0.998 (-1.62)	-0.722 (-0.98)	-0.075 (-0.09)	-0.149 (-1.30)	-0.072 (-0.54)	0.008 (0.05)
Fdgap	0.201 *** (2.92)	0.126 (1.37)	0.374 *** (3.41)	0.331 *** (3.20)	0.229 (1.59)	0.586 *** (3.43)	0.072 *** (3.52)	0.048 * (1.73)	0.123 *** (3.66)
Tobinq	-0.027 (-1.23)	0.026 (1.64)	0.016 (0.40)	-0.029 (-0.89)	0.046 * (1.79)	0.042 (0.68)	-0.009 (-1.49)	0.004 (0.92)	0.001 (0.05)
Tngble	-0.315 (-0.98)	0.070 (0.25)	-0.099 (-0.32)	-0.548 (-1.15)	0.057 (0.13)	-0.234 (-0.50)	-0.107 (-1.23)	0.008 (0.11)	-0.054 (-0.63)
State	-2.529 *** (-17.24)	-2.702 *** (-16.11)	-2.669 *** (-15.98)	-3.414 *** (-19.50)	-3.828 *** (-18.50)	-3.702 *** (-17.85)	-0.635 *** (-20.06)	-0.690 *** (-18.82)	-0.695 *** (-18.13)
Shrhfd	1.218 *** (3.20)	1.045 ** (2.37)	0.957 ** (2.57)	1.828 *** (3.27)	1.485 ** (2.19)	1.427 ** (2.55)	0.225 ** (2.26)	0.162 (1.41)	0.179 * (1.71)
Bsize	0.351 (1.39)	0.054 (0.18)	-0.304 (-1.11)	0.476 (1.29)	0.020 (0.04)	-0.404 (-0.96)	0.094 (1.40)	0.007 (0.09)	-0.056 (-0.74)
Indrct	0.722 (0.86)	0.956 (0.93)	-0.951 (-1.01)	0.588 (0.50)	1.113 (0.72)	-1.479 (-1.06)	0.062 (0.29)	0.153 (0.57)	-0.296 (-1.13)
Dual	0.061 (0.78)	0.115 (1.24)	0.116 (1.27)	0.083 (0.71)	0.173 (1.20)	0.166 (1.18)	0.016 (0.75)	0.028 (1.08)	0.036 (1.36)
Mnghld	0.594 ** (2.10)	0.640 ** (1.99)	0.781 ** (2.43)	0.683 (1.62)	0.807 (1.64)	1.031 ** (2.07)	0.108 (1.40)	0.129 (1.49)	0.175 * (1.90)

续表

	Plgdum			Plgfrep			Plgrat		
	(1)	(2)	(3)	(4)	(5)	(6)	(7)	(8)	(9)
	全样本	高估	低估	全样本	高估	低估	全样本	高估	低估
Salary	-0.101 (-1.36)	0.026 (0.35)	-0.148** (-1.98)	-0.141 (-1.26)	0.044 (0.38)	-0.217* (-1.84)	-0.035* (-1.70)	-0.002 (-0.09)	-0.048** (-2.14)
_cons	-3.199** (-2.33)	-6.881*** (-5.45)	-2.046* (-1.73)	-4.997** (-2.50)	-11.090*** (-5.76)	-3.880** (-2.10)	-0.686* (-1.89)	-1.714*** (-5.24)	-0.490 (-1.42)
Ind	Yes	Yes	Yes	Yes	Yes	Yes	Yes	Yes	Yes
Yq	Yes	Yes	Yes	Yes	Yes	Yes	Yes	Yes	Yes
N	74003	37550	37284	74834	37550	37284	74834	37550	37284
Pseudo R^2	0.168	0.129	0.132	0.126	0.094	0.097	0.172	0.130	0.135
chi2	1370.67	463.73	478.99						

注：表中数值为变量的回归系数，括号内为回归系数的T值，*、**、***分别表示在10%、5%和1%的显著性水平下显著。

模型（1）至模型（3）显示，控股股东股权质押意愿（Plgdum）与股票误定价绝对值（|Mis|）的全样本组和高估样本组分别在1%和10%的显著性水平下正相关，与低估样本组虽也呈正相关，但并不显著。而且，控股股东股权质押意愿（Plgdum）随着股价被高估水平（|Mis|）的提高而显著增强。模型（4）至模型（6）显示，控股股东股权质押次数（Plgfrep）与绝对股票误定价（|Mis|）的全样本组和高估样本组分别在1%和10%的显著性水平下正相关，与低估样本组虽也呈正相关，但并不显著。而且，控股股东股权质押次数（Plgfrep）随着股价被高估水平（|Mis|）的提高而显著增加。模型（7）至模型（9）显示，控股股东股权质押比率（Plgrat）与绝对股票误定价（|Mis|）的全样本组和高估样本组分别在1%和5%的显著性水平下正相关，与低估样本组虽也呈正相关，但并不显著。而且，控股股东股权质押比率（Plgrat）随着股价被高估水平（|Mis|）的提高而显著增加。其他控制量的结果与前面基本一致，不再赘述。按照股票误定价水平分组回归，进一步证实了控股股东股权质押决策存在利用股票市场的估值水平，选择有利市场时机进行股权质押的现象，表明与外部投资者相比，控股股东作为内部人更具信息优势，能够相机行动利用投资者的认知偏差，及时调整公

司的投融资决策。

（二）货币政策、股票误定价与股权质押

宏观经济政策与微观企业行为间存在理论与现实意义上重要的互动关系，以往两者在某种程度上存在着“割裂”现象（范从来等，2014）。宏观经济政策是一个国家的政府为了调控国民经济发展而制定的影响整个经济体的政策，包括但不限于财政政策、货币政策、信贷政策、汇率政策、资本管制政策、产业政策、经济管制政策，这些政策的制定和执行会影响经济产出（饶品贵和姜国华，2011）。理论上，宏观经济政策的推出会影响或改变企业的经营活动，进而影响企业的产出。企业产出“加总”则形成经济产出，即宏观经济政策是微观企业行为的背景基础，而微观企业行为是宏观经济政策达成目标的途径和渠道（饶品贵等，2013）。货币政策对经济系统产生的影响主要是通过利率传导机制和信贷传导机制（饶品贵和姜国华，2011，靳庆鲁等，2012），两者对企业经济活动的影响主要体现在调整企业的融资成本和融资规模上，并最终影响企业的投资行为（祝继高和陆正飞，2009）。利率传导机制在货币政策影响宏观经济的过程中发挥着至关重要的作用（Taylor，1995），紧缩的货币政策对微观主体的影响主要体现在融资成本上，银根紧缩将导致企业贷款成本增加，进而影响企业的投资行为（Kasyap et al.，1993；Hu，1999；Mojon et al.，2002；彭方平和王少平，2007）。在信贷传导机制下，货币政策还能通过影响银行等金融机构对企业的贷款额度实现对实体经济的干预（Kasyap and Stein，1994）。伍中信等（2013）研究了信贷政策对企业资本结构及其调整速度的影响，发现信贷政策作为宏观金融供给层面因素会显著地影响企业资本结构，对流动负债的影响远大于长期负债。靳庆鲁等（2012）考察了货币政策对民营企业融资约束和投资效率的影响，发现宽松的货币政策降低了民营企业面临的融资约束，但对投资效率的影响则呈非线性关系。具体来说，当民营企业面临较差或者一般投资机会时，宽松货币政策所产生的融资冗余会降低企业投资与投资机会之间的敏感性，进而导致公司的非效率投资；当公司面临较好的投资机会时，由于宽松的货币政策为公司发挥资本逐利的经济规律培育了更好的融资环境，使投资机会能够更好地引导公司的投资决策，提高了公司的资本配置效率。尽管货币政策

的作用渠道包括利率渠道、汇率渠道、资产定价渠道以及信贷渠道（Bernanke and Blinder，1992；Bernanke and Gertler，1995），但在我国以银行为主导的特殊金融制度环境下信贷渠道显然是最为重要的传导机制，货币政策的变化将直接改变公司所面临的外部融资环境（李青原和王红建，2013）。

作为权利质押形式之一的股权质押融资，实质上是一种担保贷款，也受到信贷市场环境的影响。按照控股股东与银行签订的股权质押协议，控股股东负有到期还本付息的责任。[①] 当货币政策趋于宽松或利率水平较低时，企业的外部融资成本降低，意味着控股股东只须支付较低的利息就能从银行取得借款，股权质押贷款成本下降。但当货币政策趋于从紧或利率水平较高时，企业的外部融资成本将提高，外部融资规模将受到限制，意味着控股股东必须支付更多的利息，股权质押贷款成本增加。因而，信贷市场环境是控股股东股权决策时考虑的重要外部因素。经由以上分析推测，当货币政策紧缩、信贷市场资金供给不足导致贷款成本较高时，控股股东股权质押意愿减弱，并缩减股权质押规模；反之，当货币政策宽松，信贷市场资金供给充足、贷款成本较低时，控股股东股权质押意愿增强，并扩大股权质押规模。

货币政策作为宏观调控的重要工具之一，主要通过调节货币供应量、利率水平以及贴现率等政策工具对微观主体行为进行调节，从而达到调控宏观经济的目的。为了检验以货币政策为代表的宏观经济政策对控股股东股权质押融资决策的影响，参考陆正飞和杨德明（2011）、段云和国瑶（2012）、徐寿福等（2016）的做法，分别采用 MP（MP = M2 增长率 - GDP 增长率 - CPI 增长率）[②] 和 Rate（6 个月 -1 年期贷款基准利率）这两个指标来衡量货币政策。其中，货币政策（MP）的计算模型蕴含货币供应量增长是满足经济总量增长及物价水平增长需求基础这一假设。如果 MP < 0，则取值为 1，表示紧缩的货币政策；反之，则取值为 0，表示宽松的货币政策。针对利率水平 Rate，以样本期间 Rate 的中位数为标准，大于中位数取值为 1，表示高利率时期；反之，取值为 0，表示低利率时期。

表 3 -7 报告了货币政策、股票误定价与股权质押的回归结果。在模型

---

① 我国《担保法》第 67 条规定：“质押担保的范围包括主债权及利息、违约金、损害赔偿金、质物保管费用和实现质权的费用。”

② M2 增长率、GDP 增长率、CPI 增长率均采用季度同比增长率。

(1) 至模型 (3) 中货币供应量的回归结果显示，在考虑了货币政策 (MP) 的影响后，控股股东股权质押特征变量 (Plgfdum、Plgfrep、Plgrat) 与股票误定价水平 (Mis) 依然均在 1% 的显著性水平下正相关，而与货币政策变量 (MP) 均在 1% 的显著性水平下负相关，表明控股股东股权质押决策时考虑了信贷市场环境的影响，当货币政策趋于从紧时，控股股东股权质押意愿减弱，并选择缩减股权质押规模，以避免负担更高的融资成本①。模型 (1) 至模型 (3) 中股票误定价 (Mis) 和货币政策 (MP) 的交互项 (Mis × MP) 与控股股东股权质押的三个特征变量均在 5% 的显著性水平下负相关，且回归系数的绝对值均小于股票误定价 (Mis) 回归系数的绝对值，表明控股股权质押决策时不仅考虑了股票市场的估值水平，同时又考虑了信贷市场环境，综合权衡股票误定价与融资成本的高低，相机选择是否质押股权以及质押规模。

表 3-7　　　　货币政策、股票误定价与股权质押

	(1) Plgdum	(2) Plgfrep	(3) Plgrat	(4) Plgdum	(5) Plgfrep	(6) Plgrat
Mis	0.541*** (5.62)	0.838*** (6.15)	0.147*** (5.85)	0.590*** (6.02)	0.943*** (6.75)	0.167*** (6.45)
MP	-0.478*** (-3.70)	-0.683*** (-3.74)	-0.125*** (-3.36)			
Mis × MP	-0.350** (-2.23)	-0.490** (-2.28)	-0.098** (-2.31)			
Rate				-0.936*** (-7.72)	-1.426*** (-8.19)	-0.252*** (-7.40)
Mis × Rate				-0.289** (-2.18)	-0.506*** (-2.76)	-0.095*** (-2.69)
Macro	-0.710*** (-5.59)	-1.077*** (-5.82)	-0.194*** (-5.35)	0.150 (1.24)	0.226 (1.32)	0.035 (1.00)

① 徐寿福等 (2016) 将大股东股权质押的成本分为显性货币成本和隐性成本两部分。其中，显性成本由股权质押的机会成本（我国《担保法》第 68 条规定："质权人有权收取质物上产生的孳息"。）和股权质押借款的利息构成。隐形成本是指大股东股权质押后面临股票价格下跌、自身偿债能力不足等"财务压力"，从而触发"控制权转移风险"。

续表

	(1) Plgdum	(2) Plgfrep	(3) Plgrat	(4) Plgdum	(5) Plgfrep	(6) Plgrat
Size	0. 047 (0. 84)	0. 080 (0. 98)	0. 004 (0. 26)	0. 048 (0. 85)	0. 082 (1. 00)	0. 004 (0. 28)
Lev	0. 922 *** (4. 58)	1. 374 *** (4. 72)	0. 259 *** (4. 71)	0. 921 *** (4. 56)	1. 368 *** (4. 70)	0. 258 *** (4. 69)
Age	0. 242 *** (3. 75)	0. 363 *** (3. 83)	0. 064 *** (3. 61)	0. 243 *** (3. 76)	0. 364 *** (3. 84)	0. 064 *** (3. 62)
Roe	0. 101 (0. 26)	0. 312 (0. 54)	0. 036 (0. 34)	0. 106 (0. 27)	0. 325 (0. 56)	0. 038 (0. 36)
Cash	-0. 680 (-1. 59)	-0. 899 (-1. 45)	-0. 132 (-1. 15)	-0. 670 (-1. 57)	-0. 880 (-1. 42)	-0. 129 (-1. 12)
Fdgap	0. 160 ** (2. 30)	0. 265 ** (2. 55)	0. 060 *** (2. 94)	0. 159 ** (2. 28)	0. 264 ** (2. 54)	0. 060 *** (2. 94)
Tobinq	-0. 095 *** (-3. 52)	-0. 138 *** (-3. 42)	-0. 028 *** (-3. 73)	-0. 097 *** (-3. 59)	-0. 142 *** (-3. 52)	-0. 029 *** (-3. 83)
Tngble	-0. 300 (-0. 94)	-0. 518 (-1. 10)	-0. 102 (-1. 19)	-0. 304 (-0. 95)	-0. 523 (-1. 11)	-0. 103 (-1. 20)
State	-2. 493 *** (-17. 06)	-3. 345 *** (-19. 30)	-0. 624 *** (-19. 80)	-2. 492 *** (-17. 04)	-3. 344 *** (-19. 29)	-0. 624 *** (-19. 79)
Shrhfd	1. 117 *** (2. 99)	1. 655 *** (3. 02)	0. 195 ** (1. 99)	1. 124 *** (3. 00)	1. 669 *** (3. 04)	0. 197 ** (2. 02)
Bsize	0. 336 (1. 34)	0. 434 (1. 19)	0. 087 (1. 31)	0. 342 (1. 37)	0. 446 (1. 23)	0. 089 (1. 35)
Indrct	0. 614 (0. 73)	0. 419 (0. 36)	0. 033 (0. 15)	0. 637 (0. 76)	0. 471 (0. 40)	0. 043 (0. 20)
Dual	0. 059 (0. 75)	0. 084 (0. 72)	0. 016 (0. 76)	0. 059 (0. 74)	0. 085 (0. 72)	0. 017 (0. 76)
Mnghld	0. 632 ** (2. 23)	0. 740 * (1. 76)	0. 118 (1. 54)	0. 633 ** (2. 23)	0. 741 * (1. 76)	0. 118 (1. 54)

续表

	(1) Plgdum	(2) Plgfrep	(3) Plgrat	(4) Plgdum	(5) Plgfrep	(6) Plgrat
Salary	-0.110 (-1.49)	-0.157 (-1.41)	-0.038* (-1.84)	-0.110 (-1.49)	-0.156 (-1.40)	-0.038* (-1.83)
_cons	-2.503* (-1.83)	-3.761* (-1.88)	-0.486 (-1.34)	-2.546* (-1.86)	-3.877* (-1.95)	-0.507 (-1.40)
Ind	Yes	Yes	Yes	Yes	Yes	Yes
Yq	Yes	Yes	Yes	Yes	Yes	Yes
N	74003	74834	74834	74003	74834	74834
Pseudo R^2	0.1717	0.1281	0.1749	0.1718	0.1283	0.1752
chi2	1381.120			1395.672		

注：表中数值为变量的回归系数，括号内为回归系数的 T 值，*、**、*** 分别表示在 10%、5% 和 1% 的显著性水平下显著。

在模型（4）至模型（6）中利率水平的回归结果显示，在考虑了利率水平（Rate）的影响后，控股股东股权质押特征变量（Plgfdum、Plgfrep、Plgrat）与股票误定价水平（Mis）还均在 1% 的显著性水平下正相关，而与利率水平（Rate）均在 1% 的显著性水平下负相关，说明控股股东股权质押决策考虑了利率水平的影响，当利率水平提高时，意味着控股股东股权质押贷款就得支付更多的利息费用，股权质押融资成本增加，此时控股股东股权质押意愿减弱，并选择缩减质押规模。模型（4）至模型（6）中股票误定价（Mis）和利率水平（Rate）的交互项（Mis × Rate）与控股股东股权质押特征变量分别在 5%、1% 和 1% 的显著性水平下负相关，并且回归系数的绝对值均小于股票误定价（Mis）回归系数的绝对值。进一步表明，控股股东股权质押决策同时考虑了股票市场的估值水平和信贷融资成本的高低。在货币政策趋于宽松、股票价格被高估的情况下，意味着控股股东能够以较低的成本取得更大规模的贷款；在货币政策趋于从严、股票价格被低估的情况下，意味着控股股东必须负担较高的成本才能获得小规模的贷款；另外，其他两种情形（货币政策宽松与股票价格被低估；货币政策从紧与股票价格被高估），控股股东股权质押决策是综合比较股票误定价程度与信贷融资成本的结果。这些研究发现意味着，错误定价也会影响企业的债务融资决策，股票市场行情和信贷市场环境都是影响控股股东股权质押决策的重要外部因素，控股股东股权质押决策不仅存在股票市场的择时行为，还存在信贷市场的择时行为，其最终股权质押决策是权衡股票误定价与信贷成本高低的结果。

（三）融资约束、股票误定价与股权质押

M 和 M 资本结构无关论假设①，资本能够自由流通，企业可以根据自身需求获取资本（Modigiliani and Miller，1958）。此时，内部资本市场与外部资本市场之间可以完全替代。但是，现实中资本市场存在各种各样的摩擦，导致公司外部融资成本远高于内部融资成本，公司面临融资约束。融资约束较高的企业比融资约束较低的企业有更高的投资—现金流敏感性（吴世农等，2008），使公司的投资无法达到最优水平，存在投资不足的现象（Myers and Majluf，1984；Fazzari and Peterson，1993；Houston and James，2001；朱红军等，2006；屈文洲等，2011；卢太平和张东旭，2014；李君平和徐龙炳，2015）。在中国制度环境下，公司融资过程普遍存在着政府干预或利用政府的资源和渠道获得资金供给的现象（郑江淮，2001）。与国有企业相比，中小企业和民营企业面临更为严重的融资约束，金融生态环境的优化可有效缓解这两类企业的融资约束（魏志华等，2014），但随着金融发展水平的提高，民营上市公司的融资约束较国有上市公司得到了更加明显的缓解（沈洪波，2010）。同时，信息披露水平和以分析师为代表的市场关注程度提高能显著降低企业的融资约束（张纯和吕伟，2007）。

对于不同融资约束程度的公司来说，其融资需求程度及所面临的外部融资环境都存在一定的差异，因而资本市场错误定价对其融资决策的影响可能会有所不同（李君平和徐龙炳，2015）。Taggart（1977）在《融资决策模型》一文中指出，长期债权和股权的市场价值是公司发行证券的重要决定因

---

① M&M 资本结构无关论假设：（1）所有的实物资产归公司所有；（2）资本市场无摩擦，即没有公司及个人所得税，证券可以无成本、直接地交易或买卖，没有破产成本；（3）公司只能发行有风险的股票和无风险的债券两种类型的证券；（4）公司和个人都能按无风险的利率借入或借出款项；（5）投资者对于公司利润的未来现金流的预期都是相同的；（6）没有增长，现金流是不断增加的；（7）所有公司都可以归为几个“相等的利润等级中的一类”，在此等级上公司股票的收益与在该等级上的其他公司的股票收益完全比例相关。

素。Stein（1996）在研究非理性市场条件下的理性资本预算时，结果发现，当股票价格被高估时，理性的管理者会利用股权融资的低成本优势，通过发行更多的股票进行融资；相反，当股票价格被低估时，理性的管理者则回购被低估的股票来最大化公司价值。Baker 和 Wurgler（2002）最早系统地研究了市场时机对企业资本结构的影响，发现股票市场时机对企业资本结构具有显著持久的影响，而且其显著程度超过了资本结构的其他决定性因素，资本结构是企业管理者过去根据市场时机进行融资活动的累积结果。Baker 等（2003）研究发现，公司越偏好于股权融资，错误定价对公司股权融资的促进作用越明显。Chen 和 Zhao（2004）通过对美国 1971～2001 年市值账面比和收益率对于企业融资决策影响的研究，发现市值账面比较高的公司更偏好于股权融资，这样做并不是为了向下调整企业目标资本结构，而是由于市值账面比较高的企业能够利用较低的股权融资成本优势。Henderson 等（2006）通过调查 1990～2001 年世界范围内企业融资资金来源状况发现，市场时机是公司证券发行活动考虑的重要因素，公司倾向于在股票市场收益率较高时发行股票。Campello 和 Graham（2013）研究发现，发生于 1990 年的股市泡沫促进了融资约束公司的股权融资，同时还发现无论是否存在融资约束，股市泡沫对公司债务融资都没有显著影响。国内学者大多从市场择时角度探讨了资本市场错误定价对企业资本结构的影响（刘瑞等，2006；王正位等，2007；郭杰和张英博，2012）。徐浩萍和杨国超（2013）研究了投资者情绪对债券融资成本的影响，发现由于股票市场和债券市场间的联动性，使股票市场过度乐观的投资者情绪也会传染到债券市场，从而降低债券的融资成本。为此，资本市场错误定价也会影响公司的债务融资决策。李君平和徐龙炳（2015）研究了资本市场错误定价对不同融资约束程度公司融资方式选择的影响，发现对于股权融资来说，无论融资约束程度高低，错误定价对公司股权融资均有显著的正向影响；对于债务融资，当股价被高估时会显著促进高融资约束公司的债务融资（包括长期债务和短期债务），但对于低融资约束公司并不存在显著影响，并且错误定价对高融资约束公司短期债务融资的正向影响远高于对长期债务融资的影响。这些发现说明，在中国资本市场上，错误定价对于不同融资约束程度公司其融资方式选择的影响存在显著差异，对于高融资约束公司的影响表现为股权融资、短期债务融资和长期债务融资的融资优序现象，但对于低融资约束公司并不存在这一现象。与此同时，李君平和徐龙炳（2015）还研究了资本市场错误定价对公司的影响及其影响路径，发现股价被高估会促进公司投资，但主要作用于高融资约束的公司，对于低融资约束公司并没有显著影响。进一步研究发现，股价被高估不但会促进高融资约束公司的股权融资，还会促进其债务融资，从而减轻融资约束，促进公司投资，但是这种影响对于国有公司并不存在。这些研究发现表明，在资本市场存在摩擦，公司面临较高融资约束的情况下，股价高估可以通过减轻融资约束的路径促进公司投资，改善资源配置。

股票市场行情和信贷市场环境是控股股东股权质押决策时考虑的重要因素，控股股东出于最大化融资规模、最小化融资成本的目的，在其股权质押决策中存在选择股票市场和信贷市场有利时机的双重市场择时现象。为了进一步检验资产误定价对控股股东股权质押决策的影响，本部分研究了不同融资约束水平下，股票误定价对控股股东股权质押决策的影响。在理论上，企业的融资约束程度能够由许多关键性公司财务指标间接地反映出来。Kaplan 和 Zingales（1997）首先以经营性净现金流、现金持有量、派现水平、负债水平以及成长性五个因素作为衡量融资约束程度的代理变量，通过回归分析构建了一个综合指数（KZ 指数）来衡量企业面临的融资约束程度。借鉴 Kaplan 和 Zingales（1997）、魏志华等（2014）、李君平和徐龙炳（2015），以中国上市公司为样本构建融资约束 KZ 指数，用于衡量中国上市公司所面临的融资约束程度。具体来说，按照下述步骤构建 KZ 指数：（1）对全样本的经营性净现金流/上期总资产（CF_{it}/A_{it-1}）、现金股利/上期总资产（DIV_{it}/A_{it-1}）、现金持有量/上期总资产（$Cash_{it}/A_{it-1}$）、资产负债率（Lev_{it}）和托宾 Q（$Tobinq_{it}$）按照各指标的中位数为标准进行分类。如果 CF_{it}/A_{it-1} 低于其中位数则 $kz_1=1$，反之 $kz_1=0$；如果 DIV_{it}/A_{it-1} 低于其中位数则 $kz_2=1$，反之 $kz_2=0$；如果 Lev_{it} 高于其中位数则 $kz_3=1$，反之 $kz_3=0$；如果 $Tobinq_{it}$ 高于其中位数则 $kz_4=1$，反之 $kz_4=0$；如果 Tobinq 高于其中位数则 $kz_5=1$，反之 $kz_5=0$。（2）计算 KZ 指数，令 $KZ=kz_1+kz_2+kz_3+kz_4+kz_5$。（3）将 KZ 指数作为因变量对 CF_{it}/A_{it-1}、DIV_{it}/A_{it-1}、$Cash_{it}/A_{it-1}$、Lev_{it} 和 $Tobinq_{it}$ 进行序列逻辑回归（Order Logit Regression），估计出各变量的回归系数。（4）运用上述回归模型的估计结果，计算每家上市公司各季度的融资约束程度的 KZ 指数，具体见模型（3－8）。KZ 指数越大，表明上市公司面临的融资约束程度越高。

$$KZ_{it} = -14.8057\ CF_{it}/A_{it-1} - 86.9622\ DIV_{it}/A_{it-1} - 6.1585\ Cash_{it}/A_{it-1} + 3.1545\ Lev_{it} + 0.3823\ Tobinq_{it} \tag{3-8}$$

以样本期间所有上市公司 KZ 指数的中位数为分组依据，如果 KZ 指数高于中位数则定义为高融资约束组，反之则定义为低融资约束组，在此基础上分别进行全样本组、高融资约束组和低融资约束组回归，表 3－8 报告了融资约束、股票误定价与股权质押的回归结果。模型（1）至模型（9）显示，控股股东股权质押的三个特征变量（Plgfdum、Plgfrep、Plgrat）与股票误定价水平（Mis）均在 1% 的显著性水平下正相关，表明无论融资约束程度高低，股票误定价水平均会显著影响控股股东的股权质押决策；融资约束变量 KZ 指数的回归系数在全样本组和低融资约束组均在 1% 的显著性水平下为正，高融资约束组的回归系数虽也为正，但并不显著，表明公司面临融资约束是促使控股股东股权质押的重要动因，但这种影响只存在于低融资约束的公司，对于高融资约束的公司并不存在。融资约束与错误定价的交叉项 Mis × KZ 的回归系数在全样本组和高融资约束组分别在 10% 和 5% 的显著性水平下为负，且全样本组系数的绝对值低于高融资约束系数的绝对值，低融资约束组的回归系数虽为正，但并不显著，表明对于低融资约束公司来说，股票误定价对控股股东股权质押决策并不存在显著影响；对于高融资约束公司来说，股票误定价对控股股东股权质押意愿和质押规模均存在显著的负向影响；而且，这种负向影响随着公司融资约束水平的增加存在递增的趋势。这可能因为，虽然股价被高估直接改变了控股股东质押标的股权的价值，在某种意义上为控股股东的资信状况提供了“背书”，但由于控股股东所持股公司面临较高融资约束，暗示公司偿债能力有限，违约风险相对较高，此时银行对于控股股东质押标的股票将会大打折扣，控股股东只能从银行取得有限规模的贷款，又丧失了质押期内由质押股权产生的现金流收益权，这样控股股东股权质押融资成本变相显著增加。同时，控股股东质押股权后，还可能面临着质押标的股票价格下跌，其自身偿债能力不足等“财务压力”，进而触发“控制权转移风险”。该研究发现，在公司面临融资约束，尤其是较高融资约束的情况下，控股股东股权质押的市场择时动机明显减弱。

表 3-8　　融资约束、股票误定价与股权质押

	Plgdum			Plgfrep			Plgrat		
	(1)	(2)	(3)	(4)	(5)	(6)	(7)	(8)	(9)
	全样本	高约束	低约束	全样本	高约束	低约束	全样本	高约束	低约束
Mis	0.514***	0.666***	0.540***	0.790***	0.979***	0.828***	0.138***	0.170***	0.147***
	(5.26)	(5.74)	(4.07)	(5.72)	(6.16)	(4.36)	(5.42)	(5.76)	(4.08)
KZ	0.066***	0.008	0.088***	0.101***	0.009	0.133***	0.017***	0.000	0.024***
	(3.05)	(0.15)	(3.03)	(3.14)	(0.12)	(3.26)	(2.77)	(0.03)	(2.95)
Mis × KZ	-0.015*	-0.034**	0.029	-0.023*	-0.047**	0.050	-0.005*	-0.009**	0.008
	(-1.68)	(-2.11)	(1.05)	(-1.67)	(-2.27)	(1.26)	(-1.72)	(-2.44)	(1.05)
Macro	-1.816***	-1.769***	-1.784***	-2.496***	-2.246***	-2.654***	-0.460***	-0.414***	-0.497***
	(-7.80)	(-5.75)	(-5.15)	(-8.10)	(-5.56)	(-5.93)	(-7.49)	(-5.34)	(-5.37)
Size	0.052	0.108	-0.089	0.086	0.168*	-0.114	0.005	0.017	-0.031*
	(0.93)	(1.61)	(-1.32)	(1.06)	(1.75)	(-1.19)	(0.32)	(1.00)	(-1.66)
Lev	0.668***	0.365	1.392***	0.984***	0.458	2.136***	0.195***	0.099	0.424***
	(2.96)	(1.27)	(4.27)	(3.01)	(1.12)	(4.51)	(3.15)	(1.31)	(4.58)
Age	0.229***	0.309***	0.169**	0.338***	0.466***	0.235**	0.059***	0.077***	0.046**
	(3.55)	(4.10)	(2.19)	(3.58)	(4.31)	(2.11)	(3.38)	(3.93)	(2.13)
Roe	0.207	-0.047	0.675	0.472	-0.003	1.156	0.061	-0.021	0.183
	(0.53)	(-0.11)	(1.00)	(0.82)	(-0.00)	(1.19)	(0.57)	(-0.18)	(0.96)
Cash	0.446	-0.588	1.037	0.834	-0.852	1.543	0.156	-0.129	0.247
	(0.81)	(-0.75)	(1.26)	(1.04)	(-0.76)	(1.32)	(1.02)	(-0.61)	(1.08)
Fdgap	0.185***	-0.028	0.476***	0.301***	-0.037	0.742***	0.066***	-0.003	0.158***
	(2.61)	(-0.32)	(3.54)	(2.87)	(-0.30)	(3.86)	(3.19)	(-0.10)	(4.01)
Tobinq	-0.106***	-0.086***	-0.127***	-0.156***	-0.130***	-0.163**	-0.030***	-0.025***	-0.032**
	(-3.76)	(-2.59)	(-2.75)	(-3.69)	(-2.73)	(-2.34)	(-3.90)	(-2.84)	(-2.40)
Tngble	-0.437	-0.417	-0.622	-0.733	-0.692	-0.926	-0.138	-0.134	-0.168
	(-1.35)	(-1.18)	(-1.52)	(-1.53)	(-1.33)	(-1.60)	(-1.59)	(-1.44)	(-1.53)
State	-2.492***	-2.527***	-2.394***	-3.343***	-3.350***	-3.223***	-0.624***	-0.607***	-0.625***
	(-17.06)	(-14.85)	(-14.80)	(-19.32)	(-16.92)	(-16.64)	(-19.79)	(-17.16)	(-16.91)
Shrhfd	1.143***	1.636***	0.451	1.689***	2.433***	0.680	0.200**	0.314***	0.035
	(3.06)	(3.82)	(1.02)	(3.09)	(3.96)	(1.05)	(2.05)	(2.96)	(0.28)

续表

	Plgdum			Plgfrep			Plgrat		
	(1)	(2)	(3)	(4)	(5)	(6)	(7)	(8)	(9)
	全样本	高约束	低约束	全样本	高约束	低约束	全样本	高约束	低约束
Bsize	0.352 (1.41)	0.453 (1.56)	0.220 (0.77)	0.456 (1.26)	0.544 (1.31)	0.309 (0.76)	0.091 (1.38)	0.101 (1.38)	0.068 (0.87)
Indrct	0.609 (0.73)	0.736 (0.74)	0.440 (0.46)	0.407 (0.35)	0.276 (0.21)	0.481 (0.35)	0.030 (0.14)	0.020 (0.09)	0.031 (0.12)
Dual	0.061 (0.77)	0.049 (0.51)	0.074 (0.79)	0.086 (0.74)	0.093 (0.66)	0.087 (0.64)	0.017 (0.78)	0.013 (0.51)	0.024 (0.90)
Mnghld	0.632** (2.23)	1.314*** (3.94)	-0.009 (-0.03)	0.737* (1.75)	1.811*** (3.76)	-0.213 (-0.44)	0.117 (1.53)	0.312*** (3.65)	-0.057 (-0.61)
Salary	-0.110 (-1.48)	-0.046 (-0.56)	-0.198** (-2.23)	-0.157 (-1.41)	-0.054 (-0.47)	-0.285** (-2.10)	-0.038* (-1.84)	-0.016 (-0.78)	-0.064** (-2.47)
_cons	-2.139 (-1.57)	-3.934*** (-2.64)	1.138 (0.71)	-3.199 (-1.61)	-5.637*** (-2.68)	1.266 (0.54)	-0.380 (-1.05)	-0.789** (-2.11)	0.415 (0.93)
Ind	Yes	Yes	Yes	Yes	Yes	Yes	Yes	Yes	Yes
Yq	Yes	Yes	Yes	Yes	Yes	Yes	Yes	Yes	Yes
N	74003	36017	37771	74834	36485	38349	74834	36485	38349
Pseudo R^2	0.1722	0.1913	0.1702	0.1285	0.1419	0.1288	0.1754	0.1955	0.1754
chi2	1403.23	977.02	1072.87						

注：表中数值为变量的回归系数，括号内为回归系数的T值，*、**、***分别表示在10%、5%和1%的显著性水平下显著。

六、稳健性检验

为了保证研究结论的稳健性，本章进行了如下的稳健性检验：

第一，前面在检验股票误定价对于控股股东股权质押意愿和质押规模影响时，股票误定价估计借鉴Rhodes-Kropfa等（2005）的研究。为保证研究结果的稳健性，同时采用Berger等（1995）的做法、Feltham和Ohlson（1995）的剩余收益模型估计股票误定价水平，具体计算过程见模型（3-3）至模型（3-6），得到股票误定价水平Mis_2和Mis_3，在此基础上重新回归，表3-9报告了回归结果。模型（1）至模型（3）中股票误定价变量

（Mis_2）的回归系数分别在 1%、5%、1% 的显著性水平下为正，模型（4）至模型（6）中股票误定价变量（Mis_3）的回归系数也均在 5% 的显著性水平下为正，表明控股股权质押决策存在利用股票市场的估值水平相机选择质押的市场择时动机，与前面所得结论保持一致，说明研究结果是稳健的。

表 3-9　股票误定价与股权质押：Mis_2 和 Mis_3

	(1) Plgdum	(2) Plgfrep	(3) Plgrat	(4) Plgdum	(5) Plgfrep	(6) Plgrat
Mis_2	0.220*** (2.66)	0.296** (2.39)	0.062*** (2.66)			
Mis_3				0.139** (2.42)	0.209** (2.52)	0.037** (2.47)
Size	0.114** (2.09)	0.182** (2.26)	0.021 (1.44)	0.140** (2.52)	0.221*** (2.71)	0.028* (1.89)
Lev	1.044*** (5.18)	1.541*** (5.25)	0.288*** (5.21)	0.863*** (4.09)	1.282*** (4.20)	0.242*** (4.20)
Age	0.240*** (3.70)	0.365*** (3.83)	0.064*** (3.61)	0.253*** (3.94)	0.381*** (4.01)	0.067*** (3.79)
Roe	-0.052 (-0.14)	0.042 (0.07)	-0.013 (-0.12)	-0.358 (-0.94)	-0.427 (-0.74)	-0.092 (-0.87)
Cash	-0.769* (-1.83)	-1.043* (-1.70)	-0.157 (-1.38)	-0.832** (-1.97)	-1.133* (-1.84)	-0.174 (-1.52)
Fdgap	0.226*** (3.28)	0.357*** (3.47)	0.077*** (3.80)	0.202*** (2.94)	0.326*** (3.18)	0.071*** (3.50)
Tobinq	-0.023 (-0.91)	-0.021 (-0.55)	-0.008 (-1.17)	-0.028 (-1.23)	-0.033 (-0.95)	-0.010 (-1.49)
Tngble	-0.352 (-1.09)	-0.599 (-1.25)	-0.117 (-1.35)	-0.291 (-0.91)	-0.518 (-1.09)	-0.102 (-1.18)
State	-2.528*** (-17.19)	-3.410*** (-19.44)	-0.634*** (-20.02)	-2.524*** (-17.22)	-3.405*** (-19.50)	-0.633*** (-20.03)
Shrhfd	1.220*** (3.21)	1.823*** (3.25)	0.224** (2.25)	1.175*** (3.10)	1.758*** (3.16)	0.212** (2.14)
Bsize	0.336 (1.33)	0.456 (1.23)	0.090 (1.35)	0.343 (1.36)	0.464 (1.26)	0.092 (1.38)

续表

	(1) Plgdum	(2) Plgfrep	(3) Plgrat	(4) Plgdum	(5) Plgfrep	(6) Plgrat
Indrct	0.720 (0.86)	0.597 (0.51)	0.065 (0.30)	0.692 (0.83)	0.553 (0.47)	0.057 (0.26)
Dual	0.065 (0.82)	0.087 (0.74)	0.017 (0.79)	0.059 (0.75)	0.081 (0.69)	0.016 (0.73)
Mnghld	0.615 ** (2.17)	0.713 * (1.68)	0.114 (1.47)	0.595 ** (2.09)	0.688 (1.63)	0.109 (1.41)
Salary	-0.105 (-1.41)	-0.146 (-1.30)	-0.036 * (-1.74)	-0.114 (-1.53)	-0.159 (-1.42)	-0.038 * (-1.85)
_cons	-3.572 *** (-2.58)	-5.498 *** (-2.71)	-0.778 ** (-2.13)	-3.914 *** (-2.82)	-6.019 *** (-2.98)	-0.875 ** (-2.39)
Ind	Yes	Yes	Yes	Yes	Yes	Yes
Yq	Yes	Yes	Yes	Yes	Yes	Yes
N	74003	74865	74865	74000	74862	74862
Pseudo R^2	0.1689	0.1258	0.1723	0.1689	0.1259	0.1722
chi2	1360.413			1358.259		

注：表中数值为变量的回归系数，括号内为回归系数的 T 值，*、**、*** 分别表示在 10%、5% 和 1% 的显著性水平下显著。

第二，为了检验信贷市场环境对控股股东股权质押决策的影响，分别采用MP_2（M2 季度同比增长率 - GDP 季度同比增长率）和MP_3（货币政策感受指数[①]，以 50% 为标准，当低于 50% 时定义为“紧缩时期”，$MP_3=1$；反

① 货币政策感受指数来自中国人民银行《银行家问卷调查报告》。银行家问卷调查是中国人民银行 2004 年建立的一项季度调查。调查采用全面调查与抽样调查相结合的方式，对我国境内地市级以上的各类银行机构采取全面调查，对农村信用合作社采用分层 PPS 抽样调查，全国共调查各类银行机构 3100 家左右。调查对象为全国各类银行机构（含外资商业银行机构）的总部负责人，及其一级分支机构、二级分支机构的行长或主管信贷业务的副行长。

银行家调查报告大部分指数采用扩散指数法进行计算，即计算各选项占比 c_i，并分别赋予各选项不同的权重 q_i（赋予“好/增长”选项权重为 1，赋予“一般/不变”选项权重为 0.5，赋予“差/下降”选项权重为 0），将各选项的占比 c_i乘以相应的权重 q_i，再相加得出最终的指数。所有指数取值范围在 0～100% 之间。指数在 50% 以上，反映该项指标处于向好或扩张状态；低于 50%，反映该项指标处于变差或收缩状态。其中，货币政策感受指数：反映银行家对货币政策感受程度的指数。该指数的计算方法是在全部接受调查的银行家中，先分别计算认为本季货币政策“偏松”和“适度”的占比，再分别赋予权重 1 和 0.5 后求和得出。

之，定义为"宽松时期"，$MP_3=0$），表3－10报告了回归结果。模型（1）至模型（3）中，股票误定价（Mis）的回归系数均在1%的显著性水平下为正；货币政策（MP_2）的回归系数均在1%的显著性水平下为负；股票误定价（Mis）与货币政策（MP_2）的交互项（$Mis\times MP_2$）的回归系数分别在5%、1%和1%的显著性水平下为负。

表3－10　　货币政策、股票误定价与股权质押：MP_2和MP_3

	(1) Plgdum	(2) Plgdum	(3) Plgfrep	(4) Plgfrep	(5) Plgrat	(6) Plgrat
Mis	0.706*** (5.88)	1.119*** (6.80)	0.195*** (6.45)	0.552*** (5.74)	0.858*** (6.30)	0.151*** (6.01)
MP_2	-2.116*** (-3.52)	-2.903*** (-3.21)	-0.556*** (-3.02)			
$Mis\times MP_2$	-0.028** (-2.49)	-0.047*** (-3.20)	-0.008*** (-3.00)			
MP_3				-0.997*** (-4.36)	-1.243*** (-4.15)	-0.232*** (-3.86)
$Mis\times MP_3$				-0.241** (-2.49)	-0.373*** (-3.20)	-0.074*** (-3.14)
Macro	-5.873*** (-4.85)	-8.046*** (-4.45)	-1.525*** (-4.14)	-1.765*** (-7.56)	-2.414*** (-7.82)	-0.445*** (-7.25)
Size	0.047 (0.83)	0.078 (0.96)	0.004 (0.24)	0.047 (0.84)	0.080 (0.98)	0.004 (0.26)
Lev	0.924*** (4.59)	1.380*** (4.75)	0.260*** (4.74)	0.922*** (4.57)	1.373*** (4.72)	0.259*** (4.70)
Age	0.242*** (3.74)	0.361*** (3.81)	0.063*** (3.60)	0.242*** (3.75)	0.363*** (3.83)	0.064*** (3.61)
Roe	0.099 (0.26)	0.295 (0.51)	0.033 (0.31)	0.101 (0.26)	0.312 (0.54)	0.036 (0.34)
Cash	-0.708* (-1.66)	-0.934 (-1.51)	-0.140 (-1.21)	-0.684 (-1.60)	-0.901 (-1.45)	-0.133 (-1.15)

续表

	(1) Plgdum	(2) Plgdum	(3) Plgfrep	(4) Plgfrep	(5) Plgrat	(6) Plgrat
Fdgap	0. 157 ** (2. 25)	0. 260 ** (2. 51)	0. 060 *** (2. 90)	0. 159 ** (2. 28)	0. 264 ** (2. 55)	0. 060 *** (2. 94)
Tobinq	-0. 095 *** (-3. 52)	-0. 138 *** (-3. 45)	-0. 028 *** (-3. 75)	-0. 096 *** (-3. 54)	-0. 139 *** (-3. 45)	-0. 028 *** (-3. 77)
Tngble	-0. 311 (-0. 97)	-0. 543 (-1. 15)	-0. 107 (-1. 24)	-0. 305 (-0. 96)	-0. 523 (-1. 11)	-0. 103 (-1. 20)
State	-2. 489 *** (-17. 03)	-3. 344 *** (-19. 31)	-0. 624 *** (-19. 79)	-2. 491 *** (-17. 05)	-3. 343 *** (-19. 30)	-0. 623 *** (-19. 81)
Shrhfd	1. 121 *** (3. 00)	1. 658 *** (3. 03)	0. 196 ** (2. 00)	1. 119 *** (2. 99)	1. 659 *** (3. 03)	0. 196 ** (2. 00)
Bsize	0. 340 (1. 35)	0. 442 (1. 22)	0. 088 (1. 33)	0. 338 (1. 35)	0. 437 (1. 20)	0. 087 (1. 32)
Indrct	0. 622 (0. 74)	0. 437 (0. 37)	0. 036 (0. 17)	0. 622 (0. 74)	0. 425 (0. 36)	0. 034 (0. 16)
Dual	0. 059 (0. 74)	0. 084 (0. 72)	0. 016 (0. 76)	0. 059 (0. 74)	0. 085 (0. 72)	0. 016 (0. 76)
Mnghld	0. 633 ** (2. 23)	0. 739 * (1. 76)	0. 118 (1. 53)	0. 630 ** (2. 22)	0. 737 * (1. 75)	0. 117 (1. 53)
Salary	-0. 113 (-1. 52)	-0. 160 (-1. 44)	-0. 038 * (-1. 87)	-0. 111 (-1. 50)	-0. 159 (-1. 42)	-0. 038 * (-1. 86)
_cons	7. 780 ** (2. 49)	10. 361 ** (2. 22)	2. 221 ** (2. 37)	-2. 174 (-1. 59)	-3. 310 * (-1. 66)	-0. 399 (-1. 10)
Ind	Yes	Yes	Yes	Yes	Yes	Yes
Yq	Yes	Yes	Yes	Yes	Yes	Yes
N	74003	74834	74834	74003	74834	74834
Pseudo R^2	0. 1719	0. 1284	0. 1752	0. 1718	0. 1282	0. 1750
chi2	1388. 82			1381. 03		

注：表中数值为变量的回归系数，括号内为回归系数的 T 值，*、**、*** 分别表示在 10%、5% 和 1% 的显著性水平下显著。

模型（4）至模型（6）中，股票误定价（Mis）的回归系数仍均在1%的显著性水平下为正；货币政策（MP_3）的回归系数均在1%的显著性水平下为负；股票误定价（Mis）与货币政策（$Rate_3$）的交互项（$Mis \times MP_3$）的回归系数分别在5%、1%和1%的显著性水平下为负。这表明，信贷市场环境是控股股东股权质押决策时考虑的重要因素，存在信贷市场的择时动机。与前面研究结论一致，说明研究结论稳健。

第三，本部分采用贷款期限为1~3年和3~5年的中长期贷款利率检验利率水平变化对控股股东股权质押决策的影响。分别以1~3年和3~5年的中长期贷款利率的中位数为标准，将贷款利率高于中位数定义为高利率时期，则$Rate_2$和$Rate_3$取1；反之，将其定义为低利率时期，则$Rate_2$和$Rate_3$取0。在此基础上重新进行回归，表3-11报告了回归结果。

表3-11　利率水平、股票误定价与股权质押：$Rate_2$和$Rate_3$

	(1) Plgdum	(2) Plgdum	(3) Plgfrep	(4) Plgfrep	(5) Plgrat	(6) Plgrat
Mis	0.590*** (6.02)	0.943*** (6.75)	0.167*** (6.45)	0.590*** (6.02)	0.943*** (6.75)	0.167*** (6.45)
$Rate_2$	-0.936*** (-7.72)	-1.426*** (-8.19)	-0.252*** (-7.40)			
$Mis \times Rate_2$	-0.289** (-2.18)	-0.506*** (-2.76)	-0.095*** (-2.69)			
$Rate_3$				-0.936*** (-7.72)	-1.426*** (-8.19)	-0.252*** (-7.40)
$Mis \times Rate_3$				-0.289** (-2.18)	-0.506*** (-2.76)	-0.095*** (-2.69)
Macro	0.150 (1.24)	0.226 (1.32)	0.035 (1.00)	0.150 (1.24)	0.226 (1.32)	0.035 (1.00)
Size	0.048 (0.85)	0.082 (1.00)	0.004 (0.28)	0.048 (0.85)	0.082 (1.00)	0.004 (0.28)
Lev	0.921*** (4.56)	1.368*** (4.70)	0.258*** (4.69)	0.921*** (4.56)	1.368*** (4.70)	0.258*** (4.69)

续表

	(1) Plgdum	(2) Plgdum	(3) Plgfrep	(4) Plgfrep	(5) Plgrat	(6) Plgrat
Age	0.243*** (3.76)	0.364*** (3.84)	0.064*** (3.62)	0.243*** (3.76)	0.364*** (3.84)	0.064*** (3.62)
Roe	0.106 (0.27)	0.325 (0.56)	0.038 (0.36)	0.106 (0.27)	0.325 (0.56)	0.038 (0.36)
Cash	-0.670 (-1.57)	-0.880 (-1.42)	-0.129 (-1.12)	-0.670 (-1.57)	-0.880 (-1.42)	-0.129 (-1.12)
Fdgap	0.159** (2.28)	0.264** (2.54)	0.060*** (2.94)	0.159** (2.28)	0.264** (2.54)	0.060*** (2.94)
Tobinq	-0.097*** (-3.59)	-0.142*** (-3.52)	-0.029*** (-3.83)	-0.097*** (-3.59)	-0.142*** (-3.52)	-0.029*** (-3.83)
Tngble	-0.304 (-0.95)	-0.523 (-1.11)	-0.103 (-1.20)	-0.304 (-0.95)	-0.523 (-1.11)	-0.103 (-1.20)
State	-2.492*** (-17.04)	-3.344*** (-19.29)	-0.624*** (-19.79)	-2.492*** (-17.04)	-3.344*** (-19.29)	-0.624*** (-19.79)
Shrhfd	1.124*** (3.00)	1.669*** (3.04)	0.197** (2.02)	1.124*** (3.00)	1.669*** (3.04)	0.197** (2.02)
Bsize	0.342 (1.37)	0.446 (1.23)	0.089 (1.35)	0.342 (1.37)	0.446 (1.23)	0.089 (1.35)
Indrct	0.637 (0.76)	0.471 (0.40)	0.043 (0.20)	0.637 (0.76)	0.471 (0.40)	0.043 (0.20)
Dual	0.059 (0.74)	0.085 (0.72)	0.017 (0.76)	0.059 (0.74)	0.085 (0.72)	0.017 (0.76)
Mnghld	0.633** (2.23)	0.741* (1.76)	0.118 (1.54)	0.633** (2.23)	0.741* (1.76)	0.118 (1.54)
Salary	-0.110 (-1.49)	-0.156 (-1.40)	-0.038* (-1.83)	-0.110 (-1.49)	-0.156 (-1.40)	-0.038* (-1.83)
_cons	-2.546* (-1.86)	-3.877* (-1.95)	-0.507 (-1.40)	-2.546* (-1.86)	-3.877* (-1.95)	-0.507 (-1.40)

续表

	(1) Plgdum	(2) Plgdum	(3) Plgfrep	(4) Plgfrep	(5) Plgrat	(6) Plgrat
Ind	Yes	Yes	Yes	Yes	Yes	Yes
Yq	Yes	Yes	Yes	Yes	Yes	Yes
N	74003	74834	74834	74003	74834	74834
Pseudo R^2	0. 1718	0. 1283	0. 1752	0. 1718	0. 1283	0. 1752
chi2	1395. 672			1395. 672		

注：表中数值为变量的回归系数，括号内为回归系数的 T 值，*、**、*** 分别表示在 10%、5% 和 1% 的显著性水平下显著。

在模型（1）至模型（3）中，股票误定价（Mis）的回归系数均在 1% 的显著性水平下为正；利率水平（$Rate_2$）的回归系数均在 1% 的显著性水平下为负；股票误定价（Mis）与利率水平（$Rate_2$）的交互项（$Mis \times Rate_2$）的回归系数分别在 5%、1% 和 1% 的显著性水平下为负。

在模型（4）至模型（6）中，股票误定价（Mis）的回归系数仍均在 1% 的显著性水平下为正；利率水平（$Rate_3$）的回归系数均在 1% 的显著性水平下为负；股票误定价（Mis）与利率水平（$Rate_3$）的交互项（$Mis \times Rate_3$）的回归系数分别在 5%、1% 和 1% 的显著性水平下为负。这说明控股股东股权质押决策存在信贷市场的择时动机，倾向于低利率时期质押股权，高利率时期质押意愿减弱，信贷市场环境会影响控股股东股权质押意愿和质押规模。与前面研究结论一致，说明研究结论是稳健的。

第四，为了检验不同融资约束程度下股票误定价对控股股东股权质押决策的影响，以销售收入增长率（Growth）作为投资机会替代变量替代（Tobinq）构建融资约束水平程度KZ_2指数，在此基础上进行回归，表 3 - 12 报告了回归结果。模型（1）至模型（9）中，股票误定价变量（Mis）的回归系数均在 1% 的显著性水平下为正，与前面回归结果一致；融资约束程度（KZ_2）的回归系数在全样本组和低约束组均在 1% 的显著性水平下为正，KZ_2在高约束组的回归系数虽也为负，但并不显著，与前面研究结果一致；股票误定价（Mis）与融资约束程度（KZ_2）的交互项（$Mis \times KZ_2$）的回归系数在全样本组和高约束组分别在 5%、10%、5%、5%、1% 和 1% 的显著性水平下为负，低约束组的回归系数虽为正，但并不显著，与前面研究结果一致。这说明，在公司面临融资约束，尤其是较高融资约束的情况下，控股股东股权质押的市场择时动机减弱了。与前面研究结论保持一致，说明研究结论是稳健的。

表 3－12　融资约束、股票误定价与股权质押：Growth 替代 Tobinq

	Plgdum			Plgfrep			Plgrat		
	(1)	(2)	(3)	(4)	(5)	(6)	(7)	(8)	(9)
	全样本	高约束	低约束	全样本	高约束	低约束	全样本	高约束	低约束
Mis	0.549*** (5.55)	0.668*** (4.42)	0.603*** (4.66)	0.839*** (5.99)	0.945*** (5.02)	0.929*** (5.01)	0.148*** (5.73)	0.164*** (4.73)	0.166*** (4.74)
KZ_2	0.074*** (2.86)	-0.061 (-0.87)	0.098*** (3.24)	0.113*** (2.95)	-0.116 (-1.17)	0.144*** (3.36)	0.019*** (2.58)	-0.027 (-1.40)	0.025*** (3.04)
$Mis \times KZ_2$	-0.035** (-2.57)	-0.081* (-1.75)	0.015 (0.99)	-0.050** (-2.46)	-0.103** (-2.35)	0.020 (0.81)	-0.010*** (-2.66)	-0.019*** (-2.58)	0.002 (0.49)
Macro	-1.812*** (-7.78)	-1.646*** (-5.41)	-1.896*** (-4.93)	-2.491*** (-8.08)	-2.191*** (-5.57)	-2.695*** (-5.46)	-0.459*** (-7.48)	-0.407*** (-5.35)	-0.502*** (-5.05)
Size	0.040 (0.72)	0.023 (0.32)	0.009 (0.13)	0.069 (0.84)	0.035 (0.35)	0.028 (0.28)	0.001 (0.08)	-0.006 (-0.35)	-0.005 (-0.27)
Lev	0.552** (2.20)	0.860** (2.13)	1.004*** (2.89)	0.799** (2.19)	1.214** (2.13)	1.489*** (2.94)	0.165** (2.38)	0.261** (2.41)	0.297*** (3.06)
Age	0.229*** (3.55)	0.231*** (2.71)	0.265*** (3.64)	0.338*** (3.58)	0.336*** (2.73)	0.382*** (3.65)	0.059*** (3.38)	0.054** (2.43)	0.072*** (3.57)
Roe	0.229 (0.59)	0.119 (0.27)	-0.193 (-0.27)	0.511 (0.88)	0.187 (0.31)	0.005 (0.00)	0.069 (0.65)	0.023 (0.20)	-0.064 (-0.32)
Cash	0.364 (0.65)	-1.231 (-1.40)	0.762 (0.99)	0.736 (0.90)	-1.805 (-1.42)	1.280 (1.13)	0.135 (0.87)	-0.348 (-1.44)	0.218 (1.00)
Fdgap	0.178** (2.51)	-0.065 (-0.72)	0.422*** (3.47)	0.294*** (2.79)	-0.077 (-0.59)	0.645*** (3.69)	0.064*** (3.10)	-0.010 (-0.38)	0.135*** (3.84)
Tobinq	-0.097*** (-3.59)	-0.109*** (-3.14)	-0.074** (-2.16)	-0.141*** (-3.51)	-0.152*** (-3.19)	-0.109** (-2.07)	-0.029*** (-3.84)	-0.030*** (-3.45)	-0.022** (-2.20)
Tngble	-0.433 (-1.34)	-0.713* (-1.81)	-0.377 (-0.93)	-0.727 (-1.52)	-1.104* (-1.94)	-0.603 (-1.03)	-0.137 (-1.58)	-0.218** (-2.12)	-0.096 (-0.89)

续表

	Plgdum			Plgfrep			Plgrat		
	(1)	(2)	(3)	(4)	(5)	(6)	(7)	(8)	(9)
	全样本	高约束	低约束	全样本	高约束	低约束	全样本	高约束	低约束
State	-2.493*** (-17.08)	-2.395*** (-13.51)	-2.522*** (-14.17)	-3.345*** (-19.34)	-3.161*** (-15.43)	-3.370*** (-16.08)	-0.624*** (-19.82)	-0.582*** (-15.70)	-0.640*** (-16.48)
Shrhfd	1.146*** (3.07)	1.785*** (3.87)	0.485 (1.06)	1.697*** (3.10)	2.679*** (4.06)	0.676 (1.02)	0.202** (2.07)	0.370*** (3.18)	0.026 (0.21)
Bsize	0.357 (1.43)	0.414 (1.33)	0.370 (1.23)	0.464 (1.28)	0.526 (1.19)	0.485 (1.13)	0.092 (1.40)	0.096 (1.21)	0.104 (1.28)
Indrct	0.615 (0.74)	0.801 (0.77)	0.735 (0.73)	0.413 (0.35)	0.475 (0.34)	0.853 (0.59)	0.032 (0.15)	0.083 (0.33)	0.075 (0.28)
Dual	0.062 (0.78)	0.080 (0.78)	0.058 (0.62)	0.089 (0.76)	0.135 (0.89)	0.069 (0.52)	0.017 (0.80)	0.020 (0.73)	0.020 (0.77)
Mnghld	0.637** (2.24)	1.756*** (4.79)	-0.035 (-0.10)	0.741* (1.76)	2.509*** (4.67)	-0.238 (-0.48)	0.118 (1.54)	0.458*** (4.71)	-0.069 (-0.76)
Salary	-0.108 (-1.46)	-0.077 (-0.92)	-0.144 (-1.47)	-0.155 (-1.39)	-0.100 (-0.86)	-0.203 (-1.33)	-0.037* (-1.82)	-0.025 (-1.13)	-0.049* (-1.72)
_cons	-1.991 (-1.46)	-2.056 (-1.33)	-1.523 (-0.90)	-2.984 (-1.50)	-2.966 (-1.37)	-2.393 (-0.95)	-0.336 (-0.93)	-0.330 (-0.84)	-0.242 (-0.52)
Ind	Yes	Yes	Yes	Yes	Yes	Yes	Yes	Yes	Yes
Yq	Yes	Yes	Yes	Yes	Yes	Yes	Yes	Yes	Yes
N	74003	36415	37339	74834	37001	37833	74834	37001	37833
Pseudo R^2	0.1724	0.2033	0.1655	0.1286	0.1525	0.1240	0.1755	0.2101	0.1694
chi2	1421.54	987.06	1080.24						

注：表中数值为变量的回归系数，括号内为回归系数的T值，*、**、***分别表示在10%、5%和1%的显著性水平下显著。

第五，内生性检验。对于本章股票误定价影响股权质押的结论可能存在质疑，究竟是股权质押影响了股票误定价还是股票误定价影响了股权质押，本章借鉴张传财和陈汉文（2017）等的做法，本章以当期股权质押特征为因变量，用股票误定价与控制变量滞后一期的值对其进行回归分析，回归结果见表3-13。内生性检验结果与主检验结果一致，说明本章研究结论具有一定的稳健性。

表 3-13　股票误定价与股权质押：自变量和控制变量滞后一期

	Plgdum		Plgfrep		Plgrat	
	(1)	(2)	(3)	(4)	(5)	(6)
L. Mis	0.556*** (10.79)	0.473*** (4.87)	0.974*** (11.00)	0.732*** (5.36)	0.157*** (10.24)	0.122*** (4.88)
L. Macro		-1.923*** (-7.76)		-2.639*** (-8.11)		-0.479*** (-7.46)
L. Size		0.029 (0.52)		0.053 (0.65)		-0.003 (-0.17)
L. Lev		1.040*** (5.08)		1.533*** (5.19)		0.290*** (5.22)
L. Age		0.171*** (2.64)		0.258*** (2.70)		0.043** (2.43)
L. Roe		0.317 (0.77)		0.632 (1.06)		0.107 (0.97)
L. Cash		-1.184** (-2.55)		-1.664** (-2.48)		-0.289** (-2.34)
L. Fdgap		0.051 (0.63)		0.064 (0.55)		0.017 (0.76)
L. Tobinq		-0.083*** (-3.07)		-0.118*** (-2.94)		-0.025*** (-3.33)
L. Tngble		-0.076 (-0.23)		-0.192 (-0.40)		-0.041 (-0.48)
L. State		-2.488*** (-17.03)		-3.335*** (-19.22)		-0.617*** (-19.71)
L. Shrhfd		1.190*** (3.17)		1.789*** (3.25)		0.216** (2.22)
L. Bsize		0.289 (1.15)		0.386 (1.06)		0.079 (1.20)
L. Indrct		0.605 (0.72)		0.460 (0.39)		0.048 (0.22)

续表

	Plgdum		Plgfrep		Plgrat	
	(1)	(2)	(3)	(4)	(5)	(6)
L. Dual		0.051 (0.64)		0.074 (0.62)		0.014 (0.65)
L. Mnghld		0.563** (2.01)		0.644 (1.55)		0.096 (1.28)
L. Salary		-0.112 (-1.51)		-0.170 (-1.53)		-0.040* (-1.93)
_cons	-2.659*** (-57.64)	-1.695 (-1.23)	-5.166*** (-44.11)	-2.501 (-1.25)	-0.964*** (-35.43)	-0.232 (-0.64)
Ind	No	Yes	No	Yes	No	Yes
Yq	No	Yes	No	Yes	No	Yes
N	70990	67836	70990	68610	70990	68610
Pseudo R^2	0.0129	0.1714	0.0104	0.1277	0.0117	0.1750
chi2	116.357	1288.801				

注：表中数值为变量的回归系数，括号内为回归系数的 T 值，*、**、*** 分别表示在 10%、5% 和 1% 的显著性水平下显著。

本章小结

一、研究结论

只要企业负债，控股股东或管理层就有动机采取减少企业价值的行为，例如，通过发放清算性股利或投资于高风险项目来侵占债权人的利益（Watts and Zimmerman，1986）。信息共享和抵押担保品都是帮助银行降低逆向选择成本的重要手段，为了尽可能地减少因债务人违约而造成的损失，银行等债权人通常在信贷合约中要求债务人提供抵押担保品作为损失的补偿，降低债务代理成本，以保证债权的安全和实现（Artashes and Stacescu，2014）。银行等债权人对抵押担保品的追索权，具有增强债务人还款意愿、激励合约执行的作用（Barro，1976）。在我国信贷市场中，相对于国有企业，民营企业从银行贷款往往被要求提供抵押担保品（An et al.，2014），家族控股公司的抵押担保品使用率更高（Pan and Tian，2016）。作为权利质押形式之一的股权质押，就是为保障债权实现而设立的一种担保物权，股权质权担保力的大小关乎债权的安全，与质权人的切身利益相关（阎天怀，1999）。股权质押实质上是一种信用扩张的融资杠杆操作行为（沈仰斌和黄志仁，2001），控股股东经由质押股权将其沉没在资产负债表上的"静态"股权转化为"动态"的可用资本，使财务资源的杠杆效应得以充分发挥，是一种将"经济存量"转变为"经济能量"的有效财务策略（艾大力和王斌，2012）。股权质权的担保功能源于股权的价值[①]，股权的价值是股权质权担保功能的基础，股权担保力的高低最终取决于股权的价值。股权的市场价格是股权价值的表现形式，是股权在让渡时的货币反映。出质股权的市场价格是衡量股权质权担保力的直接依据，以其内在价值为基础，但也受到市场供求、利率水平和质押期限等其他因素的影响。诚然，股权质押与股票市场行情、信贷市场环境休戚相关，股票市场行情和信贷市场环境两者决定了股权质权担保力的大小，进而决定了股权质押贷款规模以及贷款成本。

基于控股股东股权质押决策存在市场择时动机，本章选择 2007～2016 年沪深两市 A 股上市公司为样本，从资本市场错误定价这一外部视角考察控股股东股权质押决策的背后逻辑。研究发现：（1）在中国资本市场上，控股股东股权质押已成为一种常态。控股股东股权质押决策存在利用股票市场误定价，相机质押股权的市场择时动机。股票误定价所导致的质押股权的价值变化直接改变了控股股东标的资产质量和信贷条件，在某种程度上也为控股股东的资产状况提供了"背书"。为此，当股价被高估时，控股股东股权质押的意愿增强，股权质押规模扩大；当股价被低估时，控股股东股权质押的意愿明显减弱，倾向缩减股权质押规模。控股股东根据股票市场行情动态调整其股权质押策略，以最大化其自身利益。（2）信贷市场环境同样是影响控股股东股权质押决策的重要因素。当货币政策趋于宽松或利率水平较低时，相对容易从银行取得贷款，且贷款成本较低，此时控股股东股权质押意愿增

① 闫天怀（1999）认为，股权价值的内涵包括两项：一是红利，二是分配公司的剩余财产。因此，出质股权价值取决于：（1）可获得红利的多寡；（2）可分得公司剩余财产的多寡；（3）出质股权的比例。

强，股权质押规模扩大，这种效应在股价被高估的情况下最为明显；当货币政策趋于从紧或利率水平较高时，相对困难从银行取得贷款，且贷款成本上升，此时控股股东股权质押意愿明显变弱，且减少股权质押规模，这种效应在股价被低估的情形下最为明显。控股股东股权质押决策的市场择时动机不仅表现在股票市场，还充分表现在信贷市场。（3）通过考察不同融资约束程度下股票误定价对控股股东股权质押决策的影响，发现对于高融资约束公司来说，股票误定价对控股股东股权质押意愿和质押规模存在显著的负向影响；而且，这种负向影响随着公司融资约束水平的增加存在递增的趋势。这可能因为，虽然股价被高估改变了质押标的股权价值，为控股股东的资信条件提供了"背书"，但由于控股股东所持股公司面临较高融资约束，暗示公司偿债能力有限，违约风险相对较高，此时银行对于控股股东质押标的股票将会大打折扣，控股股东只能从银行取得有限规模的贷款，又丧失了质押期内由质押股权产生的现金流受益权，这样控股股东股权质押融资成本变相显著增加。同时，控股股东质押股权后，还可能面临着质押标的股票价格下跌，其自身偿债能力不足等"财务压力"，进而触发"控制权转移风险"。该研究意味着，在公司面临融资约束，尤其是较高融资约束的情况下，控股股东股权质押的市场择时动机明显减弱了。

本章从资产误定价的视角考察了控股股东股权质押的市场择时动机，以及这一过程中的调节因素，以经验证据证实了我国资本市场的有效性及其资源配置效率。

二、研究启示

有效市场假说是以传统资本市场理论为基础而建立起来的，在承认资本市场重要性的同时，将资本市场的营运效率作为前提，强调资本市场的资源配置效率。有效市场假说的倡导者认为，市场的有效性集中体现在证券的价格上，证券价格在任何时点上都是其内在价值的真实反映。在有效的市场中，任何投资者都不能通过获得对任何渠道来源的信息的分析获取非正常报酬①，

① 非正常报酬是指在给定风险下，超过期望收益的部分。

即证券价格反映了所有信息，包括公开与私有信息。

资产误定价异象发生于控股股东股权质押过程中，既表现在股票市场上的择时动机，又体现在信贷市场上的择时动机。这表明资本市场并非完全有效的，以控股股东为代表的内部人能够识别投资者的认知偏差，迎合其非理性偏好，会对资产误定价做出反应而筹集更多资本。股价被高估的公司可能会利用资本市场误定价，通过发行新证券或债务融资从新证券投资者或银行手中获取最大化的收益，实现财富由投资者向公司股东的转移，过高的估值偏误会导致更大规模的融资和投资。资本市场估值偏误的经济后果是十分严重的，不仅会导致其资源配置功能的失效，扭曲公司投融资行为，还会对实体经济产生致命性的冲击。纵观近代历次金融经济危机，发现历次区域或者全球金融经济危机，其主要根源在于金融市场严重脱离实体经济需求，实体经济与金融市场的关系本末倒置，导致市场上投机过度、泡沫严重，并最终通过爆发金融经济危机这一极端方式释放出来，促进市场被动出清，重回理性。

由于我国资本市场建立相对较晚，各方面体制机制尚不健全，市场投机严重、缺乏价值投资，股市泡沫盛行，还有赖于形成一套高效合理的内在运行机制，以服务于实体经济为根本导向，实现有效对接实体经济中各类投融资需求，促进资源的优化配置。为此，推进金融体制机制改革，健全多层次资本市场，制止金融“脱实向虚”，服务于实体经济发展需求，是当前及未来我国经济体制机制改革工作的重中之重，同时也是化解当前经济社会“高负债”和“高杠杆”危机的根本性抓手。

第四章

股权质押、资产误定价与股价同步性

第一节 引 言

现代财务理论的基石——有效市场假说认为，资本市场是有效的，证券价格中已经包含所有公开信息和私有信息，证券价格在任何时点上都是其内在价值的真实反映，任何投资者都不能通过对任何渠道来源信息的分析获取超额报酬（Fama，1970）。换而言之，在有效市场假设条件下，投资者是完全理性的，证券价格是其内在价值的真实表现，它只会围绕其内在价值上下波动，而不会长期偏离其内在价值。事实上，有效市场假说的前提在现实中很难成立，资本市场并非完全有效的，证券价格与其内在价值不一致的情形时常发生。在非有效市场中，证券价格并不能及时反映过去、现在和未来的信息，并且投资者的预期受其有限理性的影响，往往会导致证券价格高于或低于其内在价值，而且由于套利活动限制使证券价格偏离其内在价值被错误定价的“异象”并不会消失。

资产误定价作为资本市场上的“异象”之一，对传统的资本资产定价理论提出了挑战。已有研究将造成“误定价异象”的原因归结为两类：一是从传统财务理论出发，基于信息不对称理论，认为会计盈余是资产定价的基础，管理者的盈余管理活动可能会造成错误定价，以及信息披露行为和信息披露质量等都会对资本市场上资产定价产生影响（Sloan，1996；Xie，2001）。财务会计信息是资本市场信息的重要来源，其质量高低直接决定了资本市场的有效性，因此会计信息质量对资本市场上资产定价具有决定性的影响。二是从行为金融理论出发，认为投资者非理性的认知和偏好以及受限的套利活动是造成资本市场错误定价的主要原因（Barberis and Thaler，2003；Baker and Wurgler，2011）。作为投资决策主体，投资者对资产定价具有直接影响。现实中，资本市场上的各类投资者对资产价格的认知分布是有限理性的，存在各种各样的认知偏差，这使其无法达到理性预期和效用最大化，在投资决策中往往会犯错，难以用完全理性地对市场做出一致的无偏估计。

与境外成熟资本市场相比，中国资本市场起步相对较晚，由于制度环境等因素的制约，市场定价机制还不够成熟，市场有效程度还不够高，市场基础功能还不够完善，股票价格的暴涨暴跌现象时有发生（许年行等，2013）。这些问题的存在暗示着，作为新兴市场的中国资本市场，资产误定价异象可能会更加严重。资本市场错误定价不仅会导致其资源配置功能的失效，扭曲公司投融资行为，还会对实体经济产生致命性的冲击。为此，探索资本市场误定价问题的产生机理，是当前我国资本市场乃至国际资本市场研究领域的重要课题。在中国资本市场上，上市公司控股股东股权质押融资成为一种常态。鉴于股权质押这一融资方式的特殊性，为研究中国资本市场上的资产误定价“异象”提供了一个独特的视角。前面研究已证实，控股股东股权质押决策存在利用资本市场误定价，相机选择质押的市场择时动机，而且其市场择时动机既表现在股票市场上，同时又表现在信贷市场上，最终目的都是最大化个人利益。那么，控股股东股权质押是通过何种途径或手段干扰资产定价，实现其市场择时目的？对这一问题的探讨，有助于深入了解控股股东股权质押决策的背后逻辑，剖析资产误定价形成的内在机理，并为利益相关者识别资产误定价“异象”，采取应对措施提供决策依据，促进资本市场健康有序发展。

第二节　理论分析与研究假设

控股股东股权质押融资活动是我国资本市场上一个非常普遍的现象。所谓股权质押是指出质人（股东）以其所拥有的股权作为质押标的向金融机构申请贷款或为第三方提供贷款担保的行为（闫天怀，1999；谢德仁等，2016；李常青和幸伟，2017）。股权质押实质上是一种信用扩张的融资杠杆操作行为（沈仰斌和黄志仁，2001），控股股东通过质押股权将其沉没在资产负债表上的“静态”股权转化为“动态”的可用资本，使财务资源的杠杆效应得以充分发挥，是一种将“经济存量”转变为“经济能量”的有效财务策略（艾大力和王斌，2012）。股权质权的担保功能源自股权的价值①，股权的价值是股权质权担保功能的基础（闫天怀，1999），因而质押股权的价值决定了控股股东能够从银行等金融机构取得的贷款规模以及贷款成本。显然，股票的市场估值水平直接决定了质押股权的价值，将会对控股股东股权质押决策产生直接影响（徐寿福等，2016）。股票误定价所导致的质押股权价值的变化改变了控股股东的资产质量和信贷条件，尤其是当股价被高估时，在某种程度上也为控股股东的资产状况提供了“背书”。因此，控股股东股权质押决策存在利用股票误定价，相机选择质押股权的市场择时动机。由于股权的价值极易受到公司状况和市场行情的影响，特别是在以股权出质的情形下，质押股权的价值经常处于变化之中，控股股东可能会面临质押股权价值下降、自身偿债能力有限等“财务压力”，进而触发“控制权让位风险”（王斌等，2013）。由于对股价变化更为敏感，在股权质押前后，控股股东皆有强烈动机保持公司股价的稳定甚至抬高股价。盈余管理被认为是对通行财务会计准则的一种规则利用，以误导利益相关者对企业潜在经营活动的理解，或影响基于财务报告数字的契约结果（Healy and Wahlen，1999），是以获取私人团体利益的“信息披露管理”（闻岳春和夏婷，2016）。公司管理者不仅可以通过应计项目操控盈余，也可以通过真实活动操控盈余（Roychowdury，2006）；而且，在操纵盈余时，管理者会替代性地采用应计项目盈余管理和真实活动盈余管理两种方式（Zang，2005、2006）。由于股价的易变性，股权质押之前控股股东可能会通过盈余管理等方式抬高股价，以便能够从金融机构取得更多的贷款；股权质押之后为了避免控制权转移风险，质押股权的控股股东可能会通过盈余管理来提高企业业绩，从而维持较高的

---

① 闫天怀（1999）认为，股权价值的内涵包括两项：一是红利，二是分配公司的剩余财产。因此，出质股权价值取决于：（1）可获得红利的多寡；（2）可分得公司剩余财产的多寡；（3）出质股权的比例。

股价。因此，控股股东的股权质押行为使其有强烈动机影响公司的盈余信息披露，影响公司股票价格，导致股价中的噪声信息增多、公司的股价同步性下降。

一、股权质押与盈余管理

股权质押融资是担保贷款的一种形式，股权质权的担保功能源于股权的价值，股权的价值是股权质权担保功能的基础（闫天怀，1999）。因而，股票市场的估值水平直接决定了质押股权的价值，从而决定了控股股东能够从金融机构取得的贷款规模以及贷款成本（Chen et al.，2007；Kao and Chen，2007；徐寿福等，2016）。通常情况下，控股股东能够从金融机构取得质押标的股票价值三成至六成的资金，质押标的股票价格波动越大其能够贷到的成数就越低。[①] 但是，用于质押的标的股票通常在市场上公开交易，股票价格受到多种因素干扰易发生波动，导致质押标的股票升值或贬值。当股票价格上涨时，质押标的股票的价值随之上升，此时控股股东能从金融机构获得更多贷款；反之，当股票价格下跌，质押标的股票的价值随之下降，在贷款市值比降至警戒线时，金融机构会要求控股股东按照合约规定及时补足质押品、追加保障金或提前偿还部分贷款。[②] 因此，为了取得较高的贷款成数和规避控制权转移风险，同时也为了减轻追加保证金或者被迫提前还款的压力而衍生的股价稳定需求，使质押股权的控股股东存在具有强烈的股票市值管理动机。虽然股票价格受公司层面信息和市场层面信息的影响，但公司层面

① 深圳证券交易所和上海证券交易所发布的《股票质押式回购交易及登记结算业务办法（2018 年修订）》第 67 条规定：证券公司应当依据标的证券资质、融入方资信、回购期限、第三方担保等因素确定和调整标的证券的质押率上限，其中股票质押率上限不得超过 60%。以有限售条件股份作为标的证券的，质押率的确定应根据该上市公司的各项风险因素全面认定并原则上低于同等条件下无限售条件股份的质押率。质押率是指初始交易金额与质押标的证券市值的比率。

② 根据中国人民银行和中国证监会发布的《证券公司股票质押贷款管理办法（2004）》第 27 条规定：为控制因股票价格波动带来的风险，特设立警戒线和平仓线。警戒线比例（质押股票市值/贷款本金 ×100%）最低为 135%，平仓线比例（质押股票市值/贷款本金 ×100%）最低为 120%。在质押股票市值与贷款本金之比降至警戒线时，贷款人应要求借款人即时补足因证券价格下跌造成的质押价值缺口。在质押股票市值与贷款本金之比降至平仓线时，贷款人应及时出售质押股票，所得款项用于还本付息，余款清退给借款人，不足部分由借款人清偿。

的盈余信息是投资者在股票估值时最为看重的信息之一。为了进行市值管理以稳定股价乃至抬高股价，这些质押股权的控股股东自然会关注公司的盈余信息，必要时还会直接利用其对公司的控制权促使管理者进行盈余管理活动。显然，控股股东不仅具有进行盈余管理的动机，同时还具备实施盈余管理的能力。那么，控股股东究竟是通过应计项目操控盈余，还是通过真实活动操控盈余，又或者两者兼有？对于盈余管理方式的选择，是管理者“报表粉饰”需要与投资者“信息透明”监督能力双方博弈的结果（谭燕和吴静，2016）。换而言之，企业管理者在选择盈余管理方式时通常会考虑两种因素：一是不同盈余管理方式可能的经济后果，根据自身的盈余管理动机并考虑所选择的盈余管理方式能否实现目的；二是公司内外部的监管环境是否允许实施所选择的盈余管理方式，也即既定环境下企业管理者会优先考虑风险与成本最小的盈余操控方式。在现实经济活动中，通常采用的盈余管理方式主要是应计项目操控的盈余管理和真实活动操控的盈余管理两种。其中，应计项目的盈余管理是指企业管理者运用会计处理方式来平滑账面利润，这并不会改变企业内在的经济活动，也不会影响公司的现金流量（Zang，2006），该方法具有操作难度小、成本低的优势，但应计项目操控易被审计师与监管部门所察觉（Gunny，2005）。真实盈余管理活动则涉及对真实交易和业务活动的操控，主要通过改变真实商业活动的时间和结构来改变企业盈余，如期末异常促销、提供宽松的信用政策、削减研发支出以及降低单位生产成本。由于真实盈余管理活动通常需要其他企业或者部门的协作并且可能涉及真实经济活动的操控，实施成本相对较高（Cohen and Zarowin，2010），但具有难以审计和监管的特点。

对于控股股东来说，在股权质押之前，股票的市场估值水平直接决定了其能够从银行取得的贷款规模及贷款成本；在股权质押之后，质押股权的价值下降可能使其直接面临追加质押或提供保证金的财务压力，进而还可能触发“控制权转移风险”。股权质权的担保功能源自股权的价值，股权的价值是股权质权担保功能的基础（闫天怀，1999）。因此，在股权质押前后，控股股东具有“盈余操控”的强烈动机，通过操控盈余影响公司股价的方式，以获得贷款资格或更多贷款金额。但是，由于应计盈余管理在本质上并没有改变公司盈余总额，只是利用会计政策或会计估计的弹性调整各期的盈余分布，从而对标的股票的价值造成负面影响。在股权质押之前，如果采用应计盈余管理方式，这很可能会增加质押后标的股票价格下跌、被迫追加质押的风险。因此，应计盈余管理方式并不是控股股东调控公司股价的最佳选择。会计信息在债权人决策中发挥着重要的作用，会计信息影响债权人的决策和产权保护（Leftwich，1983；陆正飞，2008）。虽然债务合约中的会计信息能够在一定程度上反映债务人的偿债能力，但由于会计信息固有的局限性，债务合约极易受到企业盈余管理活动的影响。Watts 和 Zimmerman（1986）提出了债务合约假说，即在其他条件不变的情况下，企业偏离债务条款的程度越大，企业管理者通过会计政策的选择将未来盈余调节到当期的可能性就越大。对于金融机构（如银行）来说，要求债务人提供质押担保是控制贷款风险、降低债务代理成本的重要手段，具有提高债务人违约成本、增强其还款意愿、激励合约执行的作用（徐海燕，2011）。银行对会计信息的依赖，特别是对利润总额的关注使企业在向银行申请贷款时有动机进行盈余管理。较高的盈余质量是准确评估质押股权价值的基础，银行必然选择盈余质量高的公司股权，以降低信息不对称、股权价值被高估的风险。应计性盈余质量成为银行衡量质押股权价值的一个重要依据（谭燕和吴静，2013），但银行严格的信用审核程序增加了应计性盈余管理行为被发现的风险，提高了应计性盈余管理的成本，进而抑制了公司实施应计性盈余管理的动机。然而，控股股东股权质押比率高意味着其对资金的需求越迫切，越希望成功获得贷款。因此，为了迎合银行的信用审核要求，控股股东自然会减少应计性盈余操控行为。基于此，提出假设 H4 -1：

假设 H4 -1：与未发生控股股东股权质押的公司相比，存在控股股东股权质押的公司应计盈余管理水平更低，且与季度内股权质押次数和质押比率负相关。

为了进行市值管理，控股股东具有通过盈余管理方式来稳定股价或向上操纵盈余的动机和能力。已有研究发现，随着会计准则的不断完善和投资者保护水平的提高，操控应计项目并非盈余管理的唯一选择，企业管理者还可以通过操控真实活动来实施盈余管理活动以达到其特定目的（Gunny，2005；Roychowdhury，2006；Zang，2006；蔡春等，2013）。真实盈余管理活动改变了企业经济活动的实质并按照会计准则对变化之后的经济活动进行确认、计量、记录和报告，并不涉嫌会计处理问题，还可以在每年的任何时点实施，这样就摆脱了审计师和会计监管的制约（Gunny，2005）。Graham 等（2005）通过对 CFO 的问卷调查发现，企业管理者更倾向于通过真实盈余管理活动来操控盈余，80% 的 CFO 会选择通过减少研发、广告支出来实现盈余目标，55.3% 的 CFO 会选择推迟实施新项目来达到盈余目标，即使推迟实施新项目会给公司业绩造成损害。Cohen 等（2008）发现 SOX 法案实施后，企业应计盈余管理活动被发现所受到的惩罚更为严重，这使管理者将盈余管理活动由应计盈余管理方式向真实盈余管理方式转变。还有研究发现，股权再融资企业在再融资前同时实施了应计盈余管理和真实盈余管理活动（Cohen and Zarowin，2010；李增福等，2011）。管理者之所以在面对高法律诉讼风险和严格外部审计时相应地减少了应计盈余管理活动转而增加了真实盈余管理活动，是因为在满足充分披露原则的前提下真实盈余管理活动在形式上并不违反相关法律。因此，随着我国投资者保护水平的不断提高、监管措施的不断完善，以及银行信用审核程序的不断改进，通过应计项目操控盈余的空间随之变小，股权质押前后控股股东更可能选择隐蔽性更强、灵活性更高的真实性盈余管理方式来操控盈余，以达到其问鼎公司股价甚至抬高股价的目的。基于此，提出假设 H4 -2：

假设 H4 -2：与未发生控股股东股权质押的公司相比，存在控股股东股权质押的公司真实性盈余管理水平更高，且与季度内股权质押次数和质押比率正相关。

二、盈余管理与资产误定价

股票价格中包含市场层面的信息和公司层面的信息，丰富的公司层面信息可以使投资者充分了解市场上不同公司之间经营效率的差别，从而将资金投入最有价值的企业上（Wurgler，2000；陆瑶和沈小力，2011）。因此，股票价格中所包含的公司层面信息的含量会显著影响证券市场资本配置的有效性。与成熟的资本市场相比，在新兴资本市场中股票价格中所包含的公司层面信息较少，公司股价波动具有强烈的“同涨同跌”现象，说明股票市场无法通过价格波动有效传递关于公司盈余能力的信息，从而使投资者有效地识别投资对象，优化资源配置（Morck et al.，2000）。在公司层面的所有信息中，最受投资者关注的是企业的盈余能力。权小锋和吴世农（2010）研究发现，盈余公告在概括企业过去会计业绩的同时，也是投资者对企业未来收益进行预测的重要依据。盈余管理活动被广泛认为是企业管理者操控公司业绩的重要手段（Burgstahler and Dichev，1997；Healy and Wahlen，1999；Leuz et al.，2003），信息不对称情况下广泛实行的财务会计准则为管理层提供了伪装公司业绩、掩盖公司层面信息的机会（Sehipper，1989）。但是，盈余操纵行为会扭曲公司的盈余信息，这无疑会降低公司信息透明度和股价的信息含量，加剧投资者与公司之间的信息不对称程度。在信息不完全的情况下，一方面给投资者带来了逆向选择问题，在信息缺乏确定性和准确性时投资者很难甄别出公司的真实价值，经过盈余操纵的公司并未反映其真实的经营业绩，市场价值很可能会被错误定价。另一方面也会引发投资者的“羊群”行为，在没有足够的信息时投资者会观察和跟随他人决策而否认自己的意见，信息的不确定性使投资者产生认知偏差做出非理性的投资决策从而影响资产定价效率。已有研究表明，股票市场的估值水平直接决定了质押股权的价值，而质押股权的价值决定着控股股东能够从银行取得的贷款规模（徐寿福等，2016）。为了取得较高的贷款成数或规避控制权转移风险，使发生控股股东股权质押的公司，在质押前后普遍存在正向的盈余管理动机以达到稳定公司股价乃至抬高股价的目的。因此，控股股东的正向盈余管理行为会导致公司股价被高估，并且正向盈余管理程度越高，公司股价被高估越严重。基于此，提出假设 H4-3：

假设 H4-3：限定其他条件，控股股东正向的盈余管理行为会导致公司股价被高估，且这种效应随着盈余管理程度而提高。

第三节　研究设计

一、样本筛选与数据来源

本章选择 2007～2016 年中国沪深 A 股上市公司作为研究对象，按照以下标准筛选样本数据：（1）剔除样本期内被 ST 或 PT 的公司；（2）剔除上市不足一年的公司；（3）剔除金融行业公司；（4）剔除存在数据缺失的公司。考虑到中国证券市场是典型的新兴市场，散户交易比率高和换手率高，整个市场暴涨暴跌，若以年度作为考察周期，过长的检验区间可能会抹杀中国股票收益的真实特性（游家兴和吴静，2012）。因此，为了准确地捕捉市场环境对控股股东股权质押决策的影响，该部分同样以季度作为检验周期。另外，为了保证实证结果不受极端值的影响，采取对所有连续型变量进行1%和99%分位数的缩尾处理。通过以上数据筛选，共计获得 77494 个样本观测值。本部分的股权质押数据来源于 Wind 咨询数据库，企业景气指数来自中经网统计数据库，股票价格数据、公司财务数据和公司治理数据均来源于 CSMAR 数据库。

二、模型构建与变量定义

（一）股价同步性模型

借鉴已有研究对股价同步性的衡量（Roll R.，1988；Morck et al.，2000；Durnev et al.，2003；吴联生等，2009；许年行等，2011；史永，2013；曹新伟、洪剑峭等，2015），采用模型（4－1）来估计个股的R^2：

$$r_{i,t} = \beta_0 + \beta_1 r_{m,t} + \beta_2 r_{I,t} \qquad (4-1)$$

其中，$r_{i,t}$表示个股 i 第 t 周的收益率，$r_{m,t}$表示市场第 t 周的收益率，$r_{I,t}$表示行业 I 第 t 周的收益率。对模型（4－1）进行回归分析，其拟合系数R^2被用来反映个股价格波动的同步性。进一步地，由于R^2的取值在 0～1，不符合正态分布的要求，不宜直接进行面板回归。因而，对R^2采用自然对数转换得到所使用的股价同步性指标 Syn，转换过程如模型（4－2）所示：

$$Syn_{i,t} = Ln[R_i^2/(1 - R_i^2)] \qquad (4-2)$$

其中，R_i^2为模型（4－1）的拟合度。

（二）应计与真实盈余管理模型

借鉴 Dechow 等（2002）、Wang（2006）等的做法，采用调整后的 DD

模型计算应计性盈余管理程度：

$$ACC_{i,t} = \alpha_0 + \alpha_1 CF_{i,t-1} + \alpha_2 CF_{i,t} + \alpha_3 CF_{i,t+1} + \alpha_4 DCF_{i,t} + \alpha_5 DCF_{i,t} \times CF_{i,t} + \varepsilon_{i,t} \tag{4-3}$$

其中，$ACC_{i,t}$表示 i 公司在 t 期的总应计额除以（t－1）期总资产，t 期的总应计额为当期净利润减去经营现金净流量。$CF_{i,t-1}$、$CF_{i,t}$和 $CF_{i,t+1}$分别表示公司 i 在 t－1、t 和 t＋1 期经营现金净流量除以（t－1）期总资产。$DCF_{i,t}$是虚拟变量，当$CF_t - CF_{t-1} < 0$ 时取 1，否则取 0。

对于真实盈余管理，借鉴 Roychowdhury（2006）的做法，将真实盈余管理分为销售操控、生产操控和费用操控，相应地，分别用异常经营现金净流量（Dcf）、异常生产成本（Pce）和异常酌量性费用（Sae）来衡量。考虑到真实盈余管理三种手段之间可能存在的抵消效应，借鉴 Roychowdhury（2006）、Zang（2007）、Cohen 等（2010）、刘启亮等（2011）、李增福等（2011）的做法，构建了真实盈余管理变量的综合指标（REM），REM = Pce －（Sae + Dcf），REM 的正负代表盈余操控的方向。其中，Dcf、Pce 和 Sae 分别为公司当年的异常经营现金净流量、异常生产成本和异常酌量性费用。当 REM 为正时，表明公司采用真实盈余管理向上操纵盈余；REM 的绝对值越大，说明公司真实盈余管理的程度越高。第一步，通过对真实盈余管理的度量模型进行分年度分行业估计，估计公司的正常经营现金净流量、正常生产成本和正常酌量性费用，具体估计如模型（4－4）、模型（4－5）和模型（4－6）所示；第二步，分别用企业当年的实际经营现金净流量、实际生产成本和实际酌量性费用减去估计出的正常值，估算得出异常经营现金净流量、异常生产成本和异常酌量性费用。

$$CFO_t/TA_{t-1} = \alpha_0 + \alpha_1/TA_{t-1} + \alpha_2 S_t/TA_{t-1} + \alpha_3 \Delta S_t/TA_{t-1} + \varepsilon_t \tag{4-4}$$

$$PRO_t/TA_{t-1} = \alpha_1/TA_{t-1} + \alpha_2 S_t/TA_{t-1} + \alpha_3 \Delta S_t/TA_{t-1} + \alpha_4 \Delta S_{t-1}/TA_{t-1} + \varepsilon_t \tag{4-5}$$

$$SGA_t/TA_{t-1} = \alpha_0 + \alpha_1/TA_{t-1} + \alpha_2 LnMV_t + \alpha_3 Q_t + \alpha_4 IntFund_t/TA_{t-1} + \alpha_5 \Delta S_{t-1}/TA_{t-1} + \alpha_6 \Delta S_t/TA_{t-1} \times DD + \varepsilon_t \tag{4-6}$$

其中，CFO 为企业经营现金流量净额；TA 为企业总资产；S 表示企业销售收入，ΔS 表示销售收入的变化；PRO 表示企业生产成本，等于销售成本与存货变化之和；SGA 为企业的管理费用、销售费用和广告费用。分年度分行业对模型（4-4）、模型（4-5）和模型（4-6）分别进行估计，模型（4-4）、模型（4-5）和模型（4-6）中估计的残差项 ε 分别为公司当年的异常经营现金净流量（Dcf）、异常生产成本（Pce）和异常酌量性费用（Sae）。真实盈余管理会导致当期异常低的经营现金净流量、异常低的酌量性费用和异常高的生产成本。因此，公司的异常经营现金净流量越低，异常酌量性费用越低，异常生产成本越高，表明公司的真实盈余管理程度就越高。

（三）股权质押、盈余管理与资产误定价的模型

股票市场的估值水平直接决定了质押股权的价值，从而决定了控股股东能够从金融机构取得的贷款规模以及贷款成本（Chen et al.，2007；Kao and Chen，2007；徐寿福等，2016）。但是，由于用于质押的标的股票通常在市场上公开交易，股票价格受到多种因素干扰易发生波动，导致质押标的股票升值或贬值。因此，为了取得较高的贷款成数和规避控制权转移风险，同时也为了减轻追加保证金或者被迫提前还款的压力而衍生的股价稳定需求，使质押股权的控股股东存在具有强烈的股票市值管理动机。虽然股票价格受公司层面信息和市场层面信息的影响，但公司层面的盈余信息是投资者在股票估值时最为看重的信息之一。为了进行市值管理以稳定股价乃至抬高股价，那些质押股权的控股股东自然会关注公司的盈余信息，必要时还会直接利用其对公司的控制权促使管理者进行盈余管理活动。显然，控股股东不仅具有进行盈余管理的动机，同时还具备实施盈余管理的能力。因此，构建模型（4-7）和模型（4-8）检验控股股东股权质押中的盈余管理动机。

$$EM_{i,t} = \alpha_0 + \alpha_1 Pledge_{i,t} + \sum \alpha_{j,t} Controls + \sum Yq + \sum Ind + \varepsilon_{i,t} \tag{4-7}$$

在模型（4-7）中，$EM_{i,t}$ 表示公司 i 在第 t 期的盈余管理水平，分别采用应计盈余管理（AEM）和真实盈余管理（REM）衡量，估计过程见模型（4-3）至模型（4-6）；$Pledge_{i,t}$ 表示公司 i 在第 t 期的股权质押特征，分别采用控股股东季度内是否质押股权（$Plgdum_{i,t}$）、季度内累计质押次数（$Plgfrep_{i,t}$）和季度内累计质押比率（$Plgrat_{i,t}$）来表示；其他项 Controls、Yq、Ind 和 ε 分别表示控制变量、年份—季度虚拟变量、行业虚拟变量和残差。

$$Mis_{i,t} = \beta_0 + \beta_1 EM_{i,t} + \sum \beta_{j,t} Controls + \sum Yq + \sum Ind + \varepsilon_{i,t} \quad (4-8)$$

在模型（4－8）中，$Mis_{i,t}$表示公司 i 在第 t 期的资产误定价水平，估计过程见第三章模型（3－1）至模型（3－4）；$EM_{i,t}$表示公司 i 在第 t 期的盈余管理水平，分别采用应计盈余管理（AEM）和真实盈余管理（REM）衡量，估计过程见模型（4－3）至模型（4－6）；其他项 Controls、Yq、Ind 和 ε 分别表示控制变量、年份—季度虚拟变量、行业虚拟变量和残差。

（四）股权质押、盈余管理与股价同步性的模型

在股权质押过程中，为了稳定股票价格，控股股东有动机有能力操控公司盈余，这会使公司盈余信息被扭曲，股票价格波动并不能充分有效传递公司的真实盈余信息，公司股价包含的噪声信息增多，股价所吸收的真实信息减少，进而导致公司的股价同步性下降。为此，构建模型（4－9）和模型（4－10）检验控股股东股权质押中盈余管理行为与公司股价同步性的关系。

$$Syn_{i,t} = \alpha_0 + \alpha_1 EM_{i,t} + \sum \alpha_{j,t} Controls + \sum Yq + \sum Ind + \varepsilon_{i,t} \quad (4-9)$$

在模型（4－9）中，$Syn_{i,t}$表示公司 i 在第 t 期的股价同步性，估计过程见模型（4－1）和模型（4－2）；$EM_{i,t}$表示公司 i 在第 t 期的盈余管理水平，分别采用应计盈余管理（AEM）和真实盈余管理（REM）衡量，估计过程见模型（4－3）至模型（4－6）；其他项 Controls、Yq、Ind 和 ε 分别表示控制变量、年份—季度虚拟变量、行业虚拟变量和残差。

$$Pledge_{i,t} = \beta_0 + \beta_1 Syn_{i,t} + \sum \beta_{j,t} Controls + \sum Yq + \sum Ind + \varepsilon_{i,t} \quad (4-10)$$

在模型（4－10）中，$Pledge_{i,t}$表示公司 i 在第 t 期的股权质押特征，分别采用控股股东季度内是否质押股权（$Plgdum_{i,t}$）、季度内累计质押次数（$Plgfrep_{i,t}$）和季度内累计质押比率（$Plgrat_{i,t}$）来表示；$Syn_{i,t}$表示公司 i 在第 t 期的股价同步性，估计过程见模型（4－1）和模型（4－2），系数β_1应该显著为负，说明股价同步性越低，市场时机越有利；其他项 Controls、Yq、Ind 和 ε 分别表示控制变量、年份—季度虚拟变量、行业虚拟变量和残差。

应注意的是，当被解释变量为 Plgdum 时，采用 Logit 模型进行估计。当被解释变量为 Plgdum 和 Plgrat 时，由于许多上市公司并未发生股权质押，被解释变量存在许多零值，此时若采用 OLS 方法会造成估计偏误，因而采用 Tobit 模型进行估计。

变量的选取和定义如表 4 - 1 所示。

表 4 - 1　　　　变量选取与定义

	变量符号	变量名称	变量定义	数据频率
被解释变量	SYN	股价同步性	见模型（4 - 1）和模型（4 - 2）	季度
	Plgdum	是否质押股权	若季度内质押股权取 1，反之取 0	季度
	Plgfrep	股权质押频率	季度内累计股权质押次数	季度
	Plgrat	股权质押比率	季度内累计质押股数/季度末持股数	季度
解释变量	AEM	应计盈余管理	见模型（4 - 3）	季度
	REM	真实盈余管理	见模型（4 - 4）至模型（4 - 6）	季度
	Mis	股票误定价水平	见模型（3 - 1）至模型（3 - 6）	季度
控制变量	Macro	宏观经济景气指数	一致指数大于 100 取 1，反之取 0	季度
	Size	公司规模	公司总资产的自然对数	季度
	Roe	净资产收益率	净利润/净资产	季度
	Fdgap	资金缺口	Δ 资产 - Δ 留存收益	季度
	Cash	自由现金流	经营活动产生的现金流净额/总资产	季度
	Growth	发展能力	营业收入增长率	季度
	Growth	发展能力	营业收入增长率	季度
	Turn	经营能力	营业收入/总资产	季度
	Tngble	资产有形性	固定资产净额/总资产	季度
	Age	上市年限	（1 + 年度 - 上市年份）的自然对数	年度
	State	产权性质	国有企业取 1，反之取 0	年度
	Shrhfd	股权集中度	第一控股股东持股比例的平方和	年度
	Shrhfd	股权集中度	第一控股股东持股比例的平方和	年度
	Bsize	董事会规模	董事会人数的自然对数	年度
	Indrct	独董比例	独立董事人数/董事会人数	年度
	Dual	两职合一	董事长与总经理两职合一取 1，反之取 0	年度
	Mnghld	管理层持股比例	管理层持股数量/总股本	年度
	Salary	管理层薪酬	管理层薪酬总额的自然对数	年度

续表

	变量符号	变量名称	变量定义	数据频率
控制变量	Yq	季度虚拟变量	属于该季度时取1，反之取0	季度
	Ind	行业虚拟变量	属于该行业时取1，反之取0	季度

注：宏观经济景气指数包括：预警指数、一致指数（1996年=100）、先行指数（1996年=100）、滞后指数（1996年=100）。其中，一致指数是反映当前经济的基本走势，由工业生产、就业、社会需求（投资、消费、外贸）、社会收入（国家税收、企业利润、居民收入）4个方面合成；先行指数是由一组领先于一致指数的先行指标合成，用于对经济未来的走势进行预测；滞后指数是由落后于一致指数的滞后指标合成，主要用于对经济循环的峰与谷的一种确认；预警指数是把经济运行的状态分为5个级别，“红灯”表示经济过热，“黄灯”表示经济偏热，“绿灯”表示经济运行正常，“浅蓝灯”表示经济偏冷，“蓝灯”表示经济过冷。

第四节　实证结果及分析

一、描述性统计

表4-2列示了本章主要变量的描述性统计结果。股价同步性（Syn）的均值、中位数、最小值和最大值分别为0.313、0.401、-3.454和3.049，远高于Morck等（2000）、Jin和Myers（2006）报告的绝大多数国家的股价同步性，表明中国上市公司股价同步性较高，但是不同公司之间股价同步性具有较大差异，这也与我国是新兴市场的特征较吻合。应计盈余管理（AEM）的最小值和最大值分别为-0.100和0.090，表明样本公司存在不同程度的应计盈余管理活动。真实盈余管理（REM）的最小值和最大值分别为-0.252和0.260，说明样本公司存在不同程度的真实盈余管理活动。股权质押三个特征变量（Plgfdum、Plgfrep和Plgrat）的均值分别为0.066、0.112和0.020，与徐寿福等（2016）、谭燕和吴静（2013）的统计结果类似，表明控股股东季度内存在连续股权质押行为，且部分公司股权质押比率高达0.64。股票误定价（Mis）的均值和中位数分别为0.024和-0.006，表明在我国资本市场上普遍存在公司股价被高估的现象，这与已有研究发现我国股票市场泡沫严重的观点相符。

其他控制变量的描述统计结果表明，宏观经济景气指数（Macro）的均值为0.329，表明样本期间仅有30%的时段宏观经济运行状况是乐观的，这可

表 4-2　　变量描述性统计结果

变量	均值	标准差	25%分位数	中位数	75%分位数	最小值	最大值
Syn	0.313	1.254	-0.424	0.401	1.160	-3.454	3.049
AEM	0.001	0.028	-0.011	0.000	0.012	-0.100	0.090
Dcf	0.000	0.054	-0.026	0.000	0.028	-0.171	0.162
Sae	0.000	0.030	-0.012	-0.001	0.008	-0.089	0.128
Pce	0.000	0.031	-0.011	0.000	0.010	-0.114	0.137
REM	0.000	0.077	-0.036	0.000	0.035	-0.252	0.260
Plgdum	0.066	0.248	0.000	0.000	0.000	0.000	1.000
Plgfrep	0.112	0.470	0.000	0.000	0.000	0.000	3.000
Plgrat	0.020	0.091	0.000	0.000	0.000	0.000	0.639
Mis	0.024	0.558	-0.371	-0.006	0.389	-1.179	1.523
Macro	0.329	0.470	0.000	0.000	1.000	0.000	1.000
Size	12.640	1.271	11.719	12.474	13.366	10.107	16.541
Lev	0.445	0.223	0.268	0.445	0.615	0.041	0.995
Roa	0.031	0.035	0.010	0.025	0.047	-0.071	0.156
Growth	0.166	0.725	-0.142	0.039	0.256	-0.831	4.874
Turn	0.399	0.357	0.152	0.296	0.525	0.015	1.942
Tngble	0.231	0.170	0.099	0.196	0.331	0.002	0.732
State	0.454	0.498	0.000	0.000	1.000	0.000	1.000
Age	2.051	0.834	1.609	2.303	2.708	0.000	3.135
Shrhfd	0.151	0.122	0.056	0.115	0.217	0.008	0.566
Indrct	0.370	0.052	0.333	0.333	0.400	0.300	0.571
Bsize	2.163	0.199	2.079	2.197	2.197	1.609	2.708
Dual	0.229	0.420	0.000	0.000	0.000	0.000	1.000
Salary	14.963	0.790	14.467	14.972	15.469	12.918	16.967
Mnghld	0.079	0.162	0.000	0.000	0.040	0.000	0.656

能与 2007~2008 年爆发的全球金融危机有关，样本期间我国经济一直处于复苏恢复阶段。企业资产负债率（Lev）的均值为 0.445，资产收益率（Roa）的均值为 0.031，表明样本公司盈利能力良好且经营中进行了适度负债。两职合一（Dual）的均值为 0.229，说明我国上市公司普遍采用董事长与总经理两职分离的治理结构。独立董事占比（Indrct）的均值为 0.370，符

合我国《公司法》有关董事会中独立董事人数的规定。股权集中度（Shrhfd）的均值为0.151，表明我国上市公司股权结构较集中。管理层持股比例（Mnghld）的均值为0.079，说明我国上市公司为了激励管理层努力工作，给予了管理层一定比例的股份。

二、相关系数检验

本章主要变量的相关系数检验结果如表4－3所示，股价同步性（Syn）与应计盈余管理（AM）和真实盈余管理（RM）均在1%的显著性水平下负相关，表明我国上市公司的应计盈余管理活动和真实盈余管理活动使公司股价中包含的噪声信息增多，综合表现为降低了公司的股价同步性。股价同步性（Syn）与股权质押三个特征变量（Plgfdum、Plgfrep和Plgrat）均在1%的显著性水平下负相关，表明控股股东倾向于在股价同步性低时选择质押股权，此时股价误定价的可能性最大，表现出明显的市场择时动机。股价同步性（Syn）与股票误定价（Mis）在1%的显著性水平下正相关，说明作为一个新兴市场，中国股票市场是一个噪声较多的市场，股价同步性正向地反映股票市场的信息效率，资产定价效率较低，这与吴联生等（2009）的研究结论一致。

股价同步性（Syn）与资产负债率（Lev）、资产收益率（Roa）、上市年限（Age）、两职合一（Dual）和管理层持股比例（Mnghld）均在1%的显著性水平下负相关，表明这些公司层面的信息会降低股价同步性，投资者并能有效识别公司所披露的基本信息。股价同步性（Syn）与公司规模（Size）、产权性质（tate）、股权集中度（Shrhfd）和董事会规模（Bsize）均在1%的显著性水平下正相关。总体来说，这些公司层面的信息均会反映到公司股价中。

应计盈余管理（AM）与股权质押特征变量季度内是否质押股权（Plgfdum）和制度内累计质押次数（Plgfrep）均在1%的显著性水平下负相关，与季度内累计质押比率（Plgfrat）虽也负相关，但并不显著，表明与未发生控股股东股权质押的公司相比，发生控股股东股权质押的公司应计盈余管理水平会更低。真实盈余管理（RM）与股权质押特征变量（Plgfdum、Plgfrep和

表 4－3　　变量相关系数检验

	Syn	AM	RM	Plgdum	Plgfrep	Plgrat	Mis	Macro	Size	Lev	Roa	State	Age	Shrhfd	Bsize	Dual	Mnghld
Syn	1.00																
AM	-0.068***	1.00															
RM	-0.057***	0.181***	1.00														
Plgdum	-0.040***	-0.013***	0.015***	1.00													
Plgfrep	-0.041***	-0.011***	0.014***	0.893***	1.00												
Plgrat	-0.041***	-0.01	0.014***	0.820***	0.809***	1.00											
Mis	0.019***	0.053***	0.028***	0.029***	0.033***	0.021***	1.00										
Macro	0.094***	0.049***	0.061***	-0.089***	-0.090***	-0.065***	-0.067***	1.00									
Size	0.063***	-0.141***	-0.077***	0.00	0.017***	-0.019***	-0.052***	-0.123***	1.00								
Lev	-0.013***	0.027***	0.044***	-0.00	0.00	-0.00	0.00	0.080***	0.413***	1.00							
Roa	-0.016***	0.168***	0.154***	0.009***	0.015***	-0.00	-0.025***	0.066***	0.056***	-0.227***	1.00						
State	0.083***	-0.033***	-0.049***	-0.201***	-0.188***	-0.164***	-0.034***	0.124***	0.339***	0.313***	-0.085***	1.00					
Age	-0.014***	0.022***	0.011***	-0.013***	-0.01	-0.007*	-0.010***	-0.070***	0.309***	0.434***	-0.162***	0.405***	1.00				
Shrhfd	0.040***	-0.041***	-0.014***	-0.015***	-0.01	-0.038***	-0.032***	0.026***	0.259***	0.045***	0.093***	0.193***	-0.077***	1.00			
Bsize	0.057***	-0.024***	-0.044***	-0.062***	-0.059***	-0.048***	-0.036***	0.105***	0.261***	0.164***	0.029***	0.280***	0.099***	0.031***	1.00		
Dual	-0.033***	0.019***	0.027***	0.062***	0.055***	0.046***	0.019***	-0.062***	-0.165***	-0.162***	0.031***	-0.283***	-0.223***	-0.060***	-0.181***	1.00	
Mnghld	-0.035***	-0.026***	-0.009**	0.070***	0.061***	0.048***	0.039***	-0.124***	-0.263***	-0.376***	0.079***	-0.428***	-0.550***	-0.101***	-0.185***	0.243***	1.00

注：表中数值为变量的回归系数，*、**、*** 分别表示在 10%、5% 和 1% 的显著性水平下显著。

Plgfrat）均在1%的显著性水平下正相关，表明与未发生控股股东股权质押的公司相比，发生控股股东股权质押的公司真实盈余管理水平会更高。随着会计准则的不断完善和法律保护水平的提高，以及银行信贷审批程度的不断完善，发生控股股东股权质押的上市公司选择减少应计性盈余管理方式，进而转向真实性盈余管理方式。真实盈余管理（RM）和应计盈余管理（AM）与股票误定价（Mis）均在1%的显著性水平下正相关，表明发生控股股东股权质押的上市公司所进行的盈余管理活动，使公司盈余信息被扭曲，公司股价吸收了较多的噪声信息，股价波动并不能充分有效传递公司的真实盈余信息，导致公司股票被错误定价，这也正是控股股东实施盈余管理活动的动机所在。股票误定价（Mis）与股权质押特征变量（Plgfdum、Plgfrep和Plgfrat）均在1%的显著性水平下正相关，表明股票市场的估值水平是影响控股股东股权质押决策的重要因素。此外，变量之间的相关系数普遍较低，表明不会产生严重的多重共线问题。

三、分组比较检验

表4-4列示了单变量均值t检验结果，分组的标准依次是按照季度内是否质押股权（Plgdum）、季度内累计质押股权次数（Plgfrep）和季度内累计股权质押比率（Plgrat）。其中，若季度内质押股权，则Plgdum=1，反之取0；若季度内累计质押次数高于季度内累计质押次数的中位数，则Plgrep=1，反之取0；若季度内累计质押股权比率高于季度内累计质押股权比率的中位数，则Plgrat=1，反之取0。以Plgdum、Plgfrep和Plgrat为分组标准检验显示，除了应计盈余管理（AEM）外，发生控股股东股权质押样本组与未发生控股股东股权样本组的股价同步性（Syn）和真实盈余管理（REM，Dcf、Sae和Pce）均在显著性差异。

表4-4　　　　单变量均值T检验

	分组	Syn	AEM	Dcf	Sae	Pce	REM
Plgdum	未质押	0.33	0.00	0.00	0.00	0.00	0.00
	质押	0.13	0.00	-0.00	-0.00	0.00	0.01
	均值差异	-0.201***	0.00	-0.002***	-0.001**	0.003***	0.007***

续表

	分组	Syn	AEM	Dcf	Sae	Pce	REM
Plgfrep	低质押	0.33	0.00	0.00	0.00	0.00	0.00
	高质押	0.13	0.00	-0.00	-0.00	0.00	0.01
	均值差异	-0.201***	0.00	-0.002***	-0.001**	0.003***	0.007***
Plgrat	低质押	0.33	0.00	0.00	0.00	0.00	0.00
	高质押	0.13	0.00	-0.00	-0.00	0.00	0.01
	均值差异	-0.201***	0.00	-0.002***	-0.001**	0.003***	0.007***

注：均值检验采用了 Ttest 检验；***、**、*分别表示参数在1%、5%和10%的显著性水平下异于零。

四、回归结果分析

（一）股权质押与盈余管理方式

表4-5报告了报告了以模型（4-7）为基础的控股股东股权质押与盈余管理方式的回归结果。表4-5中的模型（1）至模型（3）列示了控股股东股权质押行为与应计盈余管理（AEM）的回归结果，控股股东股权质押的三个特征变量（Plgdum、Plgfrep、Plgrat）与应计盈余管理程度（AEM）均在1%的显著性水平下负相关，说明发生控股股东股权质押的上市公司应计盈余管理程度（AEM）显著低于未发生控股股东股权质押的上市公司，而且随着季度内累计股权质押次数（Plgfrep）和季度内累计质押比率（Plgrat）的增加，公司的应计盈余管理程度（AEM）会越低，假设H4-1得以验证。模型（4）至模型（6）列示了控股股东股权质押行为与真实盈余管理（REM）的回归结果，控股股东股权质押的三个特征变量（Plgdum、Plgfrep、Plgrat）与真实盈余管理程度（REM）均在1%的显著性水平下正相关，表明发生控股股东股权质押的上市公司真实盈余管理程度（REM）显著高于未发生控股股东股权质押的上市公司，而且控股股东季度内累计股权质押次数（Plgfrep）和季度内累计质押比率（Plgrat）越多，公司的真实盈余管理程度（AEM）会越高。通过对控股股东股权质押与盈余管理方式的研究表明，随着会计准则的不断完善和投资者保护水平的提高，以及银行信贷审批程度的

不断完善等外部监管环境的变化，发生控股股东股权质押的上市公司会减少采用应计性盈余管理方式，进而转向通过真实性盈余管理方式来调节公司盈余。虽然真实性盈余管理方式的成本较高，但其操控手段却比应计盈余管理方式更加隐蔽，在外部监管环境趋严的情况下更加安全，不易被监管部门、审计师和投资者等发现，这对于控股股东来说无疑是最佳选择，既通过盈余管理方式稳定甚至提升了公司股价，又不会轻易被公司外部监督者发现。

表 4 – 5　　　控股股东股权质押与盈余管理方式

	(1)	(2)	(3)	(4)	(5)	(6)
	AEM	AEM	AEM	REM	REM	REM
Plgdum	-0.001*** (-3.55)			0.006*** (4.64)		
Plgfrep		-0.000*** (-2.96)			0.003*** (5.13)	
Plgrat			-0.002*** (-2.96)			0.013*** (3.95)
Macro	-0.028*** (-32.81)	-0.028*** (-32.81)	-0.028*** (-32.82)	0.028*** (8.50)	0.028*** (8.49)	0.028*** (8.51)
Size	0.000*** (4.18)	0.000*** (4.18)	0.000*** (4.15)	0.005*** (14.12)	0.005*** (14.08)	0.005*** (14.16)
Lev	-0.015*** (-31.39)	-0.015*** (-31.42)	-0.015*** (-31.47)	0.035*** (19.09)	0.035*** (19.07)	0.035*** (19.19)
Roa	0.626*** (173.39)	0.626*** (173.39)	0.626*** (173.37)	-0.327*** (-26.11)	-0.327*** (-26.12)	-0.327*** (-26.08)
Growth	0.001*** (4.97)	0.001*** (4.98)	0.001*** (4.99)	-0.003*** (-5.55)	-0.003*** (-5.56)	-0.003*** (-5.57)
Turn	-0.003*** (-8.83)	-0.003*** (-8.83)	-0.003*** (-8.82)	-0.018*** (-12.81)	-0.018*** (-12.79)	-0.018*** (-12.83)
Tngble	-0.025*** (-44.40)	-0.025*** (-44.40)	-0.025*** (-44.40)	-0.081*** (-38.03)	-0.081*** (-38.00)	-0.081*** (-38.05)
State	0.000 (1.46)	0.000 (1.56)	0.000 (1.64)	0.004*** (5.10)	0.004*** (5.17)	0.004*** (4.88)

续表

	(1)	(2)	(3)	(4)	(5)	(6)
	AEM	AEM	AEM	REM	REM	REM
Age	-0.001*** (-8.12)	-0.001*** (-8.12)	-0.001*** (-8.16)	-0.008*** (-14.06)	-0.008*** (-14.11)	-0.008*** (-14.02)
Shrhfd	0.002** (2.57)	0.002** (2.57)	0.001** (2.45)	-0.009*** (-3.36)	-0.009*** (-3.42)	-0.009*** (-3.20)
Indrct	-0.003** (-2.09)	-0.003** (-2.10)	-0.003** (-2.11)	-0.016** (-2.56)	-0.016** (-2.56)	-0.016** (-2.53)
Bsize	0.000 (0.07)	0.000 (0.06)	0.000 (0.07)	-0.001 (-0.43)	-0.001 (-0.42)	-0.001 (-0.42)
Dual	-0.000 (-1.42)	-0.000 (-1.43)	-0.000 (-1.43)	-0.003*** (-3.69)	-0.003*** (-3.69)	-0.003*** (-3.67)
Salary	0.000*** (3.96)	0.000*** (3.99)	0.000*** (3.93)	-0.007*** (-12.34)	-0.007*** (-12.38)	-0.007*** (-12.30)
Mnghld	0.003*** (6.30)	0.003*** (6.28)	0.003*** (6.25)	0.006** (2.52)	0.006** (2.52)	0.006*** (2.60)
_cons	0.006*** (2.97)	0.006*** (2.95)	0.007*** (3.02)	0.061*** (6.95)	0.061*** (6.99)	0.060*** (6.87)
Ind	Yes	Yes	Yes	Yes	Yes	Yes
Yq	Yes	Yes	Yes	Yes	Yes	Yes
N	72405	72405	72405	69620	69620	69620
r2_a	0.581	0.581	0.581	0.056	0.056	0.056
F	393.01***	393.09***	392.90***	29.04***	29.06***	28.99***

注：表中数值为变量的回归系数，括号内为回归系数的 T 值，*、**、*** 分别表示在 10%、5% 和 1% 的显著性水平下显著。

其他控制变量，如宏观经济景气度（Macro）的回归系数在表 4-5 中的模型（1）至模型（3）中均在 1% 的显著性水平下为负，而在模型（4）至模型（6）中均在 1% 的显著性水平下为正，表明我国上市公司对盈余管理方式的选择受到宏观经济状况的影响，宏观经济景气时倾向于选择真实性盈余管理方式，而减少采用应计性盈余管理方式，可能是因为宏观经济不景气时，政府部门基于经济发展的考虑，适当放松了对企业违规行为的监管，此时应计盈余管理操作空间较大；宏观经济景气时，政府部门监管相对较严，此时应计盈余管理的操作空间有限，而真实盈余管理却相对隐蔽，不易被发现。公司规模（Size）的回归系数在模型（1）至模型（6）中均在1%的显著性水平下为正，这在一定程度上说明相对于小规模公司来说，大规模公司的盈余管理动机更强。资产负债率（Lev）的回归系数在模型（1）至模型（3）中均在1%的显著性水平下为负，而在模型（4）至模型（6）中均在1%的显著性水平下为正，表明对于高负债率的公司，会减少采用应计盈余管理方式，更多地采用真实盈余管理方式，以免被银行发现其“粉饰报表”而受到银行惩罚（如提高利率水平、降低授信额度、缩短授信期限等）。资产收益率（Roa）、发展能力（Growth）、在5%下显正以及管理层薪酬（Salary）的回归系数在模型（1）至模型（3）中均在1%的显著性水平下为正，而在模型（4）至模型（6）中均在1%的显著性水平下为负。总资产周转率（Turn）、资产有形性（Tngble）和上市年限（Age）的回归系数在模型（1）至模型（6）中均在1%的显著性水平下为负。独董占比（Indrct）的回归系数在模型（1）至模型（6）中均在5%的显著性水平下为负。两职合一（Dual）的回归系数在模型（4）至模型（6）中均在1%的显著性水平下为负，在模型（1）至模型（3）的回归系数也为负，但并不显著。产权性质（State）的回归系数在模型（4）至模型（6）中均在1%的显著性水平下为正，在模型（1）至模型（3）的回归系数也为正，但并不显著。管理层持股比例（Mnghld）的回归系数在模型（1）至模型（3）中均在1%的显著性水平下为正，在模型（4）至模型（6）中分别在5%、1%和1%的显著性为正。上市公司的盈余管理活动受到公司层面特征的影响，如产权性质、上市年限、管理层持股比例等，对于盈余管理方式的选择，是管理者“报表粉饰”需要与投资者“信息透明”监督能力双向博弈的结果。

（二）盈余管理与资产误定价

表4-6列示了以模型（4-8）为基础的控股股东盈余管理与股票误定价的回归结果。上市公司的盈余管理程度分别采用应计盈余管理（AEM）和真实盈余管理（REM）的绝对值，并分别以两类盈余管理的中位数为分组标准进行分组检验，如果盈余管理程度高于中位数，则是高盈余管理组，反之

则为低盈余管理组，以考察公司正向的盈余管理活动对公司股票定价的影响。模型（1）至模型（3）中应计盈余管理（AM）的回归系数分别为0.281、1.856和0.285，且均在1%的显著性水平下为正，高操控组的回归系数大于全样本组的回归系数，表明总体上正向应计盈余管理程度越高，公司股价被高估越多。模型（4）至模型（6）中真实盈余管理（RM）的回归系数分别为0.127、0.098和0.154，且全样本组和高操控组的回归系数均在1%的显著性水平下为正，且高操控组的回归系数大于全样本组的回归系数，表明总体上正向真实盈余管理程度越高，公司股价被高估越多。股票市场是信息的市场，信息引导股票价格的波动，进而引导股票市场的资源配置，股票价格如何对信息进行反映，取决于初始股票价格的形成动因（吴联生等，2009）。我国上市公司股权结构相对集中，多数公司中存在控股股东。为获取更多的控制权私利，控股股东具有扩大其控制的资产规模的强烈动机。控股股东股权质押过程中的自利动机表现为操纵盈余使公司股价保持在相对较高的价位，以取得更大规模的贷款或规避控制权转移风险，使公司盈余信息被扭曲，股票价格波动并不能充分有效传递公司的真实盈余信息，股价所能吸收的真实信息减少。在股权质押过程中，控股股东具有利用其控制权操纵公司盈余信息披露的强烈动机，使公司股价吸收了较多的噪声信息，这意味着公司股价随市场波动的趋势减弱，为其操控股价、诱导股价上涨，创造有利的股权质押市场时机提供了条件。可见，操控盈余降低公司股价同步性是股权质押过程中控股股东市场择时的一个重要环节。但是，已有研究发现，在噪声较少的证券市场中，公司个体信息引导股票价格的变化，也即公司层面信息是股票价格的形成动因；在此情形下，信息不透明使股票价格包含较少的公司层面信息，股票价格个体性的波动程度减弱，股票价格的同步性越高。换而言之，股价同步性与信息透明度负相关，股价同步性负向地反映股票市场的信息效率（Roll，1988；Morck et al.，2000；Jin and Myers，2006；吴联生等，2009）。在噪声较多的证券市场中，由于公司个体信息相对较少而噪声较多，股票价格波动主要受噪声的影响。在此情形下，信息透明度的提高会降低公司未来发展的不确定性，减弱噪声对公司股票价格的影响，从而降低股票价格个体性的波动程度，股价同步性提高，也即信息透明度与股价同步性正相关，股价同步性正向地反映股票市场的信息效率。由于中国证券市场作为一个新兴市场，监管制度尚不健全，法律执行效率较低（Allen et al.，2006），中国证券市场是一个噪声较多的市场，股价同步性正向地反映证券市场的信息效率。为此，在股权过程中，控股股东为了掩饰其盈余管理行为，会有意地降低公司财务信息透明度，使公司股价中包含的真实信息减少，公司股价同步性随之降低。

表 4－6　　盈余管理与股票误定价

	(1)	(2)	(3)	(4)	(5)	(6)
	全样本	低操控组	高操控组	全样本	低操控组	高操控组
AM	0.281*** (4.24)	1.856*** (3.92)	0.285*** (3.18)			
RM				0.127*** (5.43)	0.098 (0.62)	0.154*** (4.77)
Macro	－0.319*** (－29.14)	－0.083*** (－4.46)	0.048*** (2.73)	－0.070*** (－5.69)	0.120*** (6.28)	－0.095*** (－5.14)
Size	－0.012*** (－3.82)	－0.005 (－1.05)	－0.020*** (－4.55)	－0.009*** (－2.88)	－0.011** (－2.26)	－0.010** (－2.15)
Lev	0.095*** (8.03)	0.097*** (5.35)	0.100*** (6.06)	0.090*** (7.42)	0.116*** (6.40)	0.080*** (4.63)
Roa	－0.115** (－2.52)	－0.436*** (－3.91)	－0.054 (－1.00)	－0.162*** (－3.52)	－0.206*** (－2.77)	－0.169*** (－2.72)
Growth	0.002 (1.34)	－0.000 (－0.19)	0.005** (2.40)	0.002 (1.14)	0.003 (1.02)	0.002 (0.72)
State	－0.045*** (－4.63)	－0.026 (－1.63)	－0.044*** (－3.39)	－0.044*** (－4.40)	－0.034** (－2.27)	－0.054*** (－3.82)
Age	0.014** (2.48)	0.016* (1.84)	0.000 (0.03)	0.003 (0.48)	0.005 (0.53)	0.003 (0.33)
Shrhfd	－0.054** (－2.20)	－0.089** (－2.45)	－0.017 (－0.50)	－0.037 (－1.45)	－0.103*** (－2.78)	0.028 (0.78)
Bsize	0.017 (1.47)	－0.005 (－0.32)	0.036** (2.12)	0.016 (1.35)	0.020 (1.14)	0.021 (1.21)
Dual	－0.007 (－1.54)	－0.013** (－2.04)	－0.006 (－0.95)	－0.006 (－1.43)	0.005 (0.74)	－0.013** (－2.00)

续表

	(1)	(2)	(3)	(4)	(5)	(6)
	全样本	低操控组	高操控组	全样本	低操控组	高操控组
Mnghld	-0.015 (-0.71)	-0.062* (-1.96)	0.026 (0.84)	-0.005 (-0.23)	0.016 (0.48)	-0.017 (-0.57)
_cons	0.747*** (12.72)	0.519*** (5.46)	0.440*** (5.40)	0.520*** (8.20)	0.292*** (2.81)	0.552*** (6.40)
Ind	Yes	Yes	Yes	Yes	Yes	Yes
Yq	Yes	Yes	Yes	Yes	Yes	Yes
N	70746	35340	35406	67963	33990	33973
r2_a	0.087	0.053	0.053	0.087	0.044	0.056
F	81.22***	40.14***	43.56***	79.37***	36.70***	45.94***

注：表中数值为变量的回归系数，括号内为回归系数的 T 值，*、**、*** 分别表示在 10%、5% 和 1% 的显著性水平下显著。

其他控制变量，如公司规模（Size）的回归系数在表 4-6 的模型（1）、模型（3）和模型（4）中均在 1% 的显著性水平下为负，在模型（5）和模型（6）中均在 5% 的显著性水平下为负，模型（2）中的回归系数也为负，但并不显著，表明公司规模越大，股价被高估的可能性越低，这可能是大规模公司信息透明度较高有关。资产负债率（Lev）的回归系数在模型（1）至模型（6）中均在 1% 的显著性水平下为正，表明公司资产负债率越高，公司股票价格越有可能被高估。产权性质（State）的回归系数在模型（1）、模型（3）模型（4）和模型（6）均在 1% 的显著性水平下为负，模型（5）中的回归系数在 5% 的显著性水平下为负，模型（2）中的回归系数虽也为负，但并不显著，这表明相对于民营企业，国有企业股票价格被误定价的可能较低。总体来说，公司股票价格受到公司层面信息和市场层面信息的影响，在公司层面信息中，公司业绩是投资者最为看重的信息，公司业绩是投资者评估一个公司投资价值的重要依据。

五、进一步分析

前面研究表明，在股权质押过程中，控股股东具有强烈的盈余管理动机，并且随着外部监管环境的趋严，其盈余管理方式由操控应计项目转向更加隐蔽的操控真实交易。控股股东利用其控制权操控盈余的行为使公司盈余信息被扭曲，股票价格波动并不能充分有效传递公司的真实盈余信息，公司股价包含的噪声信息增多，而股价所吸收的真实信息减少，进而为控股股东操控公司股价、诱使股价上涨，创造有利的股权质押市场时机提供了可能。为了进一步分析控股股东股权质押是如何利用股票误定价实现其市场择时动机，下面分析股权质押、盈余管理与股价同步性的关系。

（一）盈余管理与股价同步性

证券市场的基本功能是有效合理地配置资源，使资源从利用率低的企业流向利用率高的企业。股票价格同时包含市场层面的信息和公司层面的信息。丰富的公司层面信息可以使投资者充分了解市场上不同公司间经营效率的差别，从而将资金投入最有价值的企业。因此，股价中所包含的公司层面信息显著影响市场配置资源的有效性。相对于成熟资本市场，新兴市场中股票价格所包含的公司层面信息较少，股价波动具有显著的“同涨同跌”现象，股票市场无法通过价格波动有效地传递关于公司盈余能力的信息，较弱的投资者法律保护水平降低了投资者挖掘企业层面信息的动力，市场被“噪声”投资者所主导（Morck et al.，2000）。在所有公司层面信息中，最受投资者关注的是企业盈余信息。权小锋和吴世农（2010）发现，我国盈余公告在概括企业过去会计业绩的同时，也是投资者对企业未来收益进行预测的重要依据。盈余管理被公认为是管理层操纵公司业绩的最重要手段之一（Burgstahler and Dichev，1997；Healy and Wahlen，1999；Leuz et al.，2003）。

我国证券市场的有效性程度还较低，并且上市公司的股权结构集中，多数上市公司都存在控股股东，控股股东作为实际控制人对公司决策具有较大影响，管理层的经营决策受到控股股东利益动机的左右，控股股东具有操纵盈余、利用资本市场的低效率牟取控制权私利的动机。控股股东有目的地干预公司信息披露，使更多的噪声信息释放到证券市场中，导致公司股价中包含的噪声信息增多、个股涨跌与市场整体趋势的同步性降低。我国证券市场发展历程短、信息效率水平较低，投资者不能有效地识别公司盈余质量，市场股价的波动更多地反映了噪声信息的影响（王亚平、刘慧龙、吴联生，

2009；史永，2013；罗琦、付世俊，2014）。因而，我国证券市场是一个噪声较多的市场，股价同步性正向地反映证券市场的信息效率（王亚平等，2009）。上市公司的盈余管理活动是造成股票价格中公司层面信息含量减少的重要原因，盈余管理程度更高的公司，其股票价格中包含更少的公司层面信息，更容易呈现出与市场同涨同跌的现象（王亚平等，2009；陆瑶和沈小力，2011）。为了掩饰其盈余管理行为，控股股东会有意识地降低公司财务信息透明度，使反映公司真实价值的信息被隐瞒而不被投资者所了解，这意味着控股股东的自利侵占动机会降低公司的信息透明度，造成股价所能吸收的公司特质信息减少（Morck et al.，2000；Gul et al.，2010）。上市公司的盈余管理既释放了较多的噪声信息，又减少了股价中的特质信息，而噪声信息增多会使股价同步性下降、公司特质信息减少则会使股价同步性上升。由于股价的易变性，在股权质押过程中为了获得较高的贷款成数或避免控制权转移风险，控股股东具有利用其控制权操纵公司盈余信息披露的强烈动机，这使公司股价吸收了较多的噪声信息，意味着公司股价随市场波动的趋势减弱，股价同步性降低，为其操控股价、创造有利的股权质押市场时机提供了条件。

表4-7列示了以模型（4-9）为基础的上市公司的盈余管理活动与其股价同步性的回归结果。上市公司的盈余管理程度分别采用应计盈余管理（AEM）和真实盈余管理（REM）的绝对值AM和RM，并分别以两类盈余管理的中位数为分组标准进行分组检验，如果盈余管理程度高于中位数，则是高盈余管理组，反之则为低盈余管理组，以考察公司正向的两类盈余管理活动对公司股价同步性的影响。模型（1）至模型（3）中应计盈余管理的回归系数分别为-0.586、-3.414和-0.626，且分别在5%、10%和10%的显著性水平下为负，高应计盈余操控组回归系数的绝对值大于全样本组回归系数的绝对值，说明对于我国上市公司来说，应计盈余管理与股价同步性之间存在显著的负相关关系，而且应计盈余管理程度越高，公司盈余信息被扭曲的越严重，公司股价中包含的噪声信息越多，公司股价同步性自然会越低。

在表4-7的模型（4）至模型（6）中真实盈余管理的回归系数分别为-0.193、-0.475和-0.269，且全样本组和高真实盈余管理操控组的回归系数均在5%的显著性水平下为负，高真实盈余操控组回归系数的绝对值大于全样本组回归系数的绝对值，低真实盈余管理操控组的回归系数虽也为负，但并不显著，表明对于中国上市公司来说，真实盈余管理与股价同步性之间存在显著的负相关关系，而且真实盈余管理程度越高，公司盈余信息被扭曲的越严重，公司股价吸收的噪声信息越多，股价同步性自然会越低。通过对上盈余管理活动与股价同步性的研究发现，上市公司的盈余管理活动一方面使更多的噪声信息传递给投资者，这会使股价同步性降低；另一方面，为掩饰其盈余管理行为，控股股东会有意地降低公司财务信息透明度，使公司真实的财务信息被隐瞒，这又使公司的股价同步性提高。总体来说，上市公司的盈余管理活动降低了公司的股价同步性。上市公司通过盈余管理活动释放的噪声信息所引起股价同步性降低的作用大于其降低财务信息透明度所导致股价同步性提高的作用。因此，噪声信息在我国证券市场中起主导作用，股价同步性主要体现了我国证券市场的信息噪声量而非信息效率，这也与我国新兴市场的特征相吻合。分组检验结果进一步证实，上市公司的盈余管理活动向证券市场释放了较多噪声信息而使公司的股价同步性降低，随着公司盈余管理程度的增大，这些虚假盈余信息对公司价值的扭曲会越严重。因此，相比盈余管理程度较小的上市公司，盈余管理程度较大的上市公司，其盈余管理活动对公司的股价同步性的影响会更为强烈。

表4－7　　盈余管理与股价同步性

	(1)	(2)	(3)	(4)	(5)	(6)
	全样本	低操控组	高操控组	全样本	低操控组	高操控组
AM	－0.586** (－2.37)	－3.414* (－1.90)	－0.626* (－1.87)			
RM				－0.193** (－2.21)	－0.475 (－0.80)	－0.269** (－2.23)
Macro	－0.015 (－0.33)	0.521*** (7.20)	－0.442*** (－6.54)	－1.645*** (－35.28)	0.129* (1.77)	－1.644*** (－23.49)
Size	－0.019 (－1.46)	－0.001 (－0.04)	－0.040** (－2.23)	－0.040*** (－3.05)	－0.019 (－0.97)	－0.062*** (－3.32)
Lev	－0.534*** (－12.08)	－0.599*** (－8.53)	－0.497*** (－8.06)	－0.520*** (－11.48)	－0.500*** (－7.34)	－0.524*** (－8.06)

续表

	(1)	(2)	(3)	(4)	(5)	(6)
	全样本	低操控组	高操控组	全样本	低操控组	高操控组
Roe	-0.129 * (-1.87)	-0.081 (-0.46)	-0.161 ** (-2.02)	-0.160 ** (-2.26)	-0.156 (-1.39)	-0.129 (-1.34)
Growth	-0.017 *** (-2.88)	-0.010 (-1.07)	-0.026 *** (-3.17)	-0.016 ** (-2.57)	-0.019 * (-1.86)	-0.014 * (-1.75)
MB	-0.114 *** (-29.57)	-0.138 *** (-21.81)	-0.107 *** (-20.74)	-0.112 *** (-27.84)	-0.116 *** (-18.78)	-0.113 *** (-19.88)
State	0.013 (0.34)	0.058 (0.95)	0.006 (0.12)	0.037 (0.96)	0.065 (1.13)	0.018 (0.33)
Age	0.157 *** (7.50)	0.136 *** (4.23)	0.188 *** (6.27)	0.132 *** (5.92)	0.098 *** (2.86)	0.147 *** (4.71)
Shrhfd	0.145 (1.57)	0.114 (0.81)	0.214 (1.61)	0.177 * (1.85)	0.242 * (1.72)	0.026 (0.19)
Bsize	0.110 ** (2.48)	0.123 * (1.87)	0.139 ** (2.19)	0.107 ** (2.36)	0.137 ** (2.06)	0.106 (1.61)
Dual	0.021 (1.29)	0.010 (0.41)	0.026 (1.11)	0.026 (1.53)	0.035 (1.37)	0.003 (0.14)
Mnghld	0.036 (0.45)	0.002 (0.01)	0.054 (0.47)	-0.043 (-0.52)	-0.177 (-1.39)	0.086 (0.76)
_cons	0.880 *** (3.64)	0.241 (0.63)	1.442 *** (4.43)	1.996 *** (7.95)	0.493 (1.20)	2.073 *** (6.02)
Ind	Yes	Yes	Yes	Yes	Yes	Yes
Yq	Yes	Yes	Yes	Yes	Yes	Yes
N	71884	35940	35944	69357	34686	34671
r2_a	0.197	0.163	0.169	0.202	0.173	0.168
F	170.36 ***	81.08 ***	90.21 ***	170.48 ***	83.41 ***	92.18 ***

注：表中数值为变量的回归系数，括号内为回归系数的 T 值，*、**、*** 分别表示在 10%、5% 和 1% 的显著性水平下显著。

其他控制变量，如公司规模（Size）的回归系数在表 4-7 的模型（3）、模型（4）和模型（6）中分别在 5%、1% 和 1% 的显著性水平下为负，在模型（1）、模型（2）和模型（5）虽也为负，但并不显著，表明公司规模越大，则其股价与市场价格的联动性越强，公司股价会随市场行情“同涨同跌”。资产负债率（Lev）的回归系数在模型（1）至模型（6）中均在1%的显著性水平下为负，表明当公司负债率较高、偿债能力较低时，公司股价包含更多的公司特质风险，也即更多的公司特质信息，此时公司的股价同步性下降。净资产收益率（Roe）的回归系数在模型（1）、模型（3）和模型（4）中的回归系数分别在10%、5%和5%的显著性水平下为负，在模型（2）、模型（5）和模型（6）的系数虽也为负，但并不显著，表明当公司的盈利能力增强时，会有更多关于公司未来发展的信息释放到市场中，从而降低了公司的股价同步性。发展能力（Growth）在模型（1）、模型（3）、模型（4）、模型（5）和模型（6）中的回归系数分别在1%、1%、5%、10%和10%的显著性水平下为负，在模型（2）中的回归系数虽也为负，但并显著，表明发展潜力大的公司具有较多的投资机会，公司股价中包含的未来盈利信息较多，公司的股价同步性较低。账面市值比（MB）在模型（1）至模型（6）中的回归系数均在1%的显著性水平下为负，账面市值比高的公司，其股票收益率较高，公司的股价同步性也就越低。上市年限（Age）在模型（1）至模型（6）中的回归系数均在1%的显著性水平下为正，表明上市年限越久，公司股价受市场噪声信息的影响越多，公司的股价同步性也就越高。其他公司层面的特征信息对公司的股价同步性也均有不同程度的影响。为此，公司股价中虽包含公司层面的微观信息和市场层面的宏观信息，但在噪声信息较多的证券市场，如中国证券市场，由于公司层面信息相对较少而噪声信息较多，公司股票价格波动主要是由噪声信息所推动的。

（二）股权质押与股价同步性

股权质押原本系控股股东的个人行为，是一种信用扩张的融资杠杆操作，而控股股东的地位使其与公司经营发生了关联。控股股东通过质押股权将其沉没在资产负债表上的“静态”股权转化为“动态”的可用资本，使财务资源的杠杆效应得以充分发挥，是一种将“经济存量”转变为“经济能量”的有效财务策略（艾大力和王斌，2012）。股权质押期内，被质押股权仍归属于控股股东，其股东地位维持不变，依然享有相应的权利，如表决权、新股优先认购权和与余额返还请求权（阎天怀，1999），同时控股股东个人财富与公司股价之间的关联性会因此而可能有倍增的效果。作为一种担保物权，股权质权是为担保债权实现设立的，股权质权担保力的大小直接关系到债权的安全与否，与银行等职权人的切身利益相关。股权质权的担保功能源于股权的价值[①]，股权的价值是股权质权担保功能的基础，质押股权的价值决定了控股股东能够从金融机构取得的贷款规模以及贷款成本。由于股权的市场价格是股权价值的货币反映，无疑股票市场的估值水平直接决定了质押股权的价值，将会对控股股东股权质押决策产生直接影响（徐寿福等，2016）。股票误定价所引起的质押股权价值的变化改变了控股股东的资产质量和信贷条件，尤其是当股价被高估时，这在某种程度上也为控股股东的资产状况提供了“背书”。因此，控股股东股权质押决策存在利用股票误定价，相机选择质押股权的市场择时动机。由于用于质押的股权通常在市场上公开交易，股票价格受到多种因素干扰而发生波动，特别是在以股权出质的情形下，质押股权的价值经常处于变化之中，控股股东随时面临着质押股权价值下降、自身偿债能力有限等“财务压力”，进而触发“控制权转移风险”（王斌等，2013）。由于对股价变化更为敏感，控股股东股权质押过程中具有强烈动机使公司股票价格保持相对较高价位。盈余管理被认为是对通行财务会计准则的一种规则利用，以误导利益相关者对企业潜在经营活动的理解，或影响基于财务报告数字的契约结果（Healy and Wahlen，1999），是以获取私人团体利益的“信息披露管理”（闻岳春和夏婷，2016）。公司管理层不仅可以通过应计项目操控盈余，还可以通过真实活动操控盈余（Roychowdury，2006）；而且，在操控盈余时，管理层会替代性地采用应计项目盈余管理和真实活动盈余管理两种方式（Zang，2005、2006）。由于股价的易变性，股权质押之前控股股东可能会通过盈余管理方式抬高公司股价，以便能够从金融机构取得更多的贷款；股权质押之后为了避免控制权转移风险，质押股权的控股股东可能会通过盈余管理来“粉饰业绩”，从而使公司股票价格保持相对较高的价位。中国资本市场的有效性程度还较低，控股股东具有操纵盈余、利用资本市场的低效率谋取控制权私利的动机。

股票价格中包含公司层面的微观信息和市场层面的宏观信息，丰富的公

① 闫天怀（1999）认为，股权价值的内涵包括两项：一是红利，二是分配公司的剩余财产。因此，出质股权价值取决于：（1）可获得红利的多寡；（2）可分得公司剩余财产的多寡；（3）出质股权的比例。

司层面信息可以使投资者充分了解在一个市场上不同公司之间经营效率的差别，从而将资金投入最有价值的企业上（Wurgler，2000）。因此，股价中所包含的公司层面信息的含量显著地影响了证券市场资本配置的有效性。相对于成熟的资本市场，在新兴资本市场中股票价格所包含的公司层面的信息较少，股价波动具有强烈的“同涨同跌”现象，表明股票市场无法通过价格波动有效传递公司盈余能力的信息，使投资者有效地识别投资对象，从而优化资源配置（Morck et al.，2000）。在所有公司层面的信息中，最受投资者关注的是企业的盈余能力。权小锋和吴世农（2010）发现，我国盈余公告在概括企业过去会计业绩的同时，也是投资者对企业未来收益进行预测的重要依据。盈余管理被公认为是管理层操纵公司业绩的重要手段（Burgstahler and Dichev，1997；Healy and Wahlen，1999；Leuz et al.，2003），信息不对称情况下广泛实行的财务会计准则为管理层提供了伪装公司业绩，掩盖公司层面信息的机会（Sehipper，1989）。在股权质押过程中，控股股东利用其控制权进行盈余管理可以使公司股价保持相对较高的价位，以获得较高的贷款成数和降低因股价暴跌而引发“控制权转移风险”。由于我国资本市场发展历程还较短，市场有效性程度还不够高，控股股东盈余操控使公司盈余信息被扭曲，股票价格的市场波动并不能充分有效反映公司的真实盈余信息：一方面，公司股票价格波动受到控股股东利益动机的影响，使股票价格中包含的噪声信息量增多；另一方面，为掩饰其盈余管理行为，控股股东会有意降低公司财务信息透明度，使股票价格中所包含的真实信息减少。可见，控股股东盈余管理在减少公司特质信息的同时增加了公司噪声信息的释放。在噪声较多的市场，由于公司层面信息相对较少而噪声较多，股票价格波动主要是由噪声所推动的。在此情形下，公司信息透明度的提高将会减少公司未来发展的不确定性，市场噪声对股票价格波动的影响减弱，从而降低股价个体性的波动程度，股价同步性提高。换而言之，公司的股价同步性与其信息透明度正相关，股价同步性正向地反映证券市场的信息效率（Dasgupta et al.，2008）。股价同步性反映了公司层面信息和市场层面信息被公司股价吸收的相对多少，在市场上表现为公司个体股价波动随市场整体“同涨同跌”的一致程度（Roll，1988；Morck et al.，2000；Jin and Myers，2006；陆瑶和沈小力，2011）。

作为一个新兴市场，中国证券市场是一个噪声较多的市场，股价同步性会正向地反映股票市场的信息效率，也即公司信息透明度越低，股价同步性越低（吴联生等，2008）。为此，在股权质押过程中，控股股东有目的地干预公司盈余信息的披露，为追求其自身利益最大化使更多关于公司价值的噪声信息释放到市场中，从而影响投资者对公司价值的判断，公司股票价格受噪声信息的干扰增多，股价同步性随之下降。股价同步性降低意味着公司股价跟随市场波动的趋势减弱，这就为控股股东操控股价、诱导股价上涨，创造有利的市场时机提供了条件（罗琦和付世俊，2015）。

表4－8报告了以模型（4－10）为基础的公司的股价同步性与控股股东股权质押决策之间的关系。在模型（1）至模型（3）中股价同步性（Syn）的回归系数分别为－0.003、－0.007和－0.001，且均在1%的显著性水平下负相关，表明控股股东股权质押过程中倾向于在公司的股价同步性较低时质押股权，操控盈余降低公司的股价同步性是股权质押过程中控股股东利用资本市场的低效率诱使投资者高估公司价值，使公司股价保持相对较高价位的一个重要环节。为了追求其自身利益最大化，控股股东通过操控公司盈余信息的披露使更多关于公司价值的噪声信息释放到市场中，从而影响投资者对公司价值的判断，公司股价受噪声信息的干扰增多，进而导致公司的股价同步性下降。可见，在股权质押过程中，控股股东所实施的盈余管理活动在减少公司特质信息的同时也增加了公司噪声信息的释放。由于噪声信息在我国证券市场中起主导作用，股价同步性主要体现了我国证券市场的信息噪声量而非信息效率，投资者并不能有效识别公司所披露的盈余信息，导致控股股东股权质押过程中有动机操纵公司盈余信息披露影响公司股价以获得有利的市场时机，获取更多的信贷资源。

表4－8　　　　股权质押与股价同步性

	(1)	(2)	(3)
	Plgdum	Plgfrep	Plgrat
Syn	−0.003*** (−3.44)	−0.007*** (−4.15)	−0.001*** (−4.10)
Macro	−0.105*** (−13.04)	−0.203*** (−12.72)	−0.028*** (−9.03)

续表

	(1)	(2)	(3)
	Plgdum	Plgfrep	Plgrat
Size	0.005*** (5.54)	0.014*** (7.10)	0.001*** (2.78)
Lev	0.065*** (12.39)	0.120*** (12.01)	0.018*** (8.46)
Roa	0.046 (1.45)	0.116* (1.89)	-0.004 (-0.30)
Growth	-0.003** (-2.34)	-0.003 (-1.16)	-0.000 (-0.37)
Turnover	-0.015*** (-4.58)	-0.036*** (-5.79)	-0.005*** (-3.77)
Tngble	-0.025*** (-4.10)	-0.062*** (-5.28)	-0.009*** (-3.94)
State	-0.107*** (-47.25)	-0.195*** (-44.59)	-0.032*** (-37.52)
Age	0.014*** (8.60)	0.030*** (10.08)	0.004*** (6.06)
Shrhfd	0.078*** (9.42)	0.174*** (10.38)	0.001 (0.46)
Indrct	0.015 (0.77)	0.025 (0.69)	-0.005 (-0.75)
Bsize	0.015*** (2.89)	0.018* (1.80)	0.005*** (2.83)
Dual	0.007*** (2.83)	0.012** (2.37)	0.002* (1.79)
Salary	-0.003** (-1.96)	-0.000 (-0.02)	-0.003*** (-4.40)
Mnghld	0.042*** (4.64)	0.068*** (3.87)	0.005 (1.49)

续表

	(1)	(2)	(3)
	Plgdum	Plgfrep	Plgrat
_cons	0.058** (2.37)	0.017 (0.37)	0.054*** (6.04)
Ind	Yes	Yes	Yes
Yq	Yes	Yes	Yes
N	75721	75721	75721
r2_a	0.077	0.075	0.045

注：表中数值为变量的回归系数，括号内为回归系数的T值，*、**、***分别表示在10%、5%和1%的显著性水平下显著。

其他控制变量，如宏观经济景气度（Macro）在表4-8的模型（1）至模型（3）中的回归系数分别为-0.105、-0.203和-0.028，并且均在1%的显著性水平下负相关，表明控股股东股权质押决策受到宏观经济状况的影响，宏观经济景气时控股股东股权质押较少，宏观经济不景气时控股股东质押相对较多。公司规模（Size）和资产负债率（Lev）在模型（1）至模型（3）中的回归系数均在1%的显著性水平下正相关，表明公司规模越大，资产负债率越高，发生控股股东股权质押的可能性越大，质押规模也越大。其他公司层面的控制变量也是影响控股股东股权质押决策的重要因素。可见，控股股东股权质押决策受到公司内外部环境的影响。

表4-9报告了股权质押、资产误定价与股价同步性的回归结果。在模型（1）和模型（3）中股票误定价（|Mis|）的回归系数分别为0.023和0.022，均在1%的显著性水平下显著为正，且在模型（3）中的系数略低于模型（1）的系数，模型（2）中股票误定价（|Mis|）的回归系数在1%的显著性水平下为负；在模型（3）中股价同步性（Syn）的回归系数在10%的显著性水平下为负，这说明股价同步性低，股价被高估时，控股股东的股权质押意愿明显增强。

在表4-9的模型（4）和模型（6）中股票误定价（|Mis|）的回归系数分别为0.052和0.050，且均在1%的显著性水平下显著为正，模型（6）中的系数略低于模型（4）的系数，模型（5）中股票误定价（|Mis|）的回归系数在1%的显著性水平下为负；股价同步性（Syn）的回归系数在模型

（6）中在5%的显著性水平下为负，说明股价同步性低、股价被高估时，控股股东的股权质押次数明显增加。在模型（7）和模型（9）中股票误定价（|Mis|）的回归系数分别为0.005和0.005，均在1%的显著性水平下显著为正，且模型（9）中的系数与模型（7）的系数一致，模型（8）中股票误定价（|Mis|）的回归系数在1%的显著性水平下为负；股价同步性（Syn）的回归系数在模型（9）中在1%的显著性水平下为负，说明股价同步性低、股价被高估时，控股股东的股权质押比率明显增加。由于我国资本市场起步较晚，市场有效性程度还不够高，投资者并不能有效识别公司所披露的盈余信息，这使控股股东在股权质押决策时有动机实施盈余管理影响公司股票价格以创造有利的市场时机。为追求其自身利益最大化，控股股东有目的地影响公司盈余信息披露使更多关于公司价值的噪声信息释放到市场中，进而利用市场的低效率影响投资者对公司价值的判断，股票价格受噪声信息的干扰增多，公司的股价同步性下降。

表4-9　　股权质押、资产误定价与股价同步性

	(1) Plgdum	(2) Syn	(3) Plgdum	(4) Plgfrep	(5) Syn	(6) Plgfrep	(7) Plgrat	(8) Syn	(9) Plgrat
|Mis|	0.023*** (10.91)	-0.413*** (-44.22)	0.022*** (10.32)	0.052*** (13.21)	-0.413*** (-44.22)	0.050*** (12.44)	0.005*** (6.65)	-0.413*** (-44.22)	0.005*** (5.87)
Syn			-0.002* (-1.83)			-0.004** (-2.43)			-0.001*** (-3.31)
Macro	-0.006 (-0.58)	-1.173*** (-26.62)	-0.017* (-1.77)	-0.004 (-0.23)	-1.173*** (-26.62)	-0.021 (-1.18)	-0.002 (-0.56)	-1.173*** (-26.62)	-0.006* (-1.79)
Size	0.006*** (5.82)	0.082*** (16.70)	0.006*** (5.71)	0.016*** (7.54)	0.082*** (16.70)	0.016*** (7.50)	0.001*** (2.90)	0.082*** (16.70)	0.001*** (3.02)
Lev	0.065*** (11.94)	-0.452*** (-18.57)	0.065*** (11.88)	0.120*** (11.67)	-0.452*** (-18.57)	0.119*** (11.50)	0.018*** (8.82)	-0.452*** (-18.57)	0.018*** (8.59)
Roa	0.017 (0.53)	-0.769*** (-5.34)	0.016 (0.51)	0.054 (0.89)	-0.769*** (-5.34)	0.050 (0.82)	-0.010 (-0.87)	-0.769*** (-5.34)	-0.010 (-0.87)
Growth	-0.003** (-2.10)	-0.022*** (-3.58)	-0.003** (-2.15)	-0.003 (-1.12)	-0.022*** (-3.58)	-0.003 (-1.13)	-0.000 (-0.22)	-0.022*** (-3.58)	-0.000 (-0.22)

续表

	(1) Plgdum	(2) Syn	(3) Plgdum	(4) Plgfrep	(5) Syn	(6) Plgfrep	(7) Plgrat	(8) Syn	(9) Plgrat
Turnover	-0.012 *** (-3.34)	-0.071 *** (-4.51)	-0.012 *** (-3.42)	-0.031 *** (-4.57)	-0.071 *** (-4.51)	-0.031 *** (-4.60)	-0.004 *** (-2.90)	-0.071 *** (-4.51)	-0.004 *** (-3.01)
Tngble	-0.021 *** (-3.07)	0.082 *** (2.63)	-0.020 *** (-2.95)	-0.053 *** (-4.03)	0.082 *** (2.63)	-0.050 *** (-3.83)	-0.009 *** (-3.33)	0.082 *** (2.63)	-0.008 *** (-3.20)
State	-0.107 *** (-45.90)	0.074 *** (7.16)	-0.106 *** (-45.57)	-0.194 *** (-44.12)	0.074 *** (7.16)	-0.193 *** (-43.84)	-0.032 *** (-36.94)	0.074 *** (7.16)	-0.032 *** (-36.67)
Age	0.014 *** (8.22)	-0.023 *** (-3.12)	0.014 *** (8.20)	0.030 *** (9.53)	-0.023 *** (-3.12)	0.030 *** (9.56)	0.004 *** (5.94)	-0.023 *** (-3.12)	0.004 *** (5.91)
Shrhfd	0.070 *** (8.35)	-0.037 (-1.00)	0.070 *** (8.37)	0.157 *** (9.94)	-0.037 (-1.00)	0.157 *** (9.92)	-0.001 (-0.24)	-0.037 (-1.00)	-0.001 (-0.19)
Indrct	-0.001 (-0.07)	0.088 (0.99)	0.002 (0.11)	-0.011 (-0.28)	0.088 (0.99)	-0.003 (-0.07)	-0.009 (-1.25)	0.088 (0.99)	-0.008 (-1.08)
Bsize	0.011 ** (1.97)	0.061 ** (2.41)	0.012 ** (2.15)	0.012 (1.10)	0.061 ** (2.41)	0.013 (1.18)	0.005 ** (2.16)	0.061 ** (2.41)	0.005 ** (2.32)
Dual	0.007 *** (2.98)	0.012 (1.15)	0.007 *** (3.04)	0.011 ** (2.52)	0.012 (1.15)	0.011 *** (2.60)	0.002 * (1.92)	0.012 (1.15)	0.002 ** (1.97)
Salary	-0.004 *** (-2.73)	0.008 (1.10)	-0.004 *** (-2.69)	-0.003 (-0.95)	0.008 (1.10)	-0.003 (-0.95)	-0.003 *** (-5.23)	0.008 (1.10)	-0.003 *** (-5.18)
Mnghld	0.045 *** (5.88)	0.079 ** (2.32)	0.046 *** (6.03)	0.074 *** (5.12)	0.079 ** (2.32)	0.076 *** (5.26)	0.005 * (1.74)	0.079 ** (2.32)	0.005 * (1.93)
_cons	-0.021 (-0.81)	0.465 *** (3.95)	-0.015 (-0.56)	-0.139 *** (-2.77)	0.465 *** (3.95)	-0.131 *** (-2.60)	0.035 *** (3.51)	0.465 *** (3.95)	0.037 *** (3.74)
Ind	Yes	Yes	Yes	Yes	Yes	Yes	Yes	Yes	Yes
Yq	Yes	Yes	Yes	Yes	Yes	Yes	Yes	Yes	Yes
N	74627	73990	73990	74627	73990	73990	74627	73990	73990
r2_a	0.078	0.255	0.078	0.077	0.255	0.077	0.046	0.255	0.046
F	51.37 ***	201.95 ***	50.35 ***	50.67 ***	201.95 ***	49.73 ***	29.59 ***	201.95 ***	29.09 ***

注：表中数值为变量的回归系数，括号内为回归系数的 T 值，*、**、*** 分别表示在 10%、5% 和 1% 的显著性水平下显著。

其他控制变量，如宏观经济景气度（Macro）在表4-9的模型（2）、模型（5）和模型（8）中的回归系数均在1%的显著性水平下为负，表明公司的股价同步性受到宏观经济状况的影响，宏观经济景气时股价同步性较低，宏观经济不景气时股价同步性较高。公司规模（Size）在模型（1）至模型（9）中的回归系数均在1%的显著性水平下正相关，表明公司规模也是影响公司的股价同步性以及控股股东股权质押决策重要公司面特征。资产负债率（Lev）在模型（1）、模型（3）、模型（4）、模型（6）、模型（7）和模型（9）中的回归系数均在1%的显著性水平下为正，而在模型（2）、模型（5）和模型（8）中的回归系数均在1%的显著性水平下为负。其他公司层面的控制变量也是影响公司的股价同步性和控股股东股权质押决策的重要因素。

六、稳健性检验

为了保证研究结论的稳健性，本章进行了如下的稳健性检验：

第一，借鉴Roychowdhury（2006）的做法，将真实盈余管理进一步细分为销售操控、生产操控和费用操控，相应地，分别用异常经营现金净流量（Dcf）、异常生产成本（Pce）和异常酌量性费用（Sae）来衡量，表4-10报告稳健性检验结果。

在表4-10的模型（1）至模型（3）中，控股股东股权质押三个特征变量季度内是否质押股权（Plgdum）、季度内累计质押次数（Plgfrep）和季度内累计质押比率（Plgrat）的回归系数分别为-0.003、-0.002和-0.004，且分别在1%、1%和10%的显著性水平下为负，说明与未发生控股股东股权质押的上市公司相比，发生控股股东股权质押的上市公司其异常经营性净现金流（Dcf）变低，意味着控股股东通过减少经营性净现金流实现其盈余管理目的。

在模型（4）至模型（6）中，控股股东股权质押的三个特征变量（Plgdum、Plgfrep、Plgrat）的回归系数分别为-0.000、-0.000和-0.004，且模型（5）和模型（6）的回归系数分别在10%和1%的显著性水平下为负，说明与未发生控股股东股权质押的上市公司相比，发生控股股东股权质押的上市公司其异常酌量性费用（Sae）越低，这意味着公司越可能进行了真实性盈余管理，即通过减少研发支出、管理费用、销售费用及广告费用来增加盈利。

表4-10　　股权质押与真实盈余管理：Dcf、Sae 和 Pce

	Dcf			Sae			Pce		
	(1)	(2)	(3)	(4)	(5)	(6)	(7)	(8)	(9)
Plgdum	-0.003*** (-3.78)			-0.000 (-0.86)			0.002*** (3.41)		
Plgfrep		-0.002*** (-4.23)			-0.000* (-1.88)			0.001*** (3.09)	
Plgrat			-0.004* (-1.96)			-0.004*** (-3.46)			0.003** (2.21)
Macro	-0.005** (-1.98)	-0.005** (-1.98)	-0.005** (-1.98)	0.001 (1.49)	0.001 (1.49)	0.001 (1.48)	-0.005*** (-2.86)	-0.005*** (-2.86)	-0.005*** (-2.86)
Size	-0.001*** (-3.14)	-0.001*** (-3.10)	-0.001*** (-3.18)	-0.003*** (-20.11)	-0.003*** (-20.09)	-0.003*** (-20.10)	0.001*** (8.89)	0.001*** (8.88)	0.001*** (8.93)
Lev	-0.019*** (-15.44)	-0.019*** (-15.42)	-0.019*** (-15.56)	-0.006*** (-8.64)	-0.006*** (-8.58)	-0.006*** (-8.56)	0.009*** (12.58)	0.009*** (12.60)	0.010*** (12.68)
Roa	0.438*** (51.90)	0.438*** (51.92)	0.438*** (51.88)	-0.097*** (-17.47)	-0.097*** (-17.45)	-0.097*** (-17.47)	0.019*** (4.12)	0.019*** (4.12)	0.019*** (4.14)
Growth	-0.002*** (-5.93)	-0.002*** (-5.93)	-0.002*** (-5.91)	0.003*** (14.89)	0.003*** (14.89)	0.003*** (14.89)	-0.003*** (-8.68)	-0.003*** (-8.69)	-0.003*** (-8.70)
Turnover	-0.001 (-1.58)	-0.001 (-1.60)	-0.001 (-1.55)	0.008*** (12.86)	0.008*** (12.84)	0.008*** (12.83)	-0.011*** (-20.07)	-0.011*** (-20.06)	-0.011*** (-20.09)
Tngble	0.067*** (46.11)	0.067*** (46.09)	0.067*** (46.15)	0.002** (2.19)	0.002** (2.17)	0.002** (2.16)	-0.011*** (-12.98)	-0.011*** (-12.97)	-0.011*** (-13.01)
State	-0.004*** (-7.71)	-0.004*** (-7.79)	-0.004*** (-7.39)	0.000 (0.06)	-0.000 (-0.10)	-0.000 (-0.25)	-0.000 (-0.23)	-0.000 (-0.29)	-0.000 (-0.50)
Age	0.004*** (11.57)	0.004*** (11.61)	0.004*** (11.51)	0.002*** (9.30)	0.002*** (9.33)	0.002*** (9.34)	-0.002*** (-8.08)	-0.002*** (-8.09)	-0.002*** (-8.03)
Shrhfd	0.011*** (6.05)	0.011*** (6.10)	0.011*** (5.91)	-0.000 (-0.31)	-0.000 (-0.25)	-0.000 (-0.33)	0.000 (0.20)	0.000 (0.18)	0.000 (0.32)

续表

	Dcf			Sae			Pce		
	(1)	(2)	(3)	(4)	(5)	(6)	(7)	(8)	(9)
Indrct	-0.005 (-1.15)	-0.005 (-1.15)	-0.005 (-1.17)	0.010 *** (4.15)	0.010 *** (4.16)	0.010 *** (4.14)	-0.007 *** (-2.76)	-0.007 *** (-2.76)	-0.007 *** (-2.74)
Bsize	-0.003 ** (-2.27)	-0.003 ** (-2.27)	-0.003 ** (-2.28)	0.002 ** (2.23)	0.002 ** (2.24)	0.002 ** (2.25)	-0.002 ** (-2.28)	-0.002 ** (-2.26)	-0.002 ** (-2.26)
Dual	0.001 *** (2.59)	0.001 *** (2.59)	0.001 ** (2.56)	0.002 *** (6.10)	0.002 *** (6.11)	0.002 *** (6.12)	0.000 (1.40)	0.000 (1.41)	0.000 (1.42)
Salary	0.000 (0.44)	0.000 (0.46)	0.000 (0.43)	0.007 *** (31.76)	0.007 *** (31.77)	0.007 *** (31.72)	0.000 * (1.86)	0.000 * (1.84)	0.000 * (1.88)
Mnghld	-0.006 *** (-3.74)	-0.006 *** (-3.75)	-0.006 *** (-3.81)	0.004 *** (4.11)	0.004 *** (4.13)	0.004 *** (4.11)	0.003 *** (3.37)	0.003 *** (3.38)	0.003 *** (3.44)
_cons	-0.016 ** (-2.57)	-0.016 *** (-2.60)	-0.015 ** (-2.53)	-0.072 *** (-22.81)	-0.072 *** (-22.83)	-0.072 *** (-22.76)	-0.007 * (-1.73)	-0.007 * (-1.71)	-0.007 * (-1.77)
Ind	Yes	Yes	Yes	Yes	Yes	Yes	Yes	Yes	Yes
Yq	Yes	Yes	Yes	Yes	Yes	Yes	Yes	Yes	Yes
N	73203	73203	73203	69657	69657	69657	69750	69750	69750
r2_a	0.095	0.095	0.095	0.032	0.032	0.032	0.021	0.021	0.021
F	46.41 ***	46.45 ***	46.31 ***	17.31 ***	17.33 ***	17.38 ***	9.19 ***	9.17 ***	9.16 ***

注：表中数值为变量的回归系数，括号内为回归系数的 T 值，*、**、*** 分别表示在 10%、5% 和 1% 的显著性水平下显著。

在模型（7）至模型（9）中，控股股东股权质押特征变量季度内是否质押股权（Plgdum）、季度内累计质押次数（Plgfrep）和季度内累计质押比率（Plgrat）的回归系数分别为 0.002、0.001 和 0.003，且分别在 1%、1% 和 5% 的显著性水平下为正，表明与未发生控股股东股权质押的上市公司相比，发生控股股东股权质押的上市公司其非正常生产成本变高，意味着控股股东通过过度生产摊薄单位产品成本方式进行了真实性盈余管理。其他控制变量也与前面结果基本一致。这与前面研究结论一致，说明所得出的结论是稳健可靠的。

第二，为检验公司盈余管理活动对公司股票定价的影响，分别采用 Berger 等（1995）的做法、Feltham 和 Ohlson（1995）的剩余收益模型估计股票误定价程度，具体计算过程见第三章模型（3－3）至模型（3－6），得到股票误定价指标Mis_2和Mis_3。上市公司的盈余管理程度分别采用应计盈余管理（AEM）和真实盈余管理（REM）的绝对值AM和RM，并分别以两类盈余管理的中位数为分组标准进行分组检验，如果盈余管理程度高于中位数，则是高盈余管理组，反之则为低盈余管理组，以考察公司正向的两类盈余管理活动对公司股票定价的影响。在此基础上，重新进行回归，表4－11报告了稳健性检验结果。在模型（1）、模型（2）、模型（5）和模型（6）中应计盈余管理（AM）的回归系数均在1%的显著性水平下为正，而且高应计盈余操控组的回归系数总体上大于全样本组回归系数，表明控股股东通过正向应计盈余操控使公司财务信息被扭曲，利用资本市场的低效率诱使投资者高估公司价值，以使公司股票价格保持相对较高的价位。在模型（3）、模型（4）、模型（7）和模型（8）中真实盈余管理（RM）的回归系数也均在1%的显著性水平下为正，并且高真实盈余操控组的回归系数均大于全样本组的回归系数，表明控股股东通过正向真实盈余操控也使公司的财务信息被扭曲，股票价格中吸收了较多的噪声信息，利用资本市场的低效率诱使投资者高估公司价值，为其市场择时创造有利的条件。其他控制变量也与前面结果基本一致。这与前面研究结论保持一致，说明所得出的结论是稳健可靠的。

表4－11　　盈余管理与股票误定价：Mis_2和Mis_3

	Mis_2				Mis_3			
	(1) 全样本	(2) 高操控	(3) 全样本	(4) 高操控	(5) 全样本	(6) 高操控	(7) 全样本	(8) 高操控
AM	0.505*** (5.99)	0.646*** (6.31)			0.809*** (4.55)	0.674*** (3.10)		
RM			0.162*** (6.34)	0.169*** (5.12)			0.310*** (6.89)	0.354*** (6.33)
Macro	0.026* (1.74)	0.201*** (11.41)	0.220*** (10.86)	0.183*** (6.80)	0.857*** (44.98)	0.633*** (23.33)	0.167*** (4.92)	0.090** (2.22)
Size	－0.078*** (－9.70)	－0.090*** (－8.94)	－0.066*** (－8.24)	－0.069*** (－7.38)	－0.463*** (－33.62)	－0.508*** (－30.00)	－0.458*** (－32.31)	－0.473*** (－32.67)

续表

	Mis_2				Mis_3			
	(1) 全样本	(2) 高操控	(3) 全样本	(4) 高操控	(5) 全样本	(6) 高操控	(7) 全样本	(8) 高操控
Lev	-0.052** (-2.04)	-0.044 (-1.41)	-0.023 (-0.88)	-0.031 (-1.04)	1.403*** (28.73)	1.530*** (24.75)	1.383*** (28.30)	1.429*** (25.98)
Roa	0.208*** (2.78)	0.256*** (3.08)	0.101 (1.37)	0.115 (1.28)	9.139*** (52.42)	9.059*** (45.62)	9.104*** (53.63)	9.169*** (47.77)
Growth	0.010*** (6.25)	0.009*** (3.70)	0.008*** (4.93)	0.007*** (2.98)	0.005 (1.57)	0.006 (1.34)	0.004 (1.27)	0.003 (0.79)
State	-0.005 (-0.25)	-0.014 (-0.60)	-0.003 (-0.15)	0.013 (0.56)	-0.105** (-2.49)	-0.101* (-1.95)	-0.111*** (-2.68)	-0.097* (-1.94)
Age	0.021** (2.22)	0.020* (1.66)	0.024** (2.39)	0.020* (1.72)	0.089*** (4.44)	0.059** (2.50)	0.097*** (4.56)	0.098*** (4.27)
Shrhfd	0.132*** (2.71)	0.175*** (2.91)	0.127*** (2.67)	0.220*** (3.62)	0.178* (1.77)	0.320** (2.50)	0.193* (1.90)	0.294** (2.52)
Bsize	-0.011 (-0.52)	-0.012 (-0.44)	-0.009 (-0.44)	-0.026 (-1.02)	0.035 (0.90)	0.011 (0.23)	0.046 (1.16)	0.029 (0.62)
Dual	0.007 (0.90)	0.011 (1.17)	0.006 (0.85)	0.011 (1.24)	-0.003 (-0.23)	-0.012 (-0.64)	-0.002 (-0.18)	-0.014 (-0.84)
Mnghld	-0.022 (-0.64)	-0.012 (-0.28)	-0.012 (-0.37)	0.013 (0.32)	-0.310*** (-5.06)	-0.222*** (-2.97)	-0.319*** (-5.10)	-0.267*** (-3.88)
_cons	1.418*** (10.07)	1.385*** (7.85)	1.197*** (7.83)	1.200*** (6.95)	5.732*** (26.88)	6.528*** (24.38)	6.499*** (28.38)	6.776*** (26.82)
Ind	Yes	Yes	Yes	Yes	Yes	Yes	Yes	Yes
Yq	Yes	Yes	Yes	Yes	Yes	Yes	Yes	Yes
N	70695	35379	67943	33963	70692	35377	67941	33961
r2_a	0.125	0.138	0.114	0.119	0.536	0.486	0.538	0.521

注：表中数值为变量的回归系数，括号内为回归系数的T值，*、**、***分别表示在10%、5%和1%的显著性水平下显著。

第三，为确保上述结论的可靠性，分别根据应计盈余管理（AEM）和真实盈余管理（AEM）的正负方向进行分组检验，即负向应计盈余操控

(AM_d)、正向应计盈余操控(AM_u)和应计盈余操控绝对值(AM),负向真实盈余操控(AM_d)、正向真实盈余操控(AM_u)和真实盈余操控绝对值(AM),表4－12列示了稳健性检验结果。

表4－12　　盈余管理与股价同步性:按照盈余管理方向分组

	AEM			REM		
	(1)	(2)	(3)	(4)	(5)	(6)
	负向	正向	绝对值	负向	正向	绝对值
AEM	1.740*** (4.68)	－0.798** (－2.19)				
AM			－1.598*** (－6.94)			
REM				0.542*** (4.62)	－0.466*** (－4.13)	
RM						－0.507*** (－6.25)
Macro	0.892*** (17.19)	0.621*** (10.96)	0.757*** (19.67)	－0.089 (－1.59)	0.051 (0.91)	－0.021 (－0.52)
Size	0.043*** (6.12)	－0.006 (－0.80)	0.019*** (3.89)	0.017** (2.41)	0.019*** (2.58)	0.017*** (3.48)
Lev	－0.565*** (－16.43)	－0.509*** (－13.38)	－0.537*** (－21.98)	－0.517*** (－14.29)	－0.539*** (－15.49)	－0.528*** (－21.19)
Roe	－0.118 (－1.24)	－0.353*** (－2.77)	－0.191*** (－3.04)	－0.252*** (－2.82)	－0.113 (－1.23)	－0.180*** (－2.83)
Growth	－0.015* (－1.66)	－0.032*** (－3.62)	－0.023*** (－3.69)	－0.022** (－2.44)	－0.017* (－1.91)	－0.019*** (－3.03)
MB	－0.089*** (－20.46)	－0.097*** (－23.52)	－0.094*** (－31.86)	－0.095*** (－22.83)	－0.093*** (－21.66)	－0.094*** (－31.46)
State	0.083*** (5.68)	0.084*** (5.45)	0.084*** (7.94)	0.076*** (5.02)	0.105*** (6.90)	0.092*** (8.63)
Age	－0.035*** (－3.09)	－0.000 (－0.03)	－0.016** (－2.22)	－0.033*** (－3.03)	－0.034*** (－3.17)	－0.034*** (－4.45)

续表

	AEM			REM		
	(1)	(2)	(3)	(4)	(5)	(6)
	负向	正向	绝对值	负向	正向	绝对值
Shrhfd	-0.149*** (-2.69)	-0.015 (-0.28)	-0.088** (-2.33)	-0.028 (-0.53)	-0.142** (-2.56)	-0.079** (-2.07)
Bsize	0.013 (0.42)	0.061* (1.85)	0.034 (1.53)	0.009 (0.26)	0.048 (1.50)	0.032 (1.38)
Dual	0.022 (1.47)	0.006 (0.43)	0.015 (1.42)	0.020 (1.33)	0.014 (0.95)	0.016 (1.56)
Mnghld	0.045 (0.81)	0.161*** (3.69)	0.111*** (3.24)	0.098** (2.01)	0.109** (2.20)	0.102*** (2.95)
_cons	0.112 (0.86)	0.473*** (3.60)	0.297*** (3.24)	0.356*** (2.64)	0.307** (2.33)	0.332*** (3.53)
Ind	Yes	Yes	Yes	Yes	Yes	Yes
Yq	Yes	Yes	Yes	Yes	Yes	Yes
N	36679	35205	71884	35274	34083	69357
r2_a	0.252	0.242	0.246	0.252	0.255	0.253
F	103.62***	98.29***	194.53***	101.94***	100.40***	199.50***

注：表中数值为变量的回归系数，括号内为回归系数的T值，*、**、***分别表示在10%、5%和1%的显著性水平下显著。

表4-12的模型（1）、模型（2）和模型（3）分别列示了负向应计盈余操控（AM_d），正向应计盈余操控（AM_u）和应计盈余操控绝对值（AM）的回归结果，三者的回归系数分别在1%的显著性水平下为正，5%的显著性水平下为负，1%的显著性水平下为负，表明正向的应计盈余管理会降低公司的股价同步性，而负向的应计盈余管理则会提高公司的股价同步性。

模型（4）、模型（5）和模型（6）分别列示了负向应计盈余操控（RM_d），正向应计盈余操控（RM_u）和应计盈余操控绝对值（RM）的回归结果，三者的回归系数分别在1%的显著性水平下为正，1%的显著性水平下为负，1%的显著性水平下为负，表明正向的真实盈余管理会降低公司的股价同步性，而负向的真实盈余管理则会提高公司的股价同步性。其他控制变量的结果与前面基本一致。稳健性检验结果与前面研究结论保持一致，说明所得出的结论是可靠的。

第四，为检验股权质押与股价同步性结果的稳健性，参考 Piotorski 和 Roulstoen（2004）、Hutton 等（2009）、吴联生等（2009）的方法，改变股价同步性的计算方法，在模型（4-1）中加入滞后一期市场收益和行业收益，重新计算股价同步性指标（Syn_2），在此基础上进行回归，表 4-13 列示了稳健性检验结果。在模型（1）至模型（3）中股价同步性（Syn_2）的回归系数分别在 5%、1% 和 1% 的显著性水平下为负，表明控股股东倾向于在公司的股价同步性较低是质押股权，控股股东出于自利动机的盈余管理活动总体表现为降低了公司股价同步性，操控盈余降低公司的股价同步性是股权质押过程中控股股东市场择时的一个重要环节。其他控制变量的结果与前面基本一致。稳健性检验结果与前面研究结论保持一致，说明所得出的结论是可靠的。

表 4-13　股权质押与股价同步性：Syn_2 替换 Syn

	(1) Plgdum	(2) Plgfrep	(3) Plgrat
Syn_2	-0.002** (-2.45)	-0.006*** (-3.50)	-0.001*** (-2.84)
Macro	-0.104*** (-12.83)	-0.200*** (-12.51)	-0.027*** (-8.74)
Size	0.005*** (5.05)	0.013*** (6.65)	0.001** (2.46)
Lev	0.066*** (12.41)	0.121*** (12.08)	0.018*** (8.65)
Roa	0.054* (1.68)	0.133** (2.16)	0.000 (0.02)
Growth	-0.003** (-2.35)	-0.003 (-1.25)	-0.000 (-0.48)
Turnover	-0.015*** (-4.78)	-0.036*** (-5.86)	-0.005*** (-4.03)
Tngble	-0.024*** (-3.90)	-0.060*** (-5.07)	-0.009*** (-3.83)

续表

	(1) Plgdum	(2) Plgfrep	(3) Plgrat
State	-0.106*** (-46.87)	-0.194*** (-44.23)	-0.032*** (-37.20)
Age	0.014*** (8.59)	0.030*** (10.12)	0.004*** (6.11)
Shrhfd	0.079*** (9.46)	0.176*** (10.45)	0.002 (0.58)
Indrct	0.012 (0.60)	0.020 (0.56)	-0.007 (-1.03)
Bsize	0.015*** (2.86)	0.018* (1.84)	0.005*** (2.73)
Dual	0.007*** (2.85)	0.012** (2.37)	0.002* (1.84)
Salary	-0.003* (-1.87)	0.000 (0.03)	-0.003*** (-4.44)
Mnghld	0.042*** (4.57)	0.067*** (3.78)	0.005 (1.53)
_cons	0.065*** (2.65)	0.031 (0.65)	0.057*** (6.36)
Ind	Yes	Yes	Yes
Yq	Yes	Yes	Yes
N	74888	74888	74888
r2_a	0.076	0.074	0.045

注：表中数值为变量的回归系数，括号内为回归系数的 T 值，*、**、*** 分别表示在 10%、5% 和 1% 的显著性水平下显著。

第五，为检验股权质押、股票误定价与股价同步性结论的稳健性，对股票误定价（Mis）取绝对值（|Mis|）重新进行回归，表 4-14 列示了稳健性检验结果。在模型（1）和模型（3）中股票误定价（|Mis|）的回归系数分别为 0.016 和 0.015，均在 1% 的显著性水平下显著为正，且模型（3）中的系数略低于模型（1）的系数，模型（2）中股票误定价（|Mis|）的回归系

数在1%的显著性水平下为负；股价同步性（Syn）的回归系数在模型（3）中在1%的显著性水平下为负，这说明股价同步性低，股价被高估时，控股股东的股权质押意愿明显增强。在模型（4）和模型（6）中股票误定价（|Mis|）的回归系数分别为0.04和0.038，均在1%的显著性水平下显著为正，且模型（6）中的系数略低于模型（4）的系数，模型（5）中股票误定价（|Mis|）的回归系数在1%的显著性水平下为负；股价同步性（Syn）的回归系数在模型（6）中在1%的显著性水平下为负，说明股价同步性低、股价被高估时，控股股东的股权质押次数明显增加。在模型（7）和模型（9）中股票误定价（|Mis|）的回归系数分别为0.004和0.004，均在1%的显著性水平下显著为正，且模型（9）中的系数与模型（7）的系数一致，模型（8）中股票误定价（|Mis|）的回归系数在1%的显著性水平下为负；股价同步性（Syn）的回归系数在模型（9）中在1%的显著性水平下为负，说明股价同步性低、股价被高估时，控股股东的股权质押比率明显增加。由于我国资本市场起步较晚，市场有效性程度还不够高，投资者并不能有效识别公司所披露的盈余信息，这使控股股东在股权质押决策时有动机实施盈余管理影响公司股票价格以创造有利的市场时机。为追求其自身利益最大化，控股股东有目的地影响公司盈余信息披露使更多关于公司价值的噪声信息释放到市场中，进而利用市场的低效率影响投资者对公司价值的判断，股票价格受噪声信息的干扰增多，公司的股价同步性下降。其他控制变量的结果与前面基本一致。稳健性检验结果整体上与前面保持一致，说明所得结论是稳健可靠的。

表4-14　股权质押、资产误定价与股价同步性：|Mis|

	(1) Plgdum	(2) Syn	(3) Plgdum	(4) Plgfrep	(5) Syn	(6) Plgfrep	(7) Plgrat	(8) Syn	(9) Plgrat
|Mis|	0.016*** (5.37)	-0.056*** (-4.18)	0.015*** (5.08)	0.040*** (7.14)	-0.056*** (-4.18)	0.038*** (6.79)	0.004*** (3.59)	-0.056*** (-4.18)	0.004*** (3.30)
Syn			-0.003*** (-3.45)			-0.007*** (-4.38)			-0.001*** (-4.25)
Macro	-0.009 (-0.92)	-1.495*** (-33.68)	-0.014 (-1.46)	-0.013 (-0.72)	-1.495*** (-33.68)	-0.015 (-0.81)	-0.004 (-1.03)	-1.495*** (-33.68)	-0.006 (-1.61)

续表

	(1) Plgdum	(2) Syn	(3) Plgdum	(4) Plgfrep	(5) Syn	(6) Plgfrep	(7) Plgrat	(8) Syn	(9) Plgrat
Size	0.006 *** (5.14)	0.100 *** (20.02)	0.006 *** (5.18)	0.014 *** (6.75)	0.100 *** (20.02)	0.014 *** (6.89)	0.001 ** (2.50)	0.100 *** (20.02)	0.001 *** (2.74)
Lev	0.065 *** (11.88)	-0.469 *** (-18.99)	0.064 *** (11.71)	0.119 *** (11.57)	-0.469 *** (-18.99)	0.117 *** (11.27)	0.018 *** (8.77)	-0.469 *** (-18.99)	0.017 *** (8.48)
Roa	0.049 (1.54)	-1.325 *** (-9.11)	0.046 (1.44)	0.129 ** (2.12)	-1.325 *** (-9.11)	0.119 * (1.95)	-0.003 (-0.25)	-1.325 *** (-9.11)	-0.004 (-0.33)
Growth	-0.003 ** (-2.05)	-0.024 *** (-3.92)	-0.003 ** (-2.12)	-0.003 (-1.07)	-0.024 *** (-3.92)	-0.003 (-1.11)	-0.000 (-0.19)	-0.024 *** (-3.92)	-0.000 (-0.21)
Turnover	-0.014 *** (-3.89)	-0.035 ** (-2.21)	-0.014 *** (-3.97)	-0.035 *** (-5.24)	-0.035 ** (-2.21)	-0.035 *** (-5.26)	-0.004 *** (-3.24)	-0.035 ** (-2.21)	-0.004 *** (-3.32)
Tngble	-0.025 *** (-3.62)	0.169 *** (5.38)	-0.024 *** (-3.44)	-0.061 *** (-4.66)	0.169 *** (5.38)	-0.058 *** (-4.40)	-0.009 *** (-3.66)	0.169 *** (5.38)	-0.009 *** (-3.47)
State	-0.108 *** (-46.64)	0.103 *** (9.80)	-0.108 *** (-46.22)	-0.198 *** (-44.99)	0.103 *** (9.80)	-0.196 *** (-44.60)	-0.032 *** (-37.42)	0.103 *** (9.80)	-0.032 *** (-37.06)
Age	0.014 *** (8.61)	-0.035 *** (-4.64)	0.014 *** (8.55)	0.031 *** (10.00)	-0.035 *** (-4.64)	0.031 *** (9.97)	0.004 *** (6.18)	-0.035 *** (-4.64)	0.004 *** (6.11)
Shrhfd	0.078 *** (9.45)	-0.195 *** (-5.19)	0.078 *** (9.39)	0.177 *** (11.26)	-0.195 *** (-5.19)	0.176 *** (11.16)	0.001 (0.41)	-0.195 *** (-5.19)	0.001 (0.38)
Indrct	0.008 (0.42)	-0.116 (-1.28)	0.011 (0.57)	0.011 (0.30)	-0.116 (-1.28)	0.018 (0.48)	-0.007 (-0.96)	-0.116 (-1.28)	-0.006 (-0.82)
Bsize	0.013 ** (2.37)	0.019 (0.73)	0.014 ** (2.54)	0.017 (1.58)	0.019 (0.73)	0.018 * (1.65)	0.005 ** (2.41)	0.019 (0.73)	0.005 ** (2.54)
Dual	0.007 *** (3.08)	0.007 (0.64)	0.007 *** (3.15)	0.011 *** (2.65)	0.007 (0.64)	0.012 *** (2.73)	0.002 ** (1.99)	0.007 (0.64)	0.002 ** (2.03)
Salary	-0.003 * (-1.94)	-0.016 ** (-2.22)	-0.003 * (-1.94)	0.000 (0.01)	-0.016 ** (-2.22)	-0.000 (-0.05)	-0.003 *** (-4.76)	-0.016 ** (-2.22)	-0.003 *** (-4.77)
Mnghld	0.043 *** (5.60)	0.103 *** (3.00)	0.044 *** (5.78)	0.069 *** (4.77)	0.103 *** (3.00)	0.071 *** (4.94)	0.004 (1.57)	0.103 *** (3.00)	0.005 * (1.78)

续表

	(1) Plgdum	(2) Syn	(3) Plgdum	(4) Plgfrep	(5) Syn	(6) Plgfrep	(7) Plgrat	(8) Syn	(9) Plgrat
_cons	-0.039 (-1.48)	1.092 *** (9.19)	-0.039 (-1.46)	-0.179 *** (-3.60)	1.092 *** (9.19)	-0.186 *** (-3.71)	0.032 *** (3.23)	1.092 *** (9.19)	0.032 *** (3.22)
Ind	Yes	Yes	Yes	Yes	Yes	Yes	Yes	Yes	Yes
Yq	Yes	Yes	Yes	Yes	Yes	Yes	Yes	Yes	Yes
N	74627	73990	73990	74627	73990	73990	74627	73990	73990
r2_a	0.077	0.235	0.077	0.076	0.235	0.076	0.046	0.235	0.046
F	50.59 ***	181.80 ***	49.67 ***	49.61 ***	181.80 ***	48.80 ***	29.33 ***	181.80 ***	28.90 ***

注：表中数值为变量的回归系数，括号内为回归系数的 T 值，*、**、*** 分别表示在 10%、5% 和 1% 的显著性水平下显著。

本章小结

一、研究结论

有效市场假说认为，资本市场是有效的，证券价格中已经包含所有公开信息和私有信息，证券价格在任何时点上都是其内在价值的真实反映，任何投资者都不能通过对任何渠道来源信息的分析获取超额报酬（Fama，1970）。换而言之，在有效市场假设条件下，投资者是完全理性的，证券价格是其内在价值的真实表现，只会围绕其内在价值上下波动，而不会长期偏离其内在价值。事实上，有效市场假说的前提在现实中很难成立，资本市场并非完全有效的，证券价格与其内在价值不一致的情形时常发生。在非有效市场中，证券价格并不能及时反映过去、现在和未来的信息，并且投资者的预期受其有限理性的影响，往往会导致证券价格高于或低于其内在价值，而且由于套利活动限制使证券价格偏离其内在价值被错误定价的“异象”并不会消失。资产误定价作为资本市场上的“异象”之一，对传统的资本资产定价理论提出了挑战。已有研究将资本市场错误定价的原因总结为两点：一是基于信息不对称理论，认为会计盈余是资产定价的基础，管理层的盈余管理活动会造成错误定价，以及信息披露行为和信息披露质量等都会对资产定价产生影响（Sloan，1996；Xie，2001）。二是基于行为金融理论，认为投资者非理性的认知和偏好以及受限的套利活动是造成资本市场错误定价的主要原因（Barberis and Thaler，2003；Baker and Wurgler，2011）。第三章研究已表明，控股股东股权质押决策存在利用资本市场的低效率，相机选择股权质押的市场择时动机。那么，控股股东是如何利用资本市场的低效率实现其市场择时目的？

基于信息不对称理论和有效市场理论，本章选择 2007～2016 年沪深两市 A 股上市公司为样本，考察控股股东股权质押是如何利用资本市场的低效率实现其市场择时目的，通过研究发现：

（1）由于股价的易变性，控股股东股权质押过程中具有操控盈余的强烈动机，以使公司股价保持在相对较高的水平。但是，随着会计准则的不断完善和投资者保护水平的提高，以及银行信贷审批程度的不断完善等外部监管环境的变化，发生控股股东股权质押的上市公司减少了应计盈余管理活动，进而转向通过真实性盈余管理方式来操控盈余。虽然真实盈余管理活动的成本较高，但其操控手段比应计盈余管理活动更加隐蔽，在外部监管环境趋严的情况下更加安全，不易被监管部门、审计师和投资者等发现，这对于控股股东来说无疑是最佳的选择。

（2）为追求自身利益最大化，控股股东股权质押过程中利用资本市场的低效率所实施的正向盈余管理活动，会使投资者高估公司价值，进而导致公司股价被高估，也即由信息不对称驱动的对盈余的错误定价导致了对股票的错误定价。控股股东凭借其控制权操控盈余信息披露，使更多关于公司价值的噪声信息释放到市场中，从而影响投资者对公司价值的判断，公司股价受噪声信息的干扰增多，所能吸收的真实信息减少，公司股价波动并不能充分有效传递公司的真实盈余信息。

（3）上市公司的盈余管理活动一方面使更多的噪声信息传递给投资者，导致公司的股价同步性降低；另一方面，为掩饰其盈余管理活动，控股股东会有意降低公司财务信息透明度，致使公司真实的财务信息被隐瞒，这又使公司的股价同步性提高。但总体来说，上市公司的盈余管理活动降低了公司的股价同步性，上市公司通过盈余管理活动释放的噪声信息而使股价同步性降低的作用大于通过盈余管理活动降低财务信息透明度而提高股价同步性的作用。换而言之，噪声信息在我国证券市场中起主导作用，股价同步性主要体现了我国证券市场的信息噪声量而非信息效率，这也与我国新兴市场的特征相吻合（吴联生等，2009）。分组检验结果进一步证实，上市公司的盈余管理活动向证券市场释放了较多噪声信息而使公司的股价同步性降低，随着公司盈余管理程度的增大，这些虚假盈余信息对公司价值的扭曲会更严重。因此，相对盈余管理程度较小的上市公司，盈余管理程度较大的上市公司，其盈余管理活动对公司的股价同步性的影响会更为强烈。

（4）控股股东股权质押过程中倾向于在公司的股价同步性较低时质押股权，操控盈余降低公司的股价同步性是股权质押过程中控股股东利用资本市场的低效率诱使投资者高估公司价值，使公司股价保持相对较高价位的一个重要环节。为了追求其自身利益最大化，控股股东凭借其控制权操控盈余信息的披露，使更多关于公司价值的噪声信息释放到市场中，从而影响投资者对公司价值的判断，公司股价受到噪声信息的干扰增多，致使公司的股价同步性下降。可见，在股权质押过程中控股股东盈余管理活动在减少公司特质信息的同时也增加了公司噪声信息的释放。由于噪声信息在我国证券市场中起主导作用，股价同步性主要体现了我国证券市场的信息噪声量而非信息效率，投资者并不能有效识别公司所披露的盈余信息，导致在股权质押过程中控股股东有动机操控盈余信息披露影响公司股价以获得有利的市场时机，获取更多的信贷资源。

二、研究启示

有效市场假说认为，资本市场是有效的，证券价格中已经包含所有公开信息和私有信息，证券价格在任何时点上都是其内在价值的真实反映，任何投资者都不能通过对任何渠道来源信息的分析获取超额报酬（Fama，1970）。换而言之，在有效市场假设条件下，投资者是完全理性的，证券价格是其内在价值的真实表现，只会围绕其内在价值上下波动，而不会长期偏离其内在价值。事实上，有效市场假说的前提在现实中很难成立，资本市场并非完全有效的，证券价格与其内在价值不一致的情形时常发生。在非有效市场中，证券价格并不能及时反映过去、现在和未来的信息，并且投资者的预期受其有限理性的影响，往往会导致证券价格高于或低于其内在价值，而且由于套利活动限制使证券价格偏离其内在价值被错误定价的“异象”并不会消失。资产误定价作为资本市场上的“异象”之一，对传统的资本资产定价理论提出了挑战。控股股东股权质押中的资产误定价“异象”正是利用了资本市场的低效率，造成我国资本市场效率较低原因主要在于：（1）投资者结构失衡。股票市场中合理的投资者结构应该是机构投资者占主导地位，这样的投资者结构有利于提高资源配置效率，同时还有利于提高市场的稳定性。但我国证券市场一直是中小散户等个人投资者占主体，中小散户投资者偏好追逐短期价差，不注重公司基本面、追涨杀跌、投机现象盛行，更容易导致整个股票市场波动性大、稳定性差。（2）公司治理结构失衡。我国上市公司股权结构集中，多数公司都存在控股股东，管理层决策受控股股东利益动机支配，控股股东具有利用其控制权谋取控制权私利的动机，不惜以牺牲中小股东利益和公司长远发展为代价。（3）中介机构欠缺“看门人”[①]职责。在成熟证券市场中，证券中介机构所形成的市场化约束力量成本更低、效率更高，起到了“看门人”的作用，有利于提高市场的透明度和安全性，进而促进市场平稳高效运行。在我国证券市场上，中介机构距离市场预期还有一定距离，证券市场“看门人”的作用未能有效发挥。（4）监管理念与效能有待改善。按照现行法律法规，我国金融业实行分业监管，证监会是我国证券市场的主要监管机构，其他金融机构，如人民银行、保监会、银监会等也对我国证券市场监管工作起到辅助作用。但是，证监会在资本市场中肩负多项职能、承载过多责任，集审批者、监管者、证券业主管者、市场稳定者和市场发展推进者等诸多角色于一身，这些职能与角色又往往相互冲突，不利于市场机制的有效发挥。而且，实践中存在监管越位、缺位、不到位等情况“堵窟窿、补漏洞”现象时有发生，部分监管职责交叉，规则不一，力量分散，效率不高。

---

① 证券市场中的“看门人”通常是指那些以自己职业声誉为担保向投资者保证发行品质的各类证券中介机构，主要包括审计师、律师、证券分析师和信用评级师等。证券市场“看门人”机制的核心在于解决公司管理层与股东之间的信息不对称问题，提升公司股票定价效率。

第五章

股权质押、资产误定价与股价崩盘风险

第一节　引　言

股价崩盘是股价波动的一种极端现象，不仅会导致投资者财富的大幅度缩水，影响资本市场资源配置效率，而且还会极大地破坏国家的金融稳定，甚至造成整个社会的经济危机（曹丰等，2016；杨棉之和李鸿浩，2017）。2015 年 6 月开始，中国股票市场风云突变，在短短两个月内，沪指多次出现连续大幅下跌，从最高的 5178 点陡跌到 3000 点以下。股价崩盘风险越来越多地受到监管部门、投资者和学术界的广泛关注和重视。以往学者分别从管理层特征（Kim et al.，2016a；李小荣和刘行，2012）、股权结构（王化成等，2015；曹丰等，2015）、内部控制（王超恩和张瑞君，2015；叶康涛等，2015）、企业会计政策（Kim and Zhang，2010；杨棉之和张园园，2015；田昆儒和孙瑜，2016）、财务报告质量（Hutton et al.，2009；江轩宇，2015；周冬华，赖升东，2016；杨棉之、李鸿浩，2017；肖土盛、宋顺林等，2017）以及外部监督，如分析师跟进（杨棉之、刘洋，2016）、机构持股（许年行等，2013；曹丰和鲁冰，2015；孔东民和王江元，2016）、审计师（江轩宇和伊志宏，2013；吴克平和黎来芳，2016；潘秀丽和王娟，2016）、投资者保护（王化成等，2014）、媒体报道（罗进辉和杜兴强，2014）、税收政策（江轩宇，2013）、债务诉讼（李小荣等，2014）等公司内外部因素出发，探讨这些因素对个股股价崩盘风险的影响。总体而言，公司股价暴跌是其长期隐藏坏消息的集中释放（Jin and Myers，2006；Hutton et al.，

2009)，较高的股价暴跌风险通常意味着公司内外部利益相关者之间存在较大的信息不对称。从此意义上说，股价暴跌风险产生的根源是由信息不对称所导致的股票价格与其内在价值的长期严重偏离，也即股票误定价。如果公司股价被高估，而又未向其内在价值合理回归，那么股价暴跌风险就会显著增加。从这个意义上说，股票误定价是股价崩盘风险形成的内在根源。

由于股价的易变性，控股股东股权质押决策存在利用资本市场的低效率，诱使投资者高估公司价值，进而使股票价格保持相对较高的价位，为其股权质押创造有利的市场时机①。股票价格是公司层面信息和市场层面信息的集中反映。其中，市场层面的信息通常与一个国家的经济增长以及政治风险相关，单个公司难以对其产生影响。公司层面的信息则与一个公司的特点以及经营业绩有关，在所有公司层面的信息中，最受投资者关注的是企业的盈余能力（陆瑶和沈小力，2011）。由于我国上市公司股权结构集中，多数公司都存在控股股东，公司层面的信息尤其是盈余信息受到控股股东利益动机的干扰。那么，为了进行市值管理稳定股票价格，发生股权质押的控股股东就有强烈动机操控公司盈余信息披露，利用我国资本市场的低效率诱使投资者高估公司价值，使股票价格波动并不能充分有效地反映公司真实盈余信息，造成股票价格偏离其内在价值，也即产生股票误定价。显然，基于追求自身利益最大化，控股股东为了进行市值管理所实施的盈余管理活动在减少公司特质信息的同时也增加了公司噪声信息的释放，使公司股价中包含的噪声信息增多，股价所能吸收的真信息减少，这是降低了公司个股股价崩盘风险还是增加个股股价崩盘风险呢？关于这一问题的探讨有助于丰富控股股东股权质押可能造成的经济后果，揭示股价崩盘风险产生的内在根源，同时为监管机构和投资者防范应对股价暴跌风险提供理论层面的借鉴。

第二节　理论分析与假说提出

由于公司股价的易变性，进行股权质押的控股股东为了降低股价暴跌而

① 这里的市场时机不仅是指控股股东股权质押时股价被高估，还是股权质押后公司股价保持相对较高的价位。

引发的“控制权转移风险”，其有强烈动机进行市值管理以使公司股价保持相对较高的价位。股票价格是公司层面信息和市场层面信息的集中反映，前者通常与一个国家的经济增长以及政治风险相关，单个公司无力对其产生影响；后者则往往与一个公司的特点以及经营业绩有关，在所有公司层面的信息中，最受投资者关注的是企业的盈余能力（陆瑶和沈小力，2011）。股权集中结构下，控股股东有动机也有能力左右公司管理层的经营决策，管理层的决策在很大程度上体现了控股股东的利益动机。那么，股权质押情形下，为了追求其自身效用最大化，控股股东通过努力经营提高公司业绩或者采取盈余管理方式在内的市值管理活动是否降低了股价暴跌风险？如果控股股东是通过操控盈余信息披露方式进行的市值管理活动，虽然这种短期市值管理行为也达到了稳定股票价格的目的，但这只是控股股东机会主义的权宜之计，实际上并不可取，短期内公司股价会被高估，当这种利空消息囤积到一定程度突然集中爆发时，就会带来股票价格的剧烈波动。那么，控股股东机会主义的市值管理行为所导致的股票误定价又是否增加了未来的股价崩盘风险？下面分别从股权质押与股价崩盘风险的关系、资产误定价与股价崩盘风险的关系来论证。

一、股权质押与股股价崩盘风险

股权质押原本系控股股东的个人行为，是一种信用扩张的融资杠杆操作，而控股股东的地位使其与公司经营、财务活动等发生了关联。以往研究表明，股权质押会产生一系列问题，如增加两权分离度，弱化激励效应、强化侵占效应，加剧代理冲突，引发杠杆化风险和控制权转移风险，最终降低公司绩效，损害企业价值（谢金贤，2001；Yeh，2003；黎来芳，2005；李永伟，2007；郝项超、梁琪，2009；艾大力、王斌，2012；张陶勇、陈焰华，2014；郑国坚、林东杰等，2014）。股权质权作为一种担保物权，是为保障债权实现而设立的，其担保功能源于股权的价值，股权的价值是股权质权担保功能的基础（闫天怀，1999）。显然，质押股权的价值决定了控股股东能够从金融机构取得的贷款规模，而股票市场的估值水平直接决定了质押股权的价值，必然会对控股股东股权质押决策产生影响（徐寿福等，2016）。

已有研究发现，股票误定价所导致的质押股权价值的变化不仅改变了控股股东股权质押的意愿和规模，而且还会影响金融机构提供贷款的意愿和规模。但是，由于股价的易变性，股权质押之后，控股股东可能面临公司股价下跌的风险。我国《证券公司股票质押贷款管理办法（2004）》明确规定："在质押股票市值与贷款本金之比降至警戒线时，贷款人应要求借款人即时补足因证券价格下跌造成的质押价值缺口。在质押股票市值与贷款本金之比降至平仓线时，贷款人应及时出售质押股票，所得款项用于还本付息，余款清退给借款人，不足部分由借款人清偿"①。可见，当质押股权的市场价值发生暴跌时，控股股东面临被要求追加质押或补缴保证金的财务压力，否则质押的股权就会被处置。在此情形下，控股股东不仅会遭受巨大财产性损失，还可能失去其对上市公司的控股地位。可以说，股价崩盘风险对于发生股权质押的控股股东而言，无异于一场毁灭性灾难。为了取得较高的贷款成数以及降低"控制权转移风险"而衍生的股价稳定需求，使控股股东有强烈动机进行市值管理②。市值管理是指上市公司及其内部人在进行各项决策时充分考虑市值的重要性，依据公司市值表现及其决策对市值的影响，从而做出理性的决策安排，以降低市场对公司估值的偏误，最终实现公司市值的持续增长（李旎和郑国坚，2015）。当上市公司及其内部人（控股股东和管理者）注重市值管理时，公司股价更有可能持续平稳增长，暴跌风险较小，此时控股股东申请股权质押贷款更易被银行等金融机构接受，并且质押后被金融机构要求追加质押的可能性会更小。

股权质押之后，控股股东不仅具有进行市值管理的强烈动机，还具备进行市场管理的能力。我国上市公司股权结构集中，多数公司均存在控股股

① 中国人民银行、证监会和银监会联合发布的《证券公司股票质押贷款管理办法》第 27 条规定：为控制因股票价格波动带来的风险，特设立警戒线和平仓线。警戒线比例（质押股票市值/贷款本金 ×100%）最低为 135%，平仓线比例（质押股票市值/贷款本金 ×100%）最低为 120%。在质押股票市值与贷款本金之比降至警戒线时，贷款人应要求借款人即时补足因证券价格下跌造成的质押价值缺口。在质押股票市值与贷款本金之比降至平仓线时，贷款人应及时出售质押股票，所得款项用于还本付息，余款清退给借款人，不足部分由借款人清偿。

② 2005 年 9 月，国资委在《关于上市公司股权分置改革中国有股股权管理有关问题的通知》中提出将市值纳入国资控股上市公司的考核体系，国有控股上市公司考核由净资产趋向市值指标。2014 年 5 月 9 日，国务院发布的《关于进一步促进资本市场健康发展的若干意见》（简称"新国九条"），首次明确提出"鼓励上市公司建立市值管理制度"。

东。由于其控股地位，管理层决策受到控股股东利益动机的影响。罗琦和付世俊（2015）发现，在公司股权再融资过程中，为获取控制权私利，控股股东有操控公司盈余影响股价及股价同步性进行市场择时的动机。控股股东选择在市场时机高涨的情况下迎合投资者情绪进行过度投资，并在股票价格高估的情况下实施股权再融资（罗琦和贺娟，2015）。根据我国《担保法》第78条的规定："以依法可以转让的股票出质的，出质人与质权人应当订立书面合同，并向证券登记机构办理出质登记，质押合同自登记之日起生效。"① 那么，控股股东以其拥有的股权质押后，该股权作为债权的担保在其上设置担保物权，虽然控股股东的某些权利受到限制，但是质押期内仍然是股权的拥有者，其控股地位并未发生变化，因而控股股东就其质押股权依然享有质押股权的表决权、新股优先认购权以及余额请求返还权。正是由于股权质押期内，控股股东在公司的实际地位并未发生变化，其进行市值管理的能力并未受到影响。股票价格中包含公司层面的信息和市场层面的信息（Morck et al.，2000；Jin and Myers，2006；Gul et al.，2010；吴联生等，2009;）。市场层面的信息通常与一个国家的经济增长以及政治风险相关，单个公司难以对其产生影响。公司层面的信息则往往与一个公司的特点以及经营业绩有关，在所有公司层面的信息中，最受投资者关注的是企业的盈余能力（陆瑶和沈小力，2011）。因此，为了进行市值使公司股价保持相对较高价位，一方面股权质押期内，控股股东可能督促管理层努力经营，提高公司业绩以降低公司股价暴跌风险；另一方面盈余管理被公认为是管理层操纵公司业绩的重要手段（Burgstahler and Dichev，1997；Healy and Wahlen，1999；Leuz et al.，2003）。为了追求自身利益最大化，控股股东有强烈动机利用其控制权操控公司盈余信息披露，利用我国资本市场的低效率诱使投资者高估公司价值，进而达到抬高公司股票价格的目的。已有文献证实，控股股东股权质押过程中存在盈余管理行为（黄志忠和韩湘云，2014;；闻岳春和夏婷，2016），并且其盈余管理方式向更加隐蔽的真实性盈余管理转变（王斌和宋春霞，2015；谢德仁和廖科，2017）。由此推断，股权质押期内，控股股东

① 《中华人民共和国物权法（2007）》第226条规定："以基金份额、股权出质的，当事人应当订立书面合同。以基金份额、证券登记结算机构登记的股权出质的，质权自证券登记结算机构办理出质登记时设立；以其他股权出质的，质权自工商行政管理部门办理出质登记时设立。"

进行市值管理能够在一定程度上降低公司股价崩盘风险。基于此，提出假设H5－1：

假设H5－1：限定其他条件，股权质押期内控股股东股权质押与股价崩盘风险呈负相关关系。

二、资产误定价与股价崩盘风险

资产误定价作为资本市场上的一种“异象”，是指资产的市场价格偏离其内在价值的现象，对传统的资本资产定价模型提出了挑战，也恰恰资本市场并非完全有效的例证。当资产的价格高于其内在价值时，资产被高估（即资产泡沫）；反之，当资产的价格低于其内在价值时，资产被低估。资本市场错误定价不仅会导致其资源配置功能失效，从而扭曲公司的投融资行为，还会对实体经济产生不可估量的影响（Barro，1990；Baker et al.，2003；Chirinko and Schaller，2007；Polk and Sapienza，2009；Campello and Graham，2013；花贵如等，2010；崔晓蕾等，2014；许致维和李少育，2014；李君平和徐龙炳，2015a、2015b；夏冠军，2016；陆蓉等，2017；张肖飞，2018）。已有研究将造成“误定价异象”的原因总结为两类：一是基于信息不对称理论，认为由于会计盈余是资产定价的基础，管理层的盈余管理活动使公司的真实盈余被扭曲，这很可能会造成错误定价，以及信息披露行为和信息披露质量等均会对资本市场上资产定价产生影响（Sloan，1996；Xie，2001）。财务会计信息是资本市场信息的重要来源，其质量高低直接决定了资本市场的有效性，因此会计信息质量对资本市场上资产定价具有决定性的影响。二是基于行为金融理论，认为投资者非理性的认知和偏好以及受限的套利活动是造成资本市场错误定价的主要原因（Barberis and Thaler，2003；Baker and Wurgler，2011）。作为投资决策主体，投资者对资产定价具有直接影响。现实中，资本市场上的各类投资者对资产价格的认知分布是有限理性的，存在各种各样的认知偏差，这使其无法达到理性预期和效用最大化，在投资决策中往往会犯错，难以用完全理性地对市场做出一致的无偏估计（张静，2017；李潇潇，2018）。与境外成熟资本市场相比，中国资本市场起步相对较晚，由于制度环境等因素的制约，市场定价机制还不够成熟，市场有效程度还不够高，市场基础功能还不够完善，股票价格的暴涨暴跌现象时有发生（许年行等，2013）。这些问题的存在暗示着，作为新兴市场的中国资本市场，资产误定价异象可能会更加严重。因此，有效提高我国资本市场的效率，是当前及未来时期我国金融体制机制改革创新的基本方向，资本市场建设的关键所在。

股价崩盘风险是指负向的股价断崖式下跌的概率（Jin and Myers；Bates，2008），是公司坏消息长期窖藏后的集中爆发，不仅会导致投资者财富的大幅度缩水，扰乱资本市场的运行秩序，还会极大地破坏国家的金融稳定，甚至造成整个社会的经济危机（曹丰等，2016；杨棉之和李鸿浩，2017）。鉴于其危害性，股价崩盘风险越来越多地受到监管机构、投资者和学者的广泛关注和重视。学术界以往分别从管理层特征（Kim et al.，2016a；李小荣和刘行，2012；孟庆斌等，2017;）、股权结构（王化成等，2015；曹丰等，2015）、内部控制（王超恩和张瑞君，2015；叶康涛等，2015）、企业会计政策（Kim and Zhang，2010；杨棉之和张园园，2015；田昆儒和孙瑜，2016）、财务报告质量（Hutton et al.，2009；江轩宇，2015；周冬华，赖升东，2016；杨棉之、李鸿浩，2017；肖土盛、宋顺林等，2017）以及外部监督，如分析师跟进（杨棉之、刘洋，2016）、机构投资者持股（许年行等，2013；曹丰和鲁冰，2015；孔东民和王江元，2016）、审计师（江轩宇和伊志宏，2013；吴克平和黎来芳，2016；潘秀丽和王娟，2016）、投资者保护（王化成等，2014）、媒体报道（罗进辉和杜兴强，2014）、税收政策（江轩宇，2013）、债务诉讼（李小荣等，2014）等公司内外部因素出发，探讨这些因素对个股股价崩盘风险的影响。总体来说，股价崩盘风险是公司长期隐藏坏消息的集中释放（Jin and Myers，2006；Hutton et al.，2009），较高的股价暴跌风险通常意味着公司内外部利益相关者之间存在较大的信息不对称（李东辉等，2017）。股价崩盘是指公司股价突然大幅度下跌的现象，这意味着公司股票价格很可能严重偏离其内在价值，表现为“高估或股价泡沫”和“低估”，也即股票误定价。如果公司股价被高估，而又缺乏向其内在价值合理回归的内生动力，当公司的坏消息囤积到一定程度时，坏消息会一次性释放到市场中，此时股价暴跌风险就会显著增加。而且，已有大多研究发现了股票回报的非对称分布性，即最大的股价波动往往是暴跌，而不是暴涨

(Black, 1976; Nelson, 1991; Bekaert and Wu, 2000; Chen et al., 2001)。从此意义上说，股票误定价是股价崩盘风险产生的内在根源。当股票价格与公司面信息所反映的内在价值严重偏离时，表明公司股价可能存在泡沫成分，反映出较多的利空消息，特别是在公司股价被高估时，当利空消息囤积到一定程度集中爆发时就会产生公司股价暴跌现象。基于此，提出假设H5-2：

假设H5-2：限定其他条件，股票误定价程度与未来股价崩盘风险呈正相关关系，也即股票误定价程度越高，未来股价崩盘风险也就越高。

第三节 研究设计

一、样本筛选与数据来源

本章选择2007~2016年中国沪深A股上市公司作为研究对象，按照以下标准筛选样本数据：（1）剔除样本期内被ST或PT的公司；（2）剔除上市不足一年的公司；（3）剔除金融行业公司；（4）根据潘越等（2011）的做法，为保证超额周收益率估计模型的可靠性，删除一年中周收益率观测值低于30个的样本；（5）剔除存在数据缺失的公司。为了保证实证结果不受极端值的影响，采取对所有连续型变量进行1%和99%分位数的缩尾处理。通过以上数据筛选，共计获得19201个样本观测值。本部分的股权质押数据来自Wind数据库和CSMAR数据库，股票周收益率、公司财务数据和公司治理数据均来源于CSMAR数据库。所有数据处理皆采用Stata 13.0进行。

二、模型构建与变量定义

本章为了检验股权质押、资产误定价与股价崩盘风险之间的关系，借鉴已有研究构建股价崩盘风险估计模型，在此基础上分别构建了股权质押与股价崩盘风险模型、资产误定价与股价崩盘风险模型，以及股权质押、资产误定价与股价崩盘风险模型，具体见模型（5-1）至模型（5-6）。

(一) 股价崩盘风险模型

借鉴 Chen 等（2001）、Kim 等（2011a，b）、Xu 等（2013，2014）、许年行和江轩宇等（2012）、许年行和于上尧等（2013）、王化成和曹丰等（2014，2015）、谢德仁和郑登津等分别采用负收益偏态系数（NCSKEW）和公司股票收益率上下波动的比率（DUVOL）衡量股价崩盘风险。构建模型（5－1），在此基础上构建模型（5－2）和模型（5－3）分别估计股票回报率的负收益偏态系数（NCSKEW）和股票回报率的涨跌波动率（DUVOL）：

$$r_{i,t}=\beta_0+\beta_1 r_{m,t-2}+\beta_2 r_{m,t-1}+\beta_3 r_{m,t}+\beta_4 r_{m+1,t}+\beta_5 r_{m+2,t}+\varepsilon_{i,t} \tag{5-1}$$

其中，$r_{i,t}$是股票 i 在第 t 周的周回报率；$r_{m,t}$是股票 i 所在市场在第 t 周的市场周回报率，同时将滞后和提前两期的周回报率也纳入模型，以控制单个股票与所在市场的非同步性交易的影响（Dimson，1979）。为了消除市场周期对股票回报率的影响，采用模型（5－1）的回归残差（$\varepsilon_{i,t}$）来表示公司的个股回报率，当模型（5－1）的残差（$\varepsilon_{i,t}$）为负数时，其绝对值越大，股价暴跌风险越大。但是，由于模型（5－1）的残差（$\varepsilon_{i,t}$）的分布是高度有偏的，将残差（$\varepsilon_{i,t}$）进行对数转换后，使公司的个股回报率呈正态分布，具体调整方法是公司层面估计的个股周回报率等于 1 加残差（$\varepsilon_{i,t}$）：$W_{i,t}=\ln(1+\varepsilon_{i,t})$。

$$NCSKEW_{i,t}=-\left[n\left(n-1\right)^{3/2}\sum W_{i,t}^3\right]/\left[(n-1)(n-2)\left(\sum W_{i,t}^3\right)^{3/2}\right] \tag{5-2}$$

其中，$NCSKEW_{i,t}$是股票 i 在 t 年的股票回报率的负收益偏态系数，$W_{i,t}$是根据模型（5－1）估计出来的周回报率，n 是股票 i 在 t 年中交易的周数。$NCSKEW_{i,t}$代表了一种股票的暴跌倾向，$NCSKEW_{i,t}$越大，股价暴跌风险就越大。

$$DUVOL_{i,t}=\log\left\{\left[(n_u-1)\sum_{DOWN} W_{i,t}^2\right]/\left[(n_d-1)\sum_{UP} W_{i,t}^2\right]\right\} \tag{5-3}$$

其中，$DUVOL_{i,t}$是股票 i 在 t 年的股票回报率的涨跌波动率，$W_{i,t}$是根据模型（5－1）估计出来的周回报率，n_u表示一年内周股票回报率$W_{i,t}$高于均值的周数（涨周数），n_d表示一年内周股票回报率$W_{i,t}$低于均值的周数（跌周数)。$DUVOL_{i,t}$代表了一种股票的暴跌倾向，$DUVOL_{i,t}$越大，股价暴跌风险越大。

(二) 股权质押与股价崩盘风险模型

为研究控股股东股权质押与公司个股股价崩盘风险之间的关系构建模型(5-4):

$$CrashRisk_{i,t+1} = \alpha_0 + \alpha_1 CrashRisk_{i,t} + \alpha_2 Pledge_{i,t} + \sum \alpha_j Controls + \sum year + \sum Ind + \varepsilon_{i,t} \tag{5-4}$$

在模型(5-4)中，$CrashRisk_{i,t}$表示股票 i 在 t 年的股价崩盘风险，分别采用股票回报率的负收益偏态系数($NCSKEW_{i,t}$)和股票回报率的涨跌波动率($DUVOL_{i,t}$)来衡量。$Pledge_{i,t}$表示股票 i 在 t 年控股股东股权质押的特征变量，分别采用 t 年末控股股东是否质押股权($Plgdum_{i,t}$)和 t 年末控股股东股权质押比率($Plgrat_{i,t}$)，其系数α_2预期为负，质押期内控股股东为了避免股价下跌而触发控制权转移风险进行了市值管理，从而降低了股价崩盘风险。Controls、year、Ind 分别表示控制变量、年度变量和行业变量。$\varepsilon_{i,t}$表示回归模型的残差。

(三) 资产误定价与股价崩盘风险模型

为研究公司股票误定价与个股股价崩盘风险之间的关系构建模型(5-5):

$$CrashRisk_{i,t+1} = \alpha_0 + \alpha_1 CrashRisk_{i,t} + \alpha_2 Mis_{i,t} + \sum \beta_j Controls + \sum year + \sum Ind + \varepsilon_{i,t} \tag{5-5}$$

在模型(5-5)中，$CrashRisk_{i,t+1}$表示股票 i 在(t+1)年的股价崩盘风险，分别采用股票 i 在 t 年回报率的负收益偏态系数($NCSKEW_{i,t}$)和股票 i 在 t 年回报率的涨跌波动率($DUVOL_{i,t}$)来衡量。$Mis_{i,t}$表示股票误定价程度，采用第三章模型(3-1)至模型(3-4)来衡量。考虑到中国股票市场作为典型的新兴市场，散户交易比率过重和换手率过高，整个市场时常出现暴涨暴跌的现象。如果以年度为周期来考察，过长的检验区间有可能抹杀中国股票收益的真实性，因而股票误定价指标采用季度数据，然后再计算股票误定价的年度—季度均值，得到公司—年度的股票误定价观测值，其系数

α_2预期应该为正，因为当股票价格与公司基本面信息所反映的真实价值偏离较大时，就说明股票价格可能存在泡沫成分，反映出利空消息，尤其是在股价被高估时，当利空消息积累到一定程度时就会触发股价崩盘风险。Controls、year、Ind 分别表示控制变量、年度变量和行业变量。$\varepsilon_{i,t}$表示回归模型的残差。

（四）股权质押、资产误定价与股价崩盘风险模型

为研究控股股东股权质押、股票误定价与个股股价崩盘风险之间的关系构建模型（5－6）：

$$CrashRisk_{i,t+1} = \alpha_0 + \alpha_1 CrashRisk_{i,t} + \alpha_2 Pledge_{i,t} + \alpha_3 Pledge_{i,t} \times Mis_{i,t} + \alpha_4 Mis_{i,t} + \sum \alpha_j Controls + \sum year + \sum Ind + \varepsilon_{i,t} \tag{5-6}$$

在模型（5－6）中，$CrashRisk_{i,t+1}$表示股票 i 在（t＋1）年的股价崩盘风险，分别采用股票 i 在 t 年回报率的负收益偏态系数（$NCSKEW_{i,t}$）和股票 i 在 t 年回报率的涨跌波动率（$DUVOL_{i,t}$）来衡量。$Mis_{i,t}$表示股票误定价程度，采用股票 i 在 t 年的平均季度误定价水平来衡量。$Pledge_{i,t}$表示股票 i 在 t 年控股股东股权质押的特征变量，分别采用 t 年末控股股东是否质押股权（$Plgdum_{i,t}$）和 t 年末控股股东股权质押比率（$Plgrat_{i,t}$）。股权质押与股票误定价的交互项（$Pledge_{i,t} \times Mis_{i,t}$）用来衡量股权质押期内控股股东的市值管理行为是否降低了个股的股价崩盘风险，其系数（α_3）预期应该为负。Controls、year、Ind 分别表示控制变量、年度变量和行业变量。$\varepsilon_{i,t}$表示回归模型的残差。本章变量选取及其定义见表 5－1。

表 5－1　变量选取与定义

	变量符号	变量名称	变量定义	数据频率
被解释变量	NCSKEW DUVOL	股价崩盘风险	估计见模型（5－1）至模型（5－3）	年度
控制变量	Plgdum	是否质押股权	若年末质押股权取 1，反之取 0	年度
	Plgrat	股权质押比率	年末累计质押股数/年度末持股数	年度
	Mis	股票误定价	估计见模型（3－1）至模型（3－4），取年季度均值	年度

续表

	变量符号	变量名称	变量定义	数据频率
解释变量	Size	公司规模	公司总资产的自然对数	年度
	Roe	净资产收益率	净利润/净资产	年度
	PE	市盈率	股价/每股盈余	年度
	MB	市值账面比	市值/总资产	年度
	RET	回报率均值	年周回报率的均值乘以 100	年度
	Sd	回报率波动	年周回报率的标准差乘以 100	年度
	HSL	去趋势换手率	年度周均换手率的差分	年度
	CF	自由现金流	经营活动产生的现金流净额/总资产	年度
	Age	上市年限	(1 + 年度 - 上市年份）的自然对数	年度
	Opaque	盈余透明度	根据修正 Jones 模型计算的公司盈余透明度	年度
	Growth	发展能力	营业收入增长率	年度
	State	产权性质	国有企业取 1，反之取 0	年度
	Shrhfd	股权集中度	第一控股股东持股比例的平方和	年度
	Bsize	董事会规模	董事会人数的自然对数	年度
	Indrct	独董比例	独立董事人数/董事会人数	年度
	Dual	两职合一	董事长与总经理两职合一取 1，反之取 0	年度
	Mnghld	管理层持股比例	管理层持股数量/总股本	年度
	Year	年度虚拟变量	属于该季度时取 1，反之取 0	年度
	Ind	行业虚拟变量	属于该行业时取 1，反之取 0	年度

第四节　实证结果及分析

一、描述性统计

本章主要变量的描述性统计情况如表 5－2 所示，股票回报率的负收益偏态系数（NCSKEW）的均值、标准差、最小值和最大值分别为 －0.239、

0.887、-2.649 和 1.904，股票回报率的涨跌波动率（DUVOL）的均值、标准差、最小值和最大值分别为 -0.170、0.736、-1.893 和 1.710，而且两种方式衡量的股价崩盘风险从 25% 分位数到 75% 分位数有了较大水平上升，与谢德仁等（2016）的结果较为接近，表明不同股票的股价崩盘风险存在较大差异。控股股东股权质押特征变量年末是否质押（Plgdum）和年末质押比率（Plgrat）均值分别为 0.499 和 0.158，表明控股股东股权质押融资活动在我国 A 股市场比较普遍，并且股权质押比率较高。股票误定价（Mis）的均值、标准差、最小值和最大值分别为 0.104、0.496、-0.995 和 1.318，表明我国 A 股市场总体而言存在一定的股价高估情况，这与已有研究发现我国股票市场存在泡沫的观点相符。自由现金流（CF）的均值和中位数分别为 -0.099 和 -0.036，超过半数样本公司的自由现金流在均值以下，表明样本期间我国上市公司自由现金流短缺问题比较普遍，这也是促使控股股东股权质押的重要动因。股票年周平均回报率（RET）的均值、标准差、最小值和最大值分别为 0.597、3.927、-8.786 和 13.629，表明我国 A 股市场回报率存在较大差异。股票年周平均回报率（Sd）的均值、标准差、最小值和最大值分别为 6.594、4.232、1.025 和 23.244，表明我国 A 股市场回报率的波动较大，与我国股市特征相符。股票去趋势换手率（HSL）的均值为 0.073，表明我国 A 股市场股票换手率较高，这与我国股票市场一直是中小散户等个人投资者占主体有关。其他变量的统计特征也符合我国上市公司的基本特征。

表 5-2　　变量描述性统计结果

变量	均值	标准差	25% 分位数	50% 分位数	75% 分位数	最小值	最大值
NCSKEW	-0.239	0.887	-0.803	-0.239	0.337	-2.649	1.904
DUVOL	-0.170	0.736	-0.671	-0.189	0.309	-1.893	1.710
Plgdum	0.499	0.500	0.000	0.000	1.000	0.000	1.000
Plgrat	0.158	0.284	0.000	0.000	0.191	0.000	1.000
Mis	0.104	0.496	-0.355	-0.024	0.344	-0.995	1.318
Size	13.211	1.009	12.481	13.143	13.812	11.218	16.158
Lev	0.450	0.217	0.278	0.447	0.616	0.049	0.969

续表

变量	均值	标准差	25%分位数	50%分位数	75%分位数	最小值	最大值
Roe	0.066	0.121	0.029	0.069	0.116	-0.616	0.386
PE	0.509	0.500	0.000	1.000	1.000	0.000	1.000
Growth	0.452	1.363	-0.045	0.128	0.427	-0.702	10.174
MB	0.894	0.861	0.355	0.606	1.086	0.083	4.796
CF	-0.099	0.347	-0.177	-0.036	0.052	-1.857	0.786
State	0.455	0.498	0.000	0.000	1.000	0.000	1.000
Age	2.090	0.788	1.609	2.303	2.773	0.000	3.178
Shrhfd	0.170	0.119	0.077	0.141	0.237	0.014	0.575
Opaque	0.063	0.070	0.019	0.041	0.081	0.001	0.422
Dual	0.227	0.419	0.000	0.000	0.000	0.000	1.000
Bsize	2.163	0.200	2.079	2.197	2.197	1.609	2.708
Indrct	0.370	0.052	0.333	0.333	0.400	0.300	0.571
Mnghld	0.076	0.158	0.000	0.000	0.038	0.000	0.644
RET	0.597	3.927	-1.806	0.356	2.641	-8.786	13.629
Sd	6.594	4.232	3.616	5.550	8.403	1.025	23.244
HSL	0.073	1.250	-0.662	0.037	0.777	-3.081	3.571

二、相关系数检验

表5-3列示了本章主要变量的相关系数检验结果，两种方式度量的股价崩盘风险（NCSKEW和DUVOL）与年末是否存在质押股权（Plgdum）均在5%的显著性水平下负相关，与年末股权质押比率（Plgrat）也均在5%的显著性水平下负相关，表明股权质押期内为降低股价崩盘风险，控股股东确实采取了“排雷”行动。股价崩盘风险（NCSKEW和DUVOL）与股票误定价（|Mis|）均在1%的显著性水平下正相关，表明股票误定价会增加公司的股价崩盘风险。股权质押两个特征变量（Plgdum和Plgrat）与股票误定价（|Mis|）分别在1%和5%的显著性水平下正相关，表明在股价被高估时，控股股东股权质押意愿明显增强，并且质押规模变大，表现出强烈的市场择时动机。其他变量也是影响股价崩盘风险的重要因素。另外，变量之间的相关系数基本上都在50%以下，表明这些变量之间不存在严重的多重共线问题。

表 5 – 3　　变量相关系数检验

	NCSKEW	DUVOL	Plgdum	Plgrat	Mis	Size	Lev	Roe	PE	BM	CF	State	Age	Shrhfd	Opaque	RET	Sd	HSL
NCSKEW	1.000																	
DUVOL	0.923 ***	1.000																
Plgdum	-0.018 **	-0.012 **	1.000															
Plgrat	-0.012 **	-0.012 **	0.558 ***	1.000														
| Mis |	0.009 ***	0.049 ***	0.078 ***	0.016 **	1.000													
Size	-0.121 ***	-0.148 ***	-0.006	-0.070 ***	0.555 ***	1.000												
Lev	-0.075 ***	-0.080 ***	0.093 ***	0.095 ***	-0.066 ***	0.056 ***	1.000											
Roe	-0.039 ***	-0.056 ***	-0.045 ***	-0.060 ***	0.121 ***	0.251 ***	-0.131 ***	1.000										
PE	0.034 ***	0.034 ***	-0.013 *	-0.035 ***	-0.123 ***	0.178 ***	0.090 ***	0.071 ***	1.000									
BM	-0.036 ***	-0.006	-0.007	0.001	-0.431 ***	0.034 ***	0.543 ***	-0.114 ***	0.138 ***	1.000								
CF	-0.048 ***	-0.053 ***	-0.071 ***	-0.046 ***	-0.029 ***	0.020 ***	-0.052 ***	0.120 ***	0.053 ***	-0.055 ***	1.000							
State	-0.099 ***	-0.093 ***	-0.236 ***	-0.255 ***	-0.094 ***	0.135 ***	0.304 ***	-0.049 ***	0.046 ***	0.301 ***	0.098 ***	1.000						
Age	-0.075 ***	-0.075 ***	0.055 ***	0.137 ***	0.020 ***	0.151 ***	0.405 ***	-0.081 ***	0.058 ***	0.256 ***	0.109 ***	0.411 ***	1.000					
Shrhfd	-0.073 ***	-0.064 ***	-0.146 ***	-0.151 ***	0.037 ***	0.254 ***	0.025 ***	0.119 ***	0.062 ***	0.120 ***	0.046 ***	0.172 ***	-0.126 ***	1.000				
Opaque	-0.014	-0.007	0.056 ***	0.050 ***	0.041 ***	-0.078 ***	0.096 ***	0.023 ***	-0.016 *	-0.045 ***	-0.069 ***	-0.070 ***	0.023 ***	-0.020 **	1.000			
RET	-0.106 ***	-0.127 ***	0.014 *	0.008	0.098 ***	0.070 ***	0.009	0.012	-0.017 **	-0.108 ***	0.035 ***	-0.013 *	-0.012	-0.014 *	-0.001	1.000		
Sd	0.114 ***	0.148 ***	0.031 ***	0.006	0.234 ***	0.029 ***	-0.002	-0.042 ***	-0.066 ***	-0.161 ***	-0.016 **	-0.050 ***	-0.045 ***	-0.052 ***	0.021 **	0.204 ***	1.000	
HSL	-0.199 ***	-0.238 ***	-0.015 *	0.006	0.099 ***	0.098 ***	-0.006	-0.036 ***	-0.030 ***	-0.138 ***	0.039 ***	-0.023 ***	-0.004	-0.026 ***	-0.014	0.216 ***	0.223 ***	1.000

注：表中数值为变量的回归系数，*、**、*** 分别表示在 10%、5% 和 1% 的显著性水平下显著。

三、回归结果分析

(一) 股权质押与股价崩盘风险

表5－4报告了以模型(5－4)为基础的控股股东股权质押与股价崩盘风险的回归结果，经分析发现年末是否存在控股股东股权质押(Plgdum)的回归系数在模型(1)和模型(3)中均在10%的显著性水平下为负，年末控股股东股权质押比率(Plgrat)的回归系数在模型(2)和模型(4)分别在5%和10%的显著性水平下为负，假设H5－1得以验证，表明与年末不存在控股股东股权质押的上市公司相比，年末存在控股股东股权质押的上市公司其股价崩盘风险相对较低。对于控股股东来说，股价崩盘风险不仅会使其个人财富遭受重大损失，而且还会使其失去控股地位，无异于一场颠覆性灾难。因此，为了降低股价暴跌风险，股权质押期内控股股东具有进行市值管理的强烈动机，结果也证实股权质押期内控股股东确实采取了“排雷”行动，股价崩盘风险显著下降。

其他控制变量，例如，公司规模(Size)的回归系数在表5－4的模型(1)至模型(4)中均在1%的显著性水平下为正，表明股价崩盘风险受到公司规模的显著影响，公司规模越大，其未来越可能发生股价崩盘风险。资产负债率(Lev)的回归系数在模型(1)至模型(4)中均在1%的显著性水平下为正，表明公司的资产负债率越高，其未来越可能发生股价崩盘风险。净资产收益率(Roe)的回归系数在模型(1)至模型(4)中均在1%的显著性水平下为负，表明公司的盈利能力越好，其未来发生股价崩盘风险的可能性越小。市盈率(PE)的回归系数在模型(1)至模型(4)中分别在10%、10%、5%和5%的显著性水平下为负，表明市盈率越高，公司股价可能越高，其未来发生股价崩盘风险的可能性越小。账面市值比(MB)的回归系数在模型(1)至模型(4)中均分在1%的显著性水平下为负，表明账面市值比越高的企业，其未来发生股价崩盘风险的可能性越大。产权性质(State)的回归系数在模型(1)至模型(4)中分别在1%、5%、5%和5%的显著性水平下为负，表明相对于民营上市公司，国有上市公司的未来股价崩盘风险会更低。上市年限（Age）的回归系数在模型（1）至模型（4）中分别在 10%、10%、5% 和 5% 的显著性水平下为负，表明公司上市时间越久，其未来发生股价崩盘风险的可能性越小。股权集中度（Shrhfd）的回归系数在模型（1）至模型（4）中均分别在 1% 的显著性水平下为负，表明股权集中度高的公司，控股股东为了追求自身利益最大化越有动机进行市值管理，以降低未来的股价崩盘风险。董事会规模（Bsize）的回归系数在模型（1）至模型（4）中均分别在 5% 的显著性水平下为负，说明良好的公司治理能够在一定程度上降低公司未来的股价崩盘风险。股票回报率波动（Sd）的回归系数在模型（1）至模型（4）中均分别在 1% 的显著性水平下为正说明股票回报率波动越大，未来发生股价崩盘风险的可能性越高。去趋势换手率（HSL）的回归系数在模型（1）至模型（4）中分别在 1%、5%、1% 和 1% 的显著性水平下为负，表明股票的换手率越高，其未来发生股价崩盘风险的可能性越小。这些结果总体上与已有研究结论保持一致（Kim et al.，2011a，2011b；许年行等，2013）。

表 5-4　股权质押与股价崩盘风险

	(1) F. NCSKEW	(2) F. NCSKEW	(3) F. DUVOL	(4) F. DUVOL
NCSKEW	-0.156*** (-14.44)	-0.155*** (-14.40)		
DUVOL			-0.146*** (-13.49)	-0.146*** (-13.44)
Plgdum	-0.057* (-1.88)		-0.046* (-1.87)	
Plgrat		-0.103** (-2.21)		-0.073* (-1.89)
Size	0.565*** (17.15)	0.561*** (17.00)	0.540*** (18.97)	0.536*** (18.85)
Lev	0.329*** (2.76)	0.339*** (2.84)	0.270*** (2.75)	0.278*** (2.82)
Roe	-0.406*** (-3.96)	-0.409*** (-3.99)	-0.366*** (-4.26)	-0.369*** (-4.29)

续表

	(1) F. NCSKEW	(2) F. NCSKEW	(3) F. DUVOL	(4) F. DUVOL
Growth	-0.009 (-1.21)	-0.009 (-1.19)	-0.009 (-1.32)	-0.008 (-1.29)
PE	-0.041* (-1.91)	-0.041* (-1.94)	-0.039** (-2.25)	-0.039** (-2.28)
MB	-0.222*** (-8.08)	-0.225*** (-8.21)	-0.199*** (-8.87)	-0.201*** (-8.99)
CF	-0.000 (-0.01)	0.001 (0.04)	-0.011 (-0.42)	-0.009 (-0.38)
State	-0.250*** (-2.61)	-0.245** (-2.54)	-0.197** (-2.42)	-0.194** (-2.37)
Age	-0.152* (-1.77)	-0.150* (-1.74)	-0.144** (-2.06)	-0.143** (-2.05)
Opaque	0.105 (0.78)	0.101 (0.75)	0.131 (1.18)	0.128 (1.16)
Shrhfd	-1.343*** (-4.72)	-1.348*** (-4.72)	-1.196*** (-5.20)	-1.199*** (-5.20)
Dual	0.015 (0.38)	0.015 (0.40)	0.019 (0.61)	0.019 (0.63)
Bsize	-0.269** (-2.30)	-0.270** (-2.31)	-0.208** (-2.18)	-0.208** (-2.18)
Indrct	0.030 (0.09)	0.037 (0.11)	0.192 (0.74)	0.198 (0.76)
Mnghld	0.274 (1.47)	0.272 (1.46)	0.251 (1.59)	0.249 (1.58)
RET	-0.002 (-0.72)	-0.002 (-0.71)	-0.002 (-1.01)	-0.002 (-1.00)
Sd	0.009*** (3.11)	0.009*** (3.15)	0.009*** (3.84)	0.009*** (3.87)
HSL	-0.028*** (-2.61)	-0.028** (-2.58)	-0.024*** (-2.75)	-0.024*** (-2.71)

续表

	(1) F. NCSKEW	(2) F. NCSKEW	(3) F. DUVOL	(4) F. DUVOL
_cons	-6.489 *** (-10.68)	-6.449 *** (-10.62)	-6.538 *** (-12.99)	-6.508 *** (-12.92)
Ind	Yes	Yes	Yes	Yes
year	Yes	Yes	Yes	Yes
N	11520	11520	11520	11520
r2_a	0.194	0.194	0.248	0.248

注：表中数值为变量的回归系数，括号内为回归系数的 T 值，*、**、*** 分别表示在 10%、5% 和 1% 的显著性水平下显著。

（二）资产误定价与股价崩盘风险

表 5-5 报告了以模型（5-5）为基础的股票误定价与股价崩盘风险的回归结果，为了检验股价被高估对股价崩盘风险的影响，股票误定价此处取其绝对值来衡量，并以股票误定价的中位数为分标准，如果股票误定价高于其中位数，则定义为高估组。在模型（1）和模型（2）中股票误定价（|Mis|）的回归系数分别为 0.111 和 0.214，均在 5% 的水平下显著为正，且高估组的回归系数高于全样本组的回归系数，表明股价被高估会增加未来发生股价崩盘风险的可能性，而且股价被高估越多，未来发生股价崩盘风险的可能性越大。在模型（3）和模型（4）中股票误定价（|Mis|）的回归系数分别为 0.071 和 0.188，分别在 10% 和 1% 的水平下显著为正，而且高估组的回归系数高于全样本组的回归系数，同样表明股价被高估会增加未来发生股价崩盘风险的可能性，而且股价被高估越多，未来发生股价崩盘风险的可能性越大。股价崩盘是一种公司股价突然断崖式下跌的现象，这意味着公司股价很可能严重偏离其内在价值，表现为“高估”和“低估”。如果公司股价被高估，而又缺乏向其内在价值回归的内生动力，当公司的坏消息囤积到一定程度时，坏消息会一次性释放到市场中，此时股价暴跌风险就会显著增加。因此，股票误定价是股价崩盘风险产生的内在根源。当股票价格与其公司面信息反映的内在价值严重偏离时，表明公司股价很可能存在泡沫成分，反映出较多的利空消息，特别是在公司股价被高估时，当利空消息囤积到一定程度集中爆发时就会产生股价暴跌现象。

表 5－5　　股票误定价与股价崩盘风险

	F. NCSKEW		F. DUVOL	
	(1) 全样本	(2) 高估	(3) 全样本	(4) 高估
NCSKEW	－0. 196 *** (－15. 41)	－0. 228 *** (－10. 32)		
DUVOL			－0. 188 *** (－14. 45)	－0. 089 *** (－5. 54)
|Mis|	0. 111 ** (2. 32)	0. 214 ** (2. 11)	0. 071 * (1. 86)	0. 188 *** (3. 71)
Size	0. 625 *** (14. 77)	0. 549 *** (8. 18)	0. 592 *** (16. 50)	0. 064 *** (4. 16)
Lev	0. 330 ** (2. 11)	0. 448 * (1. 84)	0. 265 ** (2. 07)	0. 184 *** (2. 60)
Roe	－0. 336 ** (－2. 57)	－0. 123 (－0. 63)	－0. 254 ** (－2. 47)	0. 291 ** (2. 50)
PE	－0. 034 (－1. 32)	－0. 020 (－0. 48)	－0. 028 (－1. 39)	－0. 049 ** (－2. 20)
MB	－0. 271 *** (－6. 91)	－0. 297 *** (－4. 73)	－0. 232 *** (－7. 26)	－0. 146 *** (－8. 82)
CF	－0. 015 (－0. 35)	－0. 073 (－0. 99)	－0. 044 (－1. 32)	－0. 077 ** (－2. 23)
State	－0. 230 (－1. 40)	－0. 432 (－1. 10)	－0. 206 (－1. 44)	－0. 013 (－0. 45)
Age	－0. 445 *** (－3. 76)	－0. 225 (－1. 15)	－0. 412 *** (－4. 38)	－0. 099 *** (－4. 27)
Growth	－0. 000 (－0. 62)	－0. 000 (－0. 84)	－0. 000 (－0. 74)	－0. 000 (－0. 08)
Opaque	－0. 050 (－0. 28)	－0. 041 (－0. 15)	0. 003 (0. 02)	0. 240 (1. 48)
Shrhfd	－1. 155 *** (－3. 14)	－1. 381 *** (－2. 59)	－1. 054 *** (－3. 61)	－0. 328 *** (－3. 03)

续表

	F. NCSKEW		F. DUVOL	
	(1) 全样本	(2) 高估	(3) 全样本	(4) 高估
Dual	-0.025 (-0.51)	0.022 (0.28)	-0.004 (-0.12)	0.005 (0.18)
Bsize	-0.366** (-2.41)	-0.212 (-0.89)	-0.277** (-2.26)	-0.141** (-1.98)
Indrct	-0.277 (-0.66)	-1.446** (-2.22)	-0.002 (-0.01)	-0.056 (-0.23)
Mnghld	0.112 (0.46)	0.313 (0.78)	0.041 (0.20)	-0.066 (-0.76)
RET	-0.001 (-0.18)	0.004 (0.67)	-0.001 (-0.55)	0.005* (1.67)
Sd	0.008** (2.29)	0.011** (2.13)	0.008*** (2.96)	0.000 (0.05)
HSL	-0.030** (-2.35)	0.002 (0.11)	-0.027*** (-2.63)	0.011 (0.79)
_cons	-5.821*** (-7.54)	-4.426*** (-4.00)	-5.719*** (-8.75)	-0.306 (-0.96)
Ind	Yes	Yes	Yes	Yes
year	Yes	Yes	Yes	Yes
N	8847	4369	8847	4369
r2_a	0.232	0.286	0.292	0.230

注：表中数值为变量的回归系数，括号内为回归系数的 T 值，*、**、*** 分别表示在 10%、5% 和 1% 的显著性水平下显著。

其他控制变量，例如，公司规模（Size）、资产负债率（Lev）、股票回报率波动（Sd）与未来股价崩盘风险显著正相关；净资产收益率（Roe）、账面市值比（BM）、上市年限（Age）和股权集中度（Shrhfd）则与未来股价崩盘风险显著负相关。

四、进一步分析

对于控股股东来说，股价崩盘风险不仅会使其个人财富遭受重大损失，而且还很可能使其失去对公司的控制权。因此，股权质押期内，控股股东有强烈动机进行市值管理以使公司股价保持相对较高的价位。股票价格是公司层面信息和市场层面信息的集中反映，市场层面的信息通常与一个国家的经济增长以及政治风险相关，单个公司无力对其产生影响；公司层面的信息则往往与一个公司的特点以及经营业绩有关，在所有公司层面的信息中，最受投资者关注的是企业的盈余能力（陆瑶和沈小力，2011）。股权集中结构下，控股股东有动机也有能力左右公司管理层的经营决策，管理层的决策在很大程度上体现了控股股东的利益动机。那么，股权质押情形下，为了追求其自身效用最大化，控股股东是通过努力经营提高公司业绩又或是采取盈余管理方式进行的市值管理活动来降低股价暴跌风险？如果控股股东是通过操控盈余信息披露方式进行的市值管理活动，虽然这种短期市值管理行为也能达到稳定股票价格的目的，但这只是控股股东机会主义的权宜之计，实际上并不可取，短期内公司股价会被高估。然而，当这种利空消息囤积到一定程度突然集中爆发时，就会带来股票价格的剧烈波动。下面分别从股权质押与公司业绩的关系、股权质押与分析师预测的关系，以及股权质押、资产误定价与股价崩盘风险的关系三个方面来论证。

（一）股权质押与公司业绩

对于控股股东来说，公司股价暴跌不仅会使其个人财富遭受重大损失，还很可能使其失去控股地位。因此，股权质押期内，控股股东具有进行市值管理强烈动机以使股票价格保持相对较高的价位。股票价格中包含公司层面的信息和市场层面的信息，前者通常与一个国家的经济增长以及政治风险相关，单个公司无力对其产生影响；后者则往往与一个公司的特点以及经营业绩有关，在所有公司层面的信息中，最受投资者关注的是企业的盈余能力（陆瑶和沈小力，2011）。股权集中结构下，控股股东有动机也有能力影响管理层的经营决策，管理层的决策在很大程度上体现了控股股东的利益动机。那么，在股权质押情形下，控股股东是否会利用其控制权促使管理层努力经营来提高公司业绩，以达到市值管理、稳定公司股价的目的？表 5 - 6 报告了股权质押与公司业绩的回归结果，分别采用资产报酬率（Roa）和每股收益（EPS）的当期业绩和下期业绩来表示。

表 5－6　　　　股权质押与公司业绩表现

	(1) Roa	(2) F. Roa	(3) Roa	(4) F. Roa	(5) EPS	(6) F. EPS	(7) EPS	(8) F. EPS
Plgdum	－0.001 * (－1.83)	－0.003 *** (－4.72)			－0.040 *** (－6.24)	－0.026 *** (－4.75)		
Plgrat			－0.005 *** (－3.58)	－0.006 *** (－4.01)			－0.078 *** (－7.35)	－0.040 *** (－4.04)
Size	0.011 *** (23.15)	0.002 *** (3.81)	0.011 *** (22.91)	0.002 *** (3.71)	0.176 *** (46.05)	0.022 *** (6.19)	0.175 *** (45.77)	0.021 *** (6.09)
Lev	－0.078 *** (－27.40)	－0.008 ** (－2.56)	－0.078 *** (－27.19)	－0.008 *** (－2.65)	－0.589 *** (－30.61)	0.005 (0.29)	－0.591 *** (－30.78)	0.002 (0.13)
Growth	0.001 *** (4.51)	0.000 (0.63)	0.001 *** (4.49)	0.000 (0.61)	0.016 *** (6.35)	－0.003 (－1.49)	0.016 *** (6.31)	－0.003 (－1.51)
Age	－0.002 *** (－3.64)	－0.000 (－0.76)	－0.002 *** (－3.07)	－0.000 (－0.27)	－0.068 *** (－12.73)	0.020 *** (4.66)	－0.064 *** (－11.89)	0.022 *** (4.93)
State	－0.010 *** (－11.03)	－0.006 *** (－6.31)	－0.011 *** (－11.31)	－0.006 *** (－6.40)	－0.033 *** (－4.04)	－0.014 ** (－1.99)	－0.037 *** (－4.50)	－0.015 ** (－2.08)
Shrhfd	0.033 *** (10.50)	0.018 *** (6.06)	0.033 *** (10.43)	0.018 *** (6.15)	0.207 *** (6.71)	0.106 *** (4.26)	0.208 *** (6.76)	0.109 *** (4.36)
Dual	0.000 (0.49)	－0.001 (－0.93)	0.000 (0.42)	－0.001 (－0.99)	0.024 *** (3.24)	0.002 (0.27)	0.023 *** (3.15)	0.001 (0.22)
Bsize	0.003 (1.28)	0.002 (1.03)	0.003 (1.22)	0.002 (0.94)	－0.032 (－1.63)	0.024 (1.40)	－0.034 * (－1.73)	0.022 (1.32)
Indrct	－0.030 *** (－4.03)	－0.010 (－1.31)	－0.030 *** (－4.01)	－0.010 (－1.29)	－0.405 *** (－6.03)	－0.054 (－0.94)	－0.402 *** (－6.00)	－0.052 (－0.92)
Mnghld	0.003 (1.41)	0.003 (1.45)	0.003 (1.13)	0.003 (1.24)	0.119 *** (5.56)	0.012 (0.70)	0.113 *** (5.22)	0.010 (0.56)
Roa		0.468 *** (35.39)		0.468 *** (35.36)				
EPS						0.676 *** (64.64)		0.676 *** (64.67)

续表

	(1) Roa	(2) F. Roa	(3) Roa	(4) F. Roa	(5) EPS	(6) F. EPS	(7) EPS	(8) F. EPS
_cons	-0.039*** (-4.47)	-0.008 (-0.92)	-0.038*** (-4.37)	-0.008 (-0.92)	-1.273*** (-16.79)	-0.382*** (-6.02)	-1.270*** (-16.76)	-0.383*** (-6.04)
Ind	Yes	Yes	Yes	Yes	Yes	Yes	Yes	Yes
year	Yes	Yes	Yes	Yes	Yes	Yes	Yes	Yes
N	19715	16576	19715	16576	19715	16576	19715	16576
r2_a	0.178	0.294	0.178	0.294	0.242	0.520	0.242	0.520

注：表中数值为变量的回归系数，括号内为回归系数的 T 值，*、**、*** 分别表示在 10%、5% 和 1% 的显著性水平下显著。

在表 5-6 的模型（1）、模型（2）、模型（5）和模型（6）中股权质押特征变量（Plgdum）的回归系数依次为 -0.001、-0.003、-0.040 和 -0.026，并且分别在 10%、1%、1% 和 1% 的显著性水平下为负，表明发生控股股东股权质押的公司，质押期内并没有通过努力经营来提高公司业绩的方式进行市值管理。

在表 5-6 的模型（3）、模型（4）、模型（7）和模型（8）中股权质押特征变量（Plgrat）的回归系数依次为 -0.005、-0.006、-0.078 和 -0.040，并且均在 1% 的显著性水平下为负，这也表明存在控股股东股权质押的公司，质押期内并没有通过努力经营来提高公司业绩的方式进行市值管理。这些研究意味着，虽然控股股东具有进行市值管理的动机与能力，但是其并没有通过努力经营提高公司业绩的方式来稳定股票价格，而是可能采取了操控盈余信息披露的方式进行了市值管理活动。

其他控制变量，例如，公司规模（Size）和股权集中度（Shrhfd）与两个维度的公司业绩（Roa 和 EPS）均显著正相关；上市年限（Age）和产权性质（State）与两个维度的公司业绩（Roa 和 EPS）均显著负相关。其他控制变量也是影响公司业绩的重要因素，均会或多或少地影响公司业绩。

（二）股权质押与分析师盈余预测

前面研究表明，为了降低股价暴跌风险，股权质押之后控股股东有动机与能力进行市值管理。股票价格包含公司层面的信息和市场层面的信息

(Morck et al., 2000; Jin and Myers, 2006; Gul et al., 2010; 吴联生等, 2009)。市场层面的信息通常与一个国家的经济增长以及政治风险相关，单个公司无力对其产生影响。公司层面的信息则往往与一个公司的特点以及经营业绩有关，在所有公司层面的信息中，最受投资者关注的是企业的盈余能力（陆瑶和沈小力，2011）。因此，为了进行市值管理而使股票价格保持相对较高价位，一方面股权质押期内，控股股东可能会通过督促管理层努力经营，提高公司业绩的方式进行市值管理来降低股价暴跌风险；另一方面盈余管理被公认为是管理层操纵公司业绩的重要手段（Burgstahler and Dichev, 1997; Healy and Wahlen, 1999; Leuz et al., 2003）。为了追求自身利益最大化，控股股东有动机利用其控制权操控公司盈余信息披露，利用我国资本市场的低效率诱使投资者高估公司价值，进而达到稳定甚至抬高股票价格的目的。但是，前面通过对股权质押与公司业绩的研究发现，股权质押期内控股股东并没有通过努力经营提高公司业绩的方式来进行市值管理。那么，控股股东很可能采取了操控盈余信息披露的方式进行市值管理以达到稳定公司股价的目的。前面研究和以往文献均证实，控股股东股权质押过程中存在盈余管理活动（黄志忠和韩湘云，2014;；闻岳春和夏婷，2016），而且其盈余管理方式转向更加隐蔽的真实性盈余管理（王斌和宋春霞，2015；谢德仁和廖科，2017）。一方面，控股股东操控盈余信息披露，使股价中包含的噪声信息增多，股票价格波动并不能充分有效反映公司真实盈余信息；另一方面，为了掩饰其盈余管理行为，控股股东会有意识地降低公司的信息透明度，使反映公司真实价值的信息被隐瞒而不被中小股东所了解，这意味着控股股东的自利动机会降低公司的财务透明度，造成股价所能吸收的公司特质信息减少。为了检验控股股东是否通过盈余管理方式进行市值管理活动，本章进一步研究了控股股东股权质押与分析师预测的关系。

分析师在资本市场中扮演着重要的信息中介，其在成熟资本市场上关于增进市场运行效率的作用已得到证实（Morck et al., 2000; Bhushan et al., 2006）。分析师通过对上市公司信息进行收集、研究和发布能够降低信息不对称程度，使其他的公司治理机制得以有效运行（李春涛等，2014；谭松涛和崔小勇；2015；伊志宏等，2017）。盈余预测是分析师的主要工作之一，这些预测不仅会影响投资者的投资决策，还会影响企业信息与股票价格之间的传导效率（储一昀和仓勇涛，2008；李丹和贾宁，2009）。分析师预测的表现主要是由其自身能力以及对企业分析预测时所能够获取信息的数量和质量决定的，包括企业公开披露的信息和从管理层直接获得的私有信息。其中，财务报告作为企业公开信息的一部分，由于财务报告直接反映了公司的经营状况且获取成本相对较低，因而成为分析师盈余预测的重要信息来源。因此，企业财务报告的质量，特别是盈余质量的好坏，在很大程度上会影响分析师预测的表现。已有研究发现，公司盈余质量越高，分析师预测越准确，分歧度越小（Lang and Lundholm，1996；Byard and Shaw，2003；方军雄，2007；李丹和贾宁，2009；游家兴等，2013）。因而，对于年末存在控股股东股权质押的上市公司来说，如果以控股股东为代表的内部人通过盈余管理方式进行市值管理活动，那么其操控盈余行为使公司盈余信息被扭曲，会降低公司财务信息透明度，进而使以公司财务报告为基础的分析师盈余预测的准确度下降，而分歧度却上升了。借鉴方军雄（2007）、李丹和贾宁（2009）的做法，分别构建分析师预测误差（Ferror）① 和分歧度（Disper）②，表 5－7 报告了股权质押与分析盈余预测的关系。

在表 5－7 的模型（1）和模型（3）中股权质押特征变量（Plgdum）的回归系数均在 1% 的显著性水平下为正，表明相对于未发生控股股东股权质押的上市公司，这些发生了控股股东股权质押的上市公司，其分析师盈余预测误差更大，分析师盈余预测分歧度也更大。在模型（2）和模型（4）中股权质押特征变量（Plgrat）的回归系数分别在 5% 和 1% 的显著性水平下为正，说明相对于未发生控股股东股权质押的上市公司，这些发生了控股股东股权质押的上市公司，其分析师盈余预测误差更大，分析师盈余预测分歧度也更大。这意味着存在控股股东股权质押的上市公司，其财务信息质量下降了，而这正是由于以控股股东为代表的内部人通过盈余管理方式进行市值管理所造成的。控股股东通过盈余管理方式所进行的短期市值管理活动，虽然这种方式也能达到稳定公司股价的目的，但只是控股股东采取的权宜之计，

---

① Ferror = abs[Mean(FEPS) − MEPS]/abs(MEPS)，其中 Mean(FEPS) 表示分析师预测的平均每股收益；MEPS 表示公司实际的每股收益；abs（MEPS）表示公司实际每股收益的绝对值。

② Disper = Std(FEPS)/abs(MEPS)，其中 Std(FEPS) 表示预测的每股收益的标准差；abs(MEPS) 表示公司实际每股收益的绝对值。

实际上并不可取，这种短期机会主义行为无异于饮鸩止渴，其根源在于中国股票市场缺乏市值管理的内生动力。

表 5－7　　股权质押与分析师盈余预测

	(1) Ferror	(2) Ferror	(3) Disper	(4) Disper
Opaque	0.669*** (7.85)	0.668*** (7.84)	0.348*** (6.78)	0.347*** (6.76)
Plgdum	0.273*** (2.67)		0.173*** (2.61)	
Plgrat		0.456** (2.27)		0.375*** (2.84)
Size	-0.348** (-2.36)	-0.329** (-2.24)	-0.160* (-1.65)	-0.149 (-1.56)
Intngble × MEPS				
Intngble	7.013*** (4.54)	7.107*** (4.57)	4.333*** (4.11)	4.379*** (4.12)
Anattion			-0.010*** (-3.19)	-0.010*** (-3.23)
_cons	2.122 (1.04)	2.009 (0.98)	0.713 (0.60)	0.639 (0.54)
Ind	Yes	Yes	Yes	Yes
year	Yes	Yes	Yes	Yes
N	10040	10040	9894	9894
r2_a	0.042	0.042	0.035	0.035

注：表中数值为变量的回归系数，括号内为回归系数的 T 值，*、**、*** 分别表示在 10%、5% 和 1% 的显著性水平下显著。

（三）股权质押、资产误定价与股价崩盘风险

对于控股股东来说，股价崩盘风险无异于一场覆灭性灾难，不仅会使其个人财富遭受重大损失，还可能使其丧失控股地位。为了降低股价暴跌风

险，控股股东有动机也有能力进行市值管理活动。当上市公司及其内部人重视市值管理时，公司股价表现更有可能持续平稳增长，暴跌风险较小，控股股东股权质押贷款申请更易为金融机构所接受，质押后被金融机构要求追加质押的可能性更小（李旎和郑国坚，2015）。股票价格中包含公司层面的信息和市场层面的信息（Morck et al.，2000；Jin and Myers，2006；Gul et al.，2010；吴联生等，2009）。在所有公司层面的信息中，最受投资者关注的是企业盈余能力（陆瑶和沈小力，2011）。因此，为了进行市值管理使得股票价格保持相对较高的价位，一方面股权质押期内，控股股东可能会通过督促管理层努力经营，提高公司业绩的方式进行市值管理来降低股价暴跌风险；另一方面由于盈余管理被公认为是管理层操纵公司业绩的重要手段（Burgstahler and Dichev，1997；Healy and Wahlen，1999；Leuz et al.，2003）。为了追求其自身利益最大化，控股股东有动机利用其控制权操控公司盈余信息披露，利用我国资本市场的低效率诱使投资者高估公司价值，进而达到抬高股票价格的目的。上述研究已证实，控股股东并没有通过努力经营提高公司业绩的方式来稳定公司股价，而是很可能采取了操控盈余信息披露的方式进行了市值管理活动。前面研究和以往文献均证实，控股股东股权质押过程中存在盈余管理活动（黄志忠和韩湘云，2014；闻岳春和夏婷，2016），而且其盈余管理方式转向更加隐蔽的真实性盈余管理（王斌和宋春霞，2015；谢德仁和廖科，2017）。一方面，控股股东操控盈余信息披露，使股价中包含的噪声信息增多，股票价格波动并不能充分有效反映公司真实盈余信息；另一方面，为了掩饰其盈余管理活动，控股股东会有意识地降低公司的信息透明度，使反映公司真实价值的信息被隐瞒而不被外部投资者所了解，这就意味着控股股东自利动机会降低公司财务透明度，致使股票价格所能吸收的公司特质信息减少。控股股东通过盈余管理方式进行市值管理的结果是：股票价格中包含的噪声信息增多，股票价格波动并不能充分有效反映公司真实盈余信息，并且由于投资者并不能有效识别公司所披露的盈余信息，使投资者对盈余的错误估值进而导致了对股票的错误定价，也即股票误定价。为了进一步检验股权质押期内，控股股东通过盈余管理方式进行市值管理是否降低了股价崩盘风险，本章在分析股权质押与股价崩盘风险关系的基础上，加入控股股东市值管理的结果变量——股票误定价，以此考察控股股东市值管理的效果。

表 5-8 报告了股权质押、股票误定价与股价崩盘风险的回归结果。在模型（1）至模型（4）中股票误定价（Mis）的回归系数分别在 1%、5%、5%和 5%的水平下显著为正，说明股票误定价，尤其是股价被高估时，股价崩盘风险显著上升。在模型（1）和模型（3）中股权质押特征变量（Plgdum）的回归系数分别在 10%和 1%的显著性水平下为负，同时股权质押与股票误定价的交互项（Plgdum × Mis）在模型（1）和模型（3）中的回归系数均在 1%的水平下显著为负。在模型（2）和模型（4）中股权质押特征变量（Plgrat）的回归系数均为负，且模型（2）中的系数在 10%的水平下显著，表明与未发生控股股东股权质押的上市公司相比，发生了控股股东股权质押的上市公司，其股价崩盘风险更低；同时股权质押与股票误定价的另一交互项（Plgrat × Mis）在模型（2）和模型（4）中的回归系数也均在 1%的水平下显著为负，而且两个交互项系数的绝对值高于股权质押特征变量系数的绝对值，表明在股权质押情形下，控股股东进行的市值管理活动降低了股价崩盘风险，尽管是采用盈余管理方式实现的，而不是通过努力经营提高公司业绩实现的。这些发现意味着，为了降低股价崩盘风险，股权质押期内，控股股东有动机同时也有能力进行市值管理来稳定公司股价。然而，控股股东并不是通过努力经营提高公司业绩方式进行市值管理的，而是采取操控盈余方式进行市值管理的。虽然这种短期机会主义也能达到市值管理的目的，但只是控股股东为“排雷”所采取的权宜之计，实际上并不可取，无异于饮鸩止渴。在股票价格高于其内在价值时，说明股票价格存在泡沫成分，反映出较多利空消息，当这种利空消息囤积到一定程度突然集中爆发时，就会导致公司股价的剧烈波动，股价崩盘风险显著增加。中国股票市场长期缺乏市值管理的内生动力，是上市公司及其内部人倾向于短期机会主义行为的根源所在。

其他控制变量，例如，公司规模（Size）、资产负债率（Lev）和股票回报率波动（Sd）与未来股价崩盘风险（NCSKEW 和 DUVOL）呈显著的正相关关系；而净资产收益率（Roe）、账面市值比（BM）、上市年限（Age）和股票换手率（HSL）与未来股价崩盘风险（NCSKEW 和 DUVOL）呈显著的负相关关系。

表 5-8 股权质押、股票误定价与股价崩盘风险

	(1) F. NCSKEW	(2) F. NCSKEW	(3) F. DUVOL	(4) F. DUVOL
NCSKEW	-0.203*** (-15.66)	-0.202*** (-15.59)		
DUVOL			-0.195*** (-14.54)	-0.194*** (-14.45)
Plgdum	-0.071* (-1.77)		-0.066** (-2.10)	
Plgrat		-0.106* (-1.84)		-0.051 (-1.11)
Mis	0.188*** (2.63)	0.163** (2.43)	0.149** (2.51)	0.128** (2.31)
Plgdum × Mis	-0.163*** (-2.82)		-0.131*** (-2.86)	
Plgrat × Mis		-0.283*** (-3.21)		-0.227*** (-3.17)
Size	0.613*** (12.42)	0.601*** (12.08)	0.580*** (13.86)	0.571*** (13.49)
Lev	0.277* (1.76)	0.305* (1.94)	0.220* (1.71)	0.243* (1.88)
Roe	-0.322** (-2.46)	-0.322** (-2.45)	-0.243** (-2.36)	-0.246** (-2.38)
PE	-0.021 (-0.82)	-0.021 (-0.80)	-0.018 (-0.88)	-0.018 (-0.87)
MB	-0.226*** (-5.91)	-0.231*** (-5.98)	-0.199*** (-6.45)	-0.203*** (-6.50)
CF	-0.012 (-0.29)	-0.009 (-0.22)	-0.043 (-1.28)	-0.041 (-1.20)
State	-0.210 (-1.33)	-0.225 (-1.41)	-0.191 (-1.38)	-0.204 (-1.45)

续表

	(1) F. NCSKEW	(2) F. NCSKEW	(3) F. DUVOL	(4) F. DUVOL
Age	-0.486*** (-4.09)	-0.496*** (-4.16)	-0.441*** (-4.66)	-0.453*** (-4.78)
Growth	-0.010 (-0.91)	-0.010 (-0.91)	-0.009 (-1.02)	-0.009 (-1.01)
Opaque	-0.041 (-0.23)	-0.067 (-0.38)	0.011 (0.07)	-0.010 (-0.07)
Shrhfd	-1.194*** (-3.26)	-1.200*** (-3.25)	-1.081*** (-3.73)	-1.077*** (-3.69)
Dual	-0.030 (-0.61)	-0.027 (-0.55)	-0.008 (-0.21)	-0.005 (-0.14)
Bsize	-0.364** (-2.41)	-0.361** (-2.39)	-0.274** (-2.24)	-0.273** (-2.23)
Indrct	-0.278 (-0.66)	-0.265 (-0.63)	-0.001 (-0.00)	0.004 (0.01)
Mnghld	0.108 (0.44)	0.133 (0.55)	0.036 (0.18)	0.057 (0.28)
RET	-0.000 (-0.06)	-0.000 (-0.06)	-0.001 (-0.43)	-0.001 (-0.44)
Sd	0.008** (2.42)	0.008** (2.46)	0.008*** (3.09)	0.008*** (3.11)
HSL	-0.033** (-2.55)	-0.031** (-2.41)	-0.029*** (-2.83)	-0.028*** (-2.69)
_cons	-5.532*** (-6.44)	-5.430*** (-6.29)	-5.463*** (-7.59)	-5.379*** (-7.39)
Ind	Yes	Yes	Yes	Yes
year	Yes	Yes	Yes	Yes
N	8847	8847	8847	8847
r2_a	0.233	0.233	0.293	0.293

注：表中数值为变量的回归系数，括号内为回归系数的 T 值，*、**、*** 分别表示在 10%、5% 和 1% 的显著性水平下显著。

五、稳健性检验

为保证研究结论的可靠性，本章分别进行以下稳健性检验：

第一，为了检验股权质押与股价崩盘风险之间关系的稳健性，本章参考易志高和茅宁（2009）的方法构建投资者情绪指数（CICSI），在控制投资者情绪的情况下重新进行回归，表5-9报告了在控制投资者情绪下股权质押与股价崩盘风险的回归结果。在模型（1）和模型（3）中股权质押特征变量（Plgdum）的回归系数均在10%的水平下显著为负。在模型（2）和模型（4）中股权质押特征变量（Plgrat）的回归系数分别在5%和10%的水平下显著为负，这与前面研究结论一致，其他变量的结果也与前面结果基本一致。

表5-9　股权质押与股价崩盘风险：控制投资者情绪的影响

	(1) F. NCSKEW	(2) F. NCSKEW	(3) F. DUVOL	(4) F. DUVOL
NCSKEW	-0.156*** (-14.44)	-0.155*** (-14.40)		
DUVOL			-0.146*** (-13.49)	-0.146*** (-13.44)
Plgdum	-0.057* (-1.88)		-0.046* (-1.87)	
Plgrat		-0.103** (-2.21)		-0.073* (-1.89)
CICSI	0.033*** (7.20)	0.033*** (7.21)	0.042*** (11.14)	0.042*** (11.17)
Size	0.565*** (17.15)	0.561*** (17.00)	0.540*** (18.97)	0.536*** (18.85)
Lev	0.329*** (2.76)	0.339*** (2.84)	0.270*** (2.75)	0.278*** (2.82)
Roe	-0.406*** (-3.96)	-0.409*** (-3.99)	-0.366*** (-4.26)	-0.369*** (-4.29)

续表

	(1) F. NCSKEW	(2) F. NCSKEW	(3) F. DUVOL	(4) F. DUVOL
Growth	-0.009 (-1.21)	-0.009 (-1.19)	-0.009 (-1.32)	-0.008 (-1.29)
PE	-0.041* (-1.91)	-0.041* (-1.94)	-0.039** (-2.25)	-0.039** (-2.28)
BM	-0.222*** (-8.08)	-0.225*** (-8.21)	-0.199*** (-8.87)	-0.201*** (-8.99)
CF	-0.000 (-0.01)	0.001 (0.04)	-0.011 (-0.42)	-0.009 (-0.38)
State	-0.250*** (-2.61)	-0.245** (-2.54)	-0.197** (-2.42)	-0.194** (-2.37)
Age	-0.152* (-1.77)	-0.150* (-1.74)	-0.144** (-2.06)	-0.143** (-2.05)
Opaque	0.105 (0.78)	0.101 (0.75)	0.131 (1.18)	0.128 (1.16)
Shrhfd	-1.343*** (-4.72)	-1.348*** (-4.72)	-1.196*** (-5.20)	-1.199*** (-5.20)
Dual	0.015 (0.38)	0.015 (0.40)	0.019 (0.61)	0.019 (0.63)
Bsize	-0.269** (-2.30)	-0.270** (-2.31)	-0.208** (-2.18)	-0.208** (-2.18)
Indrct	0.030 (0.09)	0.037 (0.11)	0.192 (0.74)	0.198 (0.76)
Mnghld	0.274 (1.47)	0.272 (1.46)	0.251 (1.59)	0.249 (1.58)
RET	-0.002 (-0.72)	-0.002 (-0.71)	-0.002 (-1.01)	-0.002 (-1.00)
Sd	0.009*** (3.11)	0.009*** (3.15)	0.009*** (3.84)	0.009*** (3.87)

续表

	(1) F. NCSKEW	(2) F. NCSKEW	(3) F. DUVOL	(4) F. DUVOL
HSL	-0.028*** (-2.61)	-0.028** (-2.58)	-0.024*** (-2.75)	-0.024*** (-2.71)
_cons	-7.637*** (-12.53)	-7.597*** (-12.46)	-8.018*** (-15.89)	-7.989*** (-15.81)
Ind	Yes	Yes	Yes	Yes
year	Yes	Yes	Yes	Yes
N	11520	11520	11520	11520
r2_a	0.194	0.194	0.248	0.248

注：表中数值为变量的回归系数，括号内为回归系数的 T 值，*、**、*** 分别表示在 10%、5% 和 1% 的显著性水平下显著。

第二，为了解决内生性问题，本章分别采取了 2SLS 和 PSM 两种方法。

第一种方法：2SLS，借鉴已有相关研究（谢德仁等，2016；翟胜宝等，2017；吕晓亮，2018；王雄元等，2018）采用当年度发生控股股东股权质押的上市公司所在行业的平均质押水平（平均质押概率）和当年度发生控股股东股权质押的上市公司所在区域的平均质押水平作为年末是否存在控股股东股权质押的工具变量进行回归分析，表 5-10 报告了 2SLS 回归结果。在模型（1）和模型（2）中股权质押特征变量（Plgrat）的回归系数分别在 5% 和 10% 的水平下显著为负，在考虑内生性问题情况下，研究结论依旧成立。

第二种方法：PSM，为了控制股权质押公司与未发生股权质押公司基本特征之间存在的系统性差异，本章借鉴已有相关研究（谢德仁等，2016；谢德仁和廖科，2017；吕晓亮，2017；翟胜宝等，2017；王雄元等，2018；李瑞涛和酒莉莉，2018）采取倾向得分匹配法（PSM）对股权质押样本与未发生股权质押样本按照公司规模（Size）、盈利能力（Roe）、资产负债率（Lev）和股票回报率（RET）进行 1∶1 配对，最终得到 11520 个控制样本，表 5-10 报告了 PSM 回归结果。在模型（3）和模型（4）中股权质押特征变量（Plgdum）的回归系数分别在 10% 和 5% 的水平下显著为负，在考虑内生性问题情况下，研究结论依旧成立。

表 5-10 股权质押与股价崩盘风险：2SLS 和 PSM

	2SLS		PSM	
	(1) F. NCSKEW	(2) F. DUVOL	(3) F. _NCSKEW	(4) F. _DUVOL
NCSKEW	-0.021 ** (-2.07)			
DUVOL		-0.060 *** (-5.90)		
_NCSKEW			-0.181 *** (-18.36)	
_DUVOL				-0.179 *** (-18.29)
Plgrat	-0.515 ** (-2.03)	-0.378 * (-1.88)		
Plgdum			-0.062 * (-1.96)	-0.055 ** (-2.11)
Size	0.091 *** (7.32)	0.086 *** (8.49)	-0.006 (-0.18)	0.006 (0.22)
Lev	0.430 *** (6.41)	0.286 *** (5.29)	-0.013 (-0.11)	-0.022 (-0.21)
Roe	0.129 (1.59)	0.055 (0.83)	0.240 ** (2.30)	0.118 (1.36)
Growth	0.001 (0.16)	0.001 (0.27)	0.011 (1.47)	0.005 (0.80)
PE	-0.004 (-0.26)	-0.015 (-1.06)	-0.005 (-0.20)	-0.011 (-0.57)
BM	-0.221 *** (-15.13)	-0.182 *** (-15.48)	-0.007 (-0.25)	0.005 (0.21)
CF	-0.048 * (-1.85)	-0.052 ** (-2.52)	0.007 (0.23)	0.008 (0.31)
State	-0.099 (-1.59)	-0.067 (-1.37)	0.035 (0.33)	0.112 (1.21)

续表

	2SLS		PSM	
	(1) F. NCSKEW	(2) F. DUVOL	(3) F. _NCSKEW	(4) F. _DUVOL
Age	-0.066** (-2.57)	-0.054*** (-2.65)	-0.087 (-1.00)	-0.079 (-1.08)
Opaque1	0.262** (2.18)	0.253*** (2.61)	-0.156 (-1.12)	-0.069 (-0.60)
Shrhfd	-0.714*** (-8.11)	-0.580*** (-8.18)	-0.016 (-0.06)	-0.049 (-0.22)
Dual	0.017 (0.81)	0.015 (0.93)	-0.033 (-0.82)	-0.052 (-1.58)
Bsize	-0.148*** (-2.89)	-0.112*** (-2.71)	-0.125 (-1.01)	-0.121 (-1.15)
Indrct	-0.076 (-0.42)	-0.026 (-0.18)	-0.606* (-1.83)	-0.423 (-1.55)
Mnghld	0.001 (0.01)	-0.023 (-0.31)	-0.411** (-2.00)	-0.272 (-1.55)
RET	0.004* (1.80)	0.003 (1.34)	-0.002 (-0.63)	-0.001 (-0.31)
Sd	-0.001 (-0.57)	-0.002 (-0.97)	0.000 (0.17)	0.001 (0.52)
HSL	-0.007 (-0.70)	-0.009 (-1.09)	-0.002 (-0.15)	-0.000 (-0.03)
_cons	-0.818*** (-3.29)	-0.825*** (-4.08)	0.819 (1.28)	0.587 (1.08)
Ind	Yes	Yes	Yes	Yes
year	Yes	Yes	Yes	Yes
N	11520	11520	11519	11519
r2_a	0.120	0.154	0.036	0.036

注：表中数值为变量的回归系数，括号内为回归系数的T值，*、**、***分别表示在10%、5%和1%的显著性水平下显著。

第三，为了检验股票误定价与股价崩盘风险之间关系的稳健性，本章计算年度股票误定价程度指标，对其取绝对值来衡量（|Mis|），并以其中位数作为分组依据，股票误定价程度（|Mis|）高于其中位数，则将其定义为高估组，表5－11报告了股票误定价与股价崩盘风险的回归结果。在模型（1）至模型（4）中股票误定价（|Mis|）的回归系数分别在10%、10%、1%和1%的水平下显著为正，与前面研究结论一致，其他变量的结果也与前面研究结果基本一致。

表5－11　　股票误定价与股价崩盘风险：Mis_year

	F. NCSKEW		F. DUVOL	
	(1) 全样本	(2) 高估组	(3) 全样本	(4) 高估组
NCSKEW	-0.156*** (-14.40)	-0.190*** (-10.51)		
DUVOL			-0.057*** (-5.67)	-0.076*** (-5.28)
|Mis|	0.072* (1.79)	0.142* (1.71)	0.086*** (3.48)	0.180*** (3.96)
Size	0.550*** (16.40)	0.527*** (10.12)	0.093*** (10.07)	0.079*** (6.18)
Lev	0.325*** (2.73)	0.325* (1.82)	0.225*** (5.38)	0.191*** (3.13)
Roe	-0.417*** (-4.09)	-0.286* (-1.75)	0.054 (0.81)	0.123 (1.25)
PE	-0.043** (-2.03)	-0.040 (-1.15)	-0.009 (-0.66)	-0.039** (-2.03)
BM	-0.236*** (-8.51)	-0.244*** (-5.41)	-0.186*** (-15.81)	-0.160*** (-10.61)
CF	0.000 (0.00)	-0.009 (-0.15)	-0.051** (-2.49)	-0.043 (-1.45)
State	-0.255*** (-2.63)	-0.329* (-1.74)	-0.021 (-1.26)	-0.015 (-0.62)

续表

	F. NCSKEW		F. DUVOL	
	(1) 全样本	(2) 高估组	(3) 全样本	(4) 高估组
Age	-0.156* (-1.82)	0.053 (0.37)	-0.081*** (-5.66)	-0.090*** (-4.41)
Growth	-0.000 (-0.81)	-0.000 (-0.72)	0.000 (0.21)	-0.000 (-0.18)
Opaque	0.100 (0.75)	0.141 (0.64)	0.240** (2.51)	0.296** (2.18)
Shrhfd	-1.320*** (-4.66)	-1.485*** (-3.55)	-0.509*** (-7.97)	-0.349*** (-3.64)
Dual	0.017 (0.43)	0.080 (1.20)	0.018 (1.07)	0.012 (0.50)
Bsize	-0.264** (-2.25)	-0.195 (-1.05)	-0.097** (-2.36)	-0.148** (-2.49)
Indrct	0.033 (0.10)	-0.886* (-1.71)	-0.060 (-0.41)	-0.201 (-0.96)
Mnghld	0.264 (1.42)	0.117 (0.37)	0.055 (0.95)	-0.022 (-0.27)
RET	-0.002 (-0.73)	-0.001 (-0.30)	0.002 (1.13)	0.002 (0.89)
Sd	0.009*** (3.14)	0.012*** (2.69)	0.002 (0.98)	0.002 (0.59)
HSL	-0.027** (-2.51)	0.008 (0.45)	-0.006 (-0.71)	0.010 (0.83)
_cons	-6.327*** (-10.35)	-5.725*** (-6.54)	-1.109*** (-6.14)	-0.846*** (-3.15)
Ind	Yes	Yes	Yes	Yes
year	Yes	Yes	Yes	Yes
N	11520	5501	11520	5501
r2_a	0.194	0.240	0.169	0.213

注：表中数值为变量的回归系数，括号内为回归系数的 T 值，*、**、*** 分别表示在 10%、5% 和 1% 的显著性水平下显著。

第四，为了检验股权质押、资产误定价与股价崩盘风险之间关系的稳健性，本章借鉴 Berger 等（1995）、游家兴和吴静（2012）的方法计算股票误定价程度，具体见模型（1）至模型（3），在此基础上重新进行回归，表 5-12 报告了股权质押、资产误定价与股价崩盘风险的回归结果。在模型（1）、模型（3）和模型（4）中股票误定价（Mis_2）的回归系数分别在 10%、1% 和 10% 的水平下显著为正，说明股票误定价，尤其是股价被高估时，股价崩盘风险显著上升。在模型（1）和模型（3）中股权质押特征变量（Plgdum）的回归系数分别在 10% 和 5% 的显著性水平下为负；同时，股权质押与股票误定价的交互项（Plgdum × Mis_2）在模型（1）和模型（3）的回归系数均在 1% 的水平下显著为负。

表 5-12　股权质押、资产误定价与股价崩盘风险：Mis_2

	(1) F. NCSKEW	(2) F. NCSKEW	(3) F. DUVOL	(4) F. DUVOL
NCSKEW	-0.199*** (-15.45)	-0.199*** (-15.40)		
DUVOL			-0.192*** (-14.50)	-0.191*** (-14.41)
Plgdum	-0.074* (-1.85)		-0.070** (-2.23)	
Plgrat		-0.117** (-2.01)		-0.060 (-1.29)
Mis_2	0.126* (1.84)	0.089 (1.42)	0.139*** (2.58)	0.089* (1.79)
Plgdum × Mis_2	-0.186*** (-2.87)		-0.190*** (-3.76)	
Plgrat × Mis_2		-0.310*** (-2.87)		-0.251*** (-2.94)
Size	0.647*** (13.57)	0.636*** (13.33)	0.603*** (15.09)	0.592*** (14.77)
Lev	0.324** (2.07)	0.351** (2.24)	0.259** (2.03)	0.284** (2.22)

续表

	(1) F. NCSKEW	(2) F. NCSKEW	(3) F. DUVOL	(4) F. DUVOL
Roe	-0. 320 ** (-2. 45)	-0. 332 ** (-2. 53)	-0. 241 ** (-2. 33)	-0. 254 ** (-2. 46)
PE	-0. 028 (-1. 10)	-0. 029 (-1. 14)	-0. 023 (-1. 15)	-0. 025 (-1. 22)
BM	-0. 233 *** (-5. 85)	-0. 234 *** (-5. 85)	-0. 200 *** (-6. 25)	-0. 202 *** (-6. 26)
CF	-0. 014 (-0. 35)	-0. 012 (-0. 29)	-0. 045 (-1. 36)	-0. 043 (-1. 29)
State	-0. 218 (-1. 38)	-0. 222 (-1. 39)	-0. 198 (-1. 44)	-0. 202 (-1. 44)
Age	-0. 455 *** (-3. 88)	-0. 464 *** (-3. 94)	-0. 419 *** (-4. 49)	-0. 430 *** (-4. 59)
Growth	-0. 010 (-0. 87)	-0. 009 (-0. 83)	-0. 009 (-1. 00)	-0. 008 (-0. 94)
Opaque1	-0. 039 (-0. 22)	-0. 053 (-0. 30)	0. 012 (0. 08)	0. 001 (0. 00)
Shrhfd	-1. 198 *** (-3. 26)	-1. 194 *** (-3. 22)	-1. 077 *** (-3. 71)	-1. 066 *** (-3. 64)
Dual	-0. 033 (-0. 66)	-0. 029 (-0. 59)	-0. 011 (-0. 29)	-0. 007 (-0. 18)
Bsize	-0. 371 ** (-2. 45)	-0. 360 ** (-2. 39)	-0. 279 ** (-2. 28)	-0. 271 ** (-2. 22)
Indrct	-0. 268 (-0. 64)	-0. 267 (-0. 63)	0. 007 (0. 02)	0. 002 (0. 01)
Mnghld	0. 104 (0. 43)	0. 125 (0. 51)	0. 034 (0. 17)	0. 053 (0. 26)
RET	-0. 000 (-0. 16)	-0. 000 (-0. 11)	-0. 001 (-0. 51)	-0. 001 (-0. 48)
Sd	0. 008 ** (2. 31)	0. 008 ** (2. 33)	0. 008 *** (3. 01)	0. 008 *** (3. 01)

续表

	(1) F. NCSKEW	(2) F. NCSKEW	(3) F. DUVOL	(4) F. DUVOL
HSL	-0.032** (-2.51)	-0.031** (-2.39)	-0.029*** (-2.81)	-0.028*** (-2.67)
_cons	-6.022*** (-7.33)	-5.938*** (-7.23)	-5.794*** (-8.47)	-5.711*** (-8.28)
Ind	Yes	Yes	Yes	Yes
year	Yes	Yes	Yes	Yes
N	8847	8847	8847	8847
r2_a	0.232	0.232	0.294	0.293

注：表中数值为变量的回归系数，括号内为回归系数的 T 值，*、**、*** 分别表示在 10%、5% 和 1% 的显著性水平下显著。

在表 5-12 的模型（2）和模型（4）中股权质押特征变量（Plgrat）的回归系数均为负，且模型（2）中的系数在 5% 的水平下显著，表明与不存在控股股东股权质押的上市公司相比，存在控股股东股权质押的上市公司，其股价崩盘风险更低。同时股权质押与股票误定价的另一交互项（$Plgrat \times Mis_2$）在模型（2）和模型（4）中的回归系数也均在 1% 的水平下显著为负，而且两个交互项系数的绝对值高于股权质押特征变量系数的绝对值，这与前面研究结论一致，其他变量的结果也与前面所得结果基本一致。

本章小结

一、研究结论

股价崩盘风险是公司长期窖藏坏消息的突然集中释放（Jin and Myers，2006；Hutton et al.，2009），较高的股价暴跌风险通常意味着公司内外部利益相关者之间存在较大的信息不对称。国内外学术界以往主要从公司内外部探寻股价崩盘风险的影响因素及其形成机理。但是，之所以公司股价突然暴跌，是因为股票价格与公司面信息所反映的内在价值严重偏离，即股票被错误定价。如果公司股价被高估，说明股票价格可能存在泡沫成分，反映出较多利空消息，当这种利空信息囤积到一定程度突然暴发时，就会引起股票价格的剧烈波动。因此，如果股票价格被高估，而又缺乏向其内在价值合理回归的内生动力，那么股价暴跌风险就会显著增加。从此意义上说，股票误定价是股价崩盘风险产生的内在根源。本章以控股股东股权质押可能产生的经济后果这一独特视角探讨股价崩盘风险的形成机理，通过对控股股东股权质押期内市值管理动机、市值管理方式以及市值管理后果的刻画，揭示了资产误定价是股价崩盘风险产生的内在根源。本章通过对股权质押、资产误定价与股价崩盘风险的研究得出以下结论：

（1）与年末不存在控股股东股权质押的上市公司相比，年末存在控股股东股权质押的上市公司其股价崩盘风险相对较低。对于控股股东来说，股价崩盘风险不仅会使其个人财富遭受重大损失，而且还会使其失去控股地位，无异于一场颠覆性灾难。因此，为了降低股价暴跌风险，股权质押期内控股股东具有进行市值管理的强烈动机，结果也证实股权质押期内控股股东确实采取了“排雷”行动，股价崩盘风险显著下降。

（2）股价被高估会增加未来发生股价崩盘风险的可能性，而且股价被高估越多，未来发生股价崩盘风险的可能性越大。股价崩盘是一种公司股价突然“断崖式”下跌的现象，这意味着公司股价很可能严重偏离其内在价值，表现为“高估或股价泡沫”和“低估”。如果公司股价被高估，而又缺乏向其内在价值回归的内生动力，当公司的坏消息囤积到一定程度时，坏消息会一次性释放到市场中，此时股价暴跌风险就会显著增加。因此，股票误定价是股价崩盘风险产生的内在根源。当股票价格与公司面信息所反映的内在价值发生严重偏离时，表明公司股价很可能存在泡沫成分，反映出较多的利空消息，特别是在公司股价被高估时，当利空消息囤积到一定程度集中暴发时就会产生股价暴跌现象。

（3）通过对存在控股股东股权质押的上市公司当期业绩和下期业绩，以及质押期内分析师盈余预测的准确性分析发现，虽然控股股东具有进行市值管理的动机与能力，但是其并没有通过努力经营提高公司业绩的方式来稳定公司股价，而是采取了操控盈余信息披露的方式进行了市值管理活动。为了追求其自身利益的最大化，降低股价暴跌风险，控股股东股权质押期内采取了机会主义行为，利用资本市场的低效率诱使投资者高估公司价值，进而实现市值管理的目的。其结果是，控股股东盈余管理活动在减少公司特质信息的同时也增加了公司层面噪声信息的释放，股票被错误定价，同时股价同步性下降。

(4) 在股权质押情形下，控股股东进行的市值管理活动降低了股价崩盘风险，尽管是采用盈余管理方式实现的，而不是通过努力经营提高公司业绩实现的。这些发现意味着，为了降低股价崩盘风险，股权质押期内，控股股东有动机同时也有能力进行市值管理来稳定公司股价。然而，控股股东并不是通过努力经营提高公司业绩方式进行市值管理的，而是采取操控盈余方式进行市值管理的。虽然这种短期机会主义也能达到市值管理的目的，但只是控股股东为“排雷”所采取的权宜之计，实际上并不可取，无异于饮鸩止渴。在公司股价高于其内在价值时，说明股票价格存在泡沫成分，反映出较多的利空消息，当这种利空消息囤积到一定程度突然集中暴发时，就会导致公司股价的剧烈波动，股价崩盘风险显著增加。中国股票市场长期缺乏市值管理的内生动力，是上市公司及其内部人倾向于短期机会主义行为的根源所在。

二、研究启示

对于控股股东而言，股价崩盘风险无异于一场覆灭性灾难，不仅会使其个人财富遭受重大损失，还可能使其丧失控股地位。为了降低股价崩盘风险，上市公司及其内部人有动机也有能力进行市值管理。但是，通过对股权质押、资产误定价与股价崩盘风险的研究发现，虽然控股股东有进行市值管理的动机与能力，为了降低股价崩盘风险，也确实进行了市值管理活动，但并不是通过努力经营提高公司业绩方式进行市值管理的，而是采用操控盈余方式进行了短期市值管理，这只是股权质押期内控股股东“排雷”所采取的权宜之计，从公司长远发展来看，这种机会主义行为并不可取。那么，作为“理性经济人”的控股股东，为何倾向于采取机会主义行为而不是促进公司长期发展的市值管理活动？究其根源在于，中国股票市场长期缺乏市值管理的内生动力。

股权分置改革之前，主要是公司控股股东缺乏进行市值管理的原动力。我国证券市场在成立之初，担负着保护国民经济支柱产业不受外资冲击的重大使命，国家股、法人股等是非流通股，并不能在证券市场交易，形成了流通股与非流通并存的股权分置局面。在此情形下，非流通股股东利益由于不受股票价格的影响，使其更为注重企业利润的最大化和净资产的保值增值，而并不关心公司市值。

自 2006 年股权分置改革后，主要是公司管理层缺乏进行市值管理的原动力。股权分置完成后，上市公司的股票逐步实现了全流通，此情形下公司市值表现与控股股东的切身利益密切相关，非流通股东与流通股股东利益趋于一致，上市公司追求的目标也由企业利润最大化转变为企业价值最大化，公司市值成为衡量上市公司价值的新标杆。但是，管理层由于股权激励不足和市值考核缺位，其个人利益未能与股东利益（包括控股股东和中小股东）有效捆绑，公司市值并不是管理层关心的问题，而是更为关注其个人薪酬以及在职消费等隐性报酬。

针对这一问题，2014 年 5 月 9 日国务院发布的《关于进一步促进资本市场健康发展的若干意见》（简称《新国九条》）中首次明确提出：“鼓励上市公司建立市值管理制度”。而且，为了激励管理层勤勉尽责工作，越来越多的上市公司授予其管理层股票期权，对管理层实施股权激励，此时管理层的利益与公司市值表现就变得休戚相关，并与股东的利益趋向一致。随着市值管理制度的确立，以及上市公司激励考核制度的完善，上市公司及其内部人将会越来越重视市值管理，同时也有动力进行市值管理活动。

| 第六章 |

研究结论与未来展望

第一节　基本结论与政策建议

一、基本结论

本书立足于中国资本市场上股权质押融资风险频繁凸显这一现实背景，首先，考察了上市公司控股股东股权质押决策是否存在利用资本市场的低效率，相机质押股权的市场择时动机；其次，分析了上市公司控股股东如何利用资本市场的低效率，进而实现其市场择时目的的手段与方式；最后，探讨了上市公司控股股东股权质押由于利用资本市场的低效率而可能产生的经济后果。本书通过对控股股东股权质押与资产误定价问题的研究，得到以下基本结论：

第一，控股股东股权质押决策是否存在利用资本市场的低效率，相机质押股权的市场择时动机？本书研究发现：控股股东股权质押决策存在利用资本市场的低效率，相机质押股权的市场择时动机。具体表现为，控股股东根据股票市场的估值水平动态调整其股权质押策略，以实现其自身利益最大化。当股价被高估时，控股股东股权质押意愿明显增强，而且股权质押规模扩大；当股价被低估时，控股股东股权质押意愿明显减弱，并且倾向缩减股权质押规模。同时，信贷市场环境也是控股股东股权质押决策考虑的重要因素，信贷市场环境决定了控股股东股权质押融资的规模及融资成本，控股股东也会根据信贷市场环境变化调整其股权质押决策。但是，在公司面临较高融资约束的情况下，控股股东股权质押的市场择时动机明显减弱。

第二，控股股东股权质押决策是如何利用资本市场的低效率，进而实现其市场择时目的？本书研究发现：由于股价的易变性，控股股东股权质押过程中具有操控盈余的强烈动机，使公司股价保持在相对较高的水平。但是，随着会计准则的不断完善和投资者保护水平的提高，以及银行信贷审批程度的不断完善等外部监管环境的变化，发生控股股东股权质押的上市公司减少了应计盈余管理方式，进而转向通过真实性盈余管理方式来操控盈余。由于我国资本市场的低效率，投资者并不能有效识别公司所披露的盈余信息，使投资者对公司盈余的错误定价进而导致了对股票的错误定价。股权质押过程中，控股股东实施的盈余管理活动一方面使公司层面更多的噪声信息释放到市场中，股价同步性降低；另一方面为掩饰其盈余管理行为，控股股东会有意降低公司财务信息透明度，使公司真实的盈余信息被隐瞒，股价同步性提高。但是，盈余管理释放的噪声信息而使股价同步性降低的作用大于其降低财务信息透明度而提高股价同步性的作用，总体来说，盈余管理活动降低了公司的股价同步性。换而言之，噪声信息在我国证券市场中起主导作用，股价同步性主要体现了我国证券市场的信息噪声量而非信息效率，与我国新兴市场的特征吻合。因此，控股股东倾向于在公司的股价同步性较低时质押股权，操控盈余降低公司的股价同步性是股权质押过程中控股股东利用资本市场的低效率，实现其市场择时的重要环节。

第三，控股股东股权质押决策由于利用资本市场的低效率是降低还是增加股价崩盘风险？本书研究发现：股权质押期内，发生控股股东股权质押的上市公司其股价崩盘风险会较低。对于控股股东来说，股价崩盘风险无异于一场颠覆性灾难，不仅会使其个人财富遭受重大损失，还可能会使其失去控股地位。因此，为了降低股价崩盘风险，在股权质押期内，控股股东有动机也有能力进行市值管理来稳定公司股价。然而，控股股东并不是通过努力经营提高公司业绩方式进行市值管理的，而是采取操控盈余方式进行市值管理的。虽然控股股东的这种短期机会主义也能达到市值管理的目的，但只是为“排雷”而采取的权宜之计，从公司长远发展来看并不可取，无异于饮鸩止渴。在股票价格高于其内在价值时，说明股票价格存在泡沫成分，反映出较多利空消息，当利空消息囤积到一定程度突然集中暴发时，就会导致公司股价的剧烈波动，股价崩盘风险显著增加。中国股票市场长期缺乏市值管理的内生动力，是上市公司及其内部人倾向于短期机会主义行为的根源所在。

二、政策建议

股权质押原本是控股股东的个人行为，是一种信用扩张的融资杠杆操作行为，而控股股东的地位使其与公司经营发生了关联。控股股东通过质押股权将其沉没在资产负债表上的“静态”股权转化为“动态”的可用资本，是一种将“经济存量”转变为“经济能量”的有效财务策略（艾大力和王斌，2012），近年来中国资本市场几乎形成了“无股不押”的现象。由于股票市场的估值水平决定了质押股权的价值，从而决定了控股股东能够从金融机构取得的贷款规模及贷款成本。因此，控股股东股权质押决策存在利用资本市场的低效率，根据股票市场的估值水平和信贷市场环境动态调整其股权质押策略的现象。操控盈余信息披露以降低公司的股价同步性是控股股东股权质押市场择时的一个重要环节。而且，为了降低股价暴跌风险，虽然控股股东股权质押期内进行了市值管理活动，但也只是采取了短期机会主义的权宜之计。针对股权质押中的资产定价异象，坚持“预防为主，防治结合”的原则，分别从公司内部治理和外部监管视角提出了具体对策建议，以规范中国资本市场上的股权质押融资活动，促进股权质押融资活动正常有序开展，最终实现有的放矢地防控股权质押的风险，具体政策建议如下：

（一）完善相关法律法规，保障立法权威效应

设立股权质权的立法本意，是以担保的方式保障债权的实现，维护质权人的利益，同时通过对质权实现方式的限制保护出质人的利益，从而在立法上为双方利益的实现提供保障。然而，由于质押股权价值的易变性，如何从立法和制度建设上最大限度地降低股权质押的风险确有其必要性。目前，我国关于股权质押的法规主要有《担保法》及其解释、《证券公司股票质押贷款管理办法》《公司法》《物权法》《工商行政管理机关股权出质登记办法》等，构成了我国股权质押的正式法规制度。但是，这些法规尚未规定股权质

押风险规避的具体办法，仅在《物权法》中规定了股权质权的种类及其设立方式，而《公司法》《担保法》虽对股权质权作了进一步的明确规定，但也没有风险规避方面的具体条款。因此，完善股权质押的有关法规，从法规层面上进一步规范股权质押的设定、质押合同的内容、企业经营风险、股票交易风险的具体规避方法以及风险分配原则，以保障交易安全和交易效率。

对股权质押而言，在质押存续期间，既要遵循限制质押客体转让的原则，又要尽量减少股权质押后因市场风险而给质权人和出质人造成的利益损害，因而明确出质股票进行转让交易的实施情形、交易行为的实施主体，才能实现双方当事人质押的法律和经济双重效果。为此，有关股权质押的法律法规修订要适应实践发展的需求：第一，规定当事人在订立质押合同时要就质权存续期间的风险规避及分担作出明确约定；第二，参照《证券公司股权质押贷款管理办法》第 26 条关于质押率、警戒线和平仓线的规定，根据出质股票的公司资质设定具有级差的质押率、预警线和平仓线，以就解决股权质押市场中的逆向选择问题；第三，规定双方当事人必须就股票出质所募集资金的用途作出明确约定，赋予质权人募集资金流向知情权和违约使用终止权；第四，约定出质股票能够进行转让交易的具体情形、交易实施主体以及交易价款保管等问题；第五，要求出质人和质权人在订立质押合同时，共同委托股票交易专门管理机关——如证券交易所或者具有合法资质的独立第三方作为股权质押期间的代理机构，由其代理双方当事人进行出质股票的交易转让，并提存保管交易价款，而交易风险由出质人和质权人共同分摊。在此基础上，监管部门要有法可依、有规可循，明确监管职责，避免造成“监管博弈”，形成监管真空，充分发挥监管使命，根据股市整体行情，对股权质押进行逆向调节，以此控制股权质押规模及其风险。

（二）适时提高质押门槛，建立市值管理制度

根据《股票质押式回购交易及登记结算业务办法（2018 年修订）》以及《证券公司股票质押贷款管理办法（2004）》的有关规定，用于质押的股票应业绩优良、流通股本规模适度、流动性较好，并且股票质押率最高不能超过 60%。为控制因股票价格波动带来的风险，特设立警戒线和平仓线，最低分别为 135% 和 120%。但是，面对股票市场的急转暴跌，质权人仍然会损

失惨重，因而应该进一步提高股权质押门槛，适当降低股权质押率，实施差异化的股权质押率分离机制，例如，上市公司的资产负债率不超过 50%，经营性净现金流年均增速不低于 5%，其股权才能够用于质押，对不同信用等级、不同板块的股票设置不同的质押率。另外，要严格限制上市公司控股股东的股权质押比例，如控股股东质押同一家公司的股权占其拥有股权的比重不能超过 50%，以保留股权补仓，应对股票市场大幅下跌，防止公司股权结构发生突变。这样，股权质押的上市公司资质得到保障，并为股市剧烈波动保留了缓冲地带。

建立健全市值管理制度，是有效防范股价暴跌而引发股权质押风险的根本举措。市值管理是指上市公司及其内部人在进行决策时充分考虑市值的重要性，依据公司市值表现及决策对市值的影响而做出理性的决策，降低市场对公司估值的偏误，最终实现公司市值的持续增长。股权分置改革后，市值管理在公司治理和资本市场监管中的重要性日益突出。2014 年 5 月 8 日，国务院印发《关于进一步促进资本市场健康发展的若干意见》，首次明确提出“鼓励上市公司建立市值管理制度”。由于股价是衡量标的股权质权担保功能的直接依据，关系到债权的安全与否。当上市公司重视市值管理时，公司股价更可能持续平稳上涨，短期内大跌风险较小，从而控股股东以其所持股权质押融资更易被质权人接受，随后追加抵押的可能性也更小。另外，股权质押后，上市公司控股股东对公司的控制权并未转移，公司经营状况与市值波动仍与其利益密切相关。当公司股价大幅下跌时，质权人会要求控股股东追加质押，增加了其融资成本。为了避免“掏空”行为对公司股价造成负面影响，进而降低股票价值的损失，在此情况下控股股东的“掏空”动机就会显著降低。可见，市值管理不仅有助于控股股东进行股权质押融资，而且能够抑制其对公司的利益侵占行为。因此，上市公司通过经营管理水平，加强市值管理是预防股权质押风险的有效制度安排。

（三）健全公司治理机制，加强外部审计监督

股权结构集中是控股股东股权质押这一融资方式产生的“制度基础”。但是，股权集中架构下，多数公司都存在控股股东，控股股东有动机也有能

力左右公司的经营决策，管理层的决策在很大程度上体现了控股股东的利益动机。股权质押过程中，控股股东的利益动机表现为利用其控制权促使管理层操控盈余信息披露，利用资本市场的低效率诱使投资者高估公司价值。为了有效约束和制衡控股股东的权利，需要完善公司治理机制：一是完善公司内部控制制度，强化公司内部监督；二是优化公司股权结构，提高股权制衡度，避免“一股独大”；三是积极发挥董监事会的监督职能，适当提高独立董事占比，建立合理的经营决策机制；四是改善薪酬激励制度，授予管理层股票期权。

在加强外部审计监督方面，会计师事务所提供的审计报告能为外部利益相关者提供决策相关有用的信息。但是，由于当前对审计师承担审计质量责任的约束力度较小，独立审计质量保障机制存在缺陷，审计师无法做到客观与公正，造成外部审计的失效。而且，审计中过分关注公司的应计盈余管理活动，却对于真实盈余管理活动缺乏甄别能力。针对上市公司在控股股东股权质押前后盈余管理活动及其方式的变化，可以从以下几方面解决外部审计失效问题：一是提高审计师的独立性，使其保持客观与公正的立场；二是改革审计师的管理模式，提高其执业水平；三是加强外部审计机构的法律责任，提高外部审计的执业质量；四是提高审计师的职业道德和工作能力，特别是对于真实盈余管理活动的识别及审计；五是强化审计师职业谨慎，关注质押信息等重点审计事项。

（四）强化信息披露制度，注重信用评估机制

股权的价值与公司经营状况及股票市场的估值水平休戚相关。当公司经营状况良好时，股权价值相对较高，此时银行、券商、信托等金融机构之类的质权人的债权实现就有保障；相反，公司经营状况不佳，股权价值就会降低，质权人的利益就可能会受到损害。为此，对于质权人和监管机构来说，全面、及时地掌握企业的经营状况、财务状况、信用等级等信息，使其能够客观地评估债权的安全性。但是，这些信息在出质人和质权人之间是不对称分布的，出质人作为内部人具有明显的信息优势，而质权人作为外部人处于信息劣势。因此，为了提高出质人和质权人之间的信息透明度，出质人除遵循强制性信息披露规定（如定期提供财务报告）之外，还必须在股权质押期

内定期向质权人披露股权质押募集资金的具体流向。对于股权质押来说，监督控股股东质押所获得资金的真实流向，也是控制股权质押风险的有效方法。通常情况下，股权质押融资目的是为公司发展筹集资金，如补充营运资金。事实上，有些公司股权质押取得的资金又通过其他渠道反投到股市，操纵股市，间接助长股市投机行为。在股权质押合约中，设置分期到位的限制性条款，规定股权质押所获得资金分期到位，实行严格的预算管理，反复评估企业的经营状况，这样质权人保留了提前解押的权利，质权人和出质人之间形成了重复博弈，出质人若想获得下一阶段的资金，必须按照合约规定用途配置资金，这不仅能够监督资金的真实流向，控制违约风险，而且提高了资金的利用效率。

此外，参考深交所上市公司信息披露质量评估方法对其信息披露质量进行评价，以调动企业自愿性信息披露的积极性，并由专业的企业信用评估机构依据受评企业的经营管理素质、财务结构、偿债能力、经营能力、经营效益、发展前景等方面，采取科学的信用评级指标和信用评级方法定期对其信用状况评估，以全面揭示企业的发展情况，综合反映企业的整体状况。

第二节　主要创新点

本书的贡献主要在于：

第一，从资产误定价视角探讨了控股股东股权质押决策的基本逻辑，提出控股股东股权质押决策存在利用资本市场的低效率，相机质押股权的市场择时动机。为了追求自身利益最大化，控股股东会根据股票市场的估值水平和信贷市场环境动态调整其股权质押策略，但是其市场择时动机受到公司融资约束水平的影响。本书不仅丰富了关于控股股东股权质押动机及其影响因素的文献研究，还证实了资本市场并非完全有效，资产误定价作为资本市场中的一种“异象”，会导致市场资源配置功能失效，扭曲公司投资融资行为。

第二，基于控股股东股权质押存在市场择时现象，发现控股股东股权质押过程中有强烈动机操控盈余信息披露，利用资本市场的低效率诱使投资者高估公司价值，进而抬高股票价格。而且，随着外部监管环境的趋严，控股股东减少了应计盈余操控方式，转向采用真实盈余操控方式。控股股东实施的盈余管理活动在减少公司特质信息的同时也释放了更多公司层面的噪声信息，股票价格中包含的噪声信息增多而真实信息减少，使投资者对公司盈余错误估值进而对股票错误定价，公司的股价同步性下降。控股股东倾向于在股价同步性较低时质押股权，通过操控盈余信息披露降低公司的股价同步性是控股股东股权质押市场择时的重要方式。这一研究也证实了中国资本市场是一个噪声比较多的市场，股价同步性会正向地反映资本市场的信息效率。

第三，从市值管理的视角分析了股权质押期内控股股东防范股价崩盘避免平仓甚至控制权转移的措施，发现控股股东并不是通过努力经营提高公司业绩方式进行市值管理的，而是采取操控盈余方式进行市值管理的。虽然控股股东的这种短期机会主义也能达到市值管理的目的，但只是为“排雷”而采取的权宜之计，实际上并不可取，无异于饮鸩止渴。因为盈余管理会使投资者对盈余错误估值进而对股票错误定价，而股价崩盘风险就是股票价格严重偏离其内在价值所引致的。本书揭示了控股股东股权质押期内为“排雷”而进行市值管理的方式，同时也发现资产误定价是股价崩盘风险形成的内在根源。作为“理性经济人”，控股股东市值管理却采取了短期机会主义行为，是因为我国股票市场长期缺乏市值管理的内生动力。

第三节　研究不足与未来展望

本书选择 2007 ~ 2016 年中国沪深 A 股上市公司作为研究对象，首先，考察了上市公司控股股东股权质押决策是否存在利用资本市场的低效率，相机质押股权的市场择时动机；其次，分析了上市公司控股股东如何利用资本市场的低效率，进而实现其市场择时目的的手段与方式；最后，探讨了上市公司控股股东股权质押由于利用资本市场的低效率可能产生的经济后果。本书具有一定的理论意义与应用价值，但是限于时间和个人能力，对一些问题的研究尚不充分。

（1）本书在探讨控股股东股权质押中的资产误定价“异象”时，对于资产误定价指标的衡量分别借鉴了 Rhodes – Kropfa 等（2005）、Berger 等（1995）、Feltham 和 Ohlson（1995）以及游家兴和吴静（2012）等学者的做法，但是这三种估价方法各有侧重，Rhodes – Kropfa 等（2005）和 Berger 等（1995）的做法是以行业平均水平为基准衡量误定价程度，容易受到行业划分的影响，存在一定噪声。第三种方法是以剩余收益估价模型为基础，运用公司自身财务数据推算公司内在价值，以此为基础来衡量误定价水平，但是公司业绩易被操控，估算的结果也可能存在一定的偏差。后续研究中，将会结合其他相关方法，力求更为准确地衡量资产误定价程度。

（2）本书在分析股权质押、资产误定价与股价同步性时，主要是从传统财务理论出发，基于信息不对称理论和有效市场理论来剖析控股股东股权质押决策是如何利用资本市场的低效率的。但是，股票市场的估值水平受到投资者关注或投资者情绪的影响，受于数据限制，并未考虑投资者关注或者投资者情绪的影响。后续研究中，将会关注投资者个体因素对资本市场效率的影响。

（3）本书在考察股权质押、资产误定价与股价崩盘风险的关系时，只分析了样本期间控股股东股权质押与股价崩盘风险的关系，以及控股股东为了降低股价崩盘风险所采取的行动。在股权质押解除后，由于质押期内控股股东了降低股价崩盘风险进行的市值管理活动可能积累了未及时披露的坏消息以及真实盈余管理对公司的负面影响，那么上市公司的股价崩盘风险是否会因股权质押的解除而上升？本书只考察了质押期内上市公司股价崩盘风险的变化，尚未分析股权质押解除之后股价崩盘风险的变化。为了更加全面深入地剖析控股股东股权质押的动机及其行为后果，应该对比考察控股股东股权质押前后股价崩盘风险的变化，这也正是本书未来努力的方向。

本章小结

本章主要回顾总结了主要研究结论、可能的研究贡献、研究不足与未来展望。为了充分有效地运用股权质押这一融资方式，提高股权质权所担保债权的安全性，本书提出了关于股权质押风险防范的政策性建议：一是完善相关法律法规、保障法规权威效应；二是适当提高质押门槛、建立市值管理制度；三是健全公司治理机制、加强外部审计监督；四是强化信息披露制度、注重信用评价机制。

参考文献

［1］ 艾大力，王斌．论控股股东股权质押与上市公司财务：影响机理与市场反应［J］．北京工商大学学报，2012，27（4）：72－76.

［2］ 蔡宁．解禁股份交易中的“择时”行为与控股股东侵害［J］．南开管理评论，2011，14（4）：90－99.

［3］ 陈耿，杜烽．控股控股股东与定向增发价格：隧道效应、利益协同效应及其相互影响［J］．南方经济，2012（6）：32－43.

［4］ 陈共荣，李婧怡，蔡树人．控股股东股权质押对盈余管理的影响研究［J］．会计之友，2016（12）：12－17.

［5］ 陈晓，王琨．关联交易、公司治理与国有股改革——来自我国资本市场的实证证据［J］．经济研究，2005，40（4）：77－86.

［6］ 陈信元，陈冬华，时旭．公司治理与现金股利：基于佛山照明的案例研究［J］．管理世界，2003（8）：118－126.

［7］ 陈玉罡，傅豪．控股股东影响了控制权市场的作用吗？［J］．财经研究，2012，38（4）：80－90.

［8］ 高敬忠，韩传模，王英允．控股股东行为与管理层业绩预告披露策略——以我国A股上市公司为例［J］．审计与经济研究，2013（4）：75－83.

［9］ 高兰芬．董监事股权质押之代理问题对会计资讯与公司绩效之影响［D］．台湾：台湾成功大学，2002.

［10］ 郭杰，张英博．企业择时还是政府择时?：中国特定制度背景下IPO市场时机选择对资本结构的影响［J］．金融研究，2012（7）：137－153.

［11］ 郭思永，刘春江．市场时机、定向增发与财富转移［J］．经济与管理研究，2012，34（2）：27－34.

[12] 郝项超，梁琦．最终控制人股权质押损害公司价值么？[J]．会计研究，2009（7）：57－63.

[13] 洪金明，徐玉德，李亚茹．信息披露质量、控股股东资金占用与审计师选择：来自深市A股上市公司的经验证据 [J]．审计研究，2011（2）：107－112.

[14] 胡昌生，池阳春．情绪预测性与市场择时 [J]．投资研究，2014，33（4）：101－119.

[15] 黄宏斌，刘志远．投资者情绪与企业信贷资源获取 [J]．投资研究，2013，32（2）：13－29.

[16] 黄虹，肖超顺．上市公司股票回购择时能力及影响因素 [J]．财经问题研究，2016（2）：33－39.

[17] 黄志忠，韩湘云．控股股东股权质押、资金侵占与盈余管理 [J]．当代会计评论，2014（2）：19－34.

[18] 江轩宇，伊志宏．审计行业专长与股价崩盘风险 [J]．中国会计评论，2013，（2）：133－150.

[19] 江轩宇．税收征管、税收激进与股价崩盘风险 [J]．南开管理评论，2013，（5）：152－160.

[20] 姜英兵，屈慧敏．股票回购的市场时机选择及其影响因素研究 [J]．财务研究，2015（4）：78－86.

[21] 姜英兵，张晓丽．上市公司控股股东增持的市场时机选择能力及其影响因素研究 [J]．经济管理，2013（12）：88－99.

[22] 蒋东生．“高分红”真的是掏空上市公司的手段吗?：基于用友软件的案例分析 [J]．管理世界，2010（7）：177－179.

[23] 况学文，彭迪云．市场择时、控股股东控制与现金持有量研究 [J]．山西财经大学学报，2008，30（4）：112－120.

[24] 郎香香，李常青．上市公司股权再融资择机行为研究：定价择机、需求量择机与政策择机 [J]．证券市场导报，2013（7）：22－30.

[25] 乐嘉春．“农凯系”控股股东大比例股权质押引起市场关注 [N]．上海证券报，2003/6/10.

[26] 雷光勇，刘慧龙．控股股东控制、融资规模与盈余操纵程度 [J].

管理世界，2006 (1)：129 - 136.

[27] 黎来芳. 商业伦理 诚信义务与不道德控制—鸿仪系“掏空”上市公司的案例研究 [J]. 会计研究，2005 (11)：8 - 14.

[28] 李明，叶勇. 媒体负面报道对控股股东掏空行为影响的实证研究 [J]. 管理评论，2016，28 (1)：73 - 82.

[29] 李旎，郑国坚. 市值管理动机下的控股股东股权质押融资与利益侵占 [J]. 会计研究，2015 (5)：42 - 49.

[30] 李小荣，刘行. CEO vs CFO：性别与股价崩盘风险 [J]. 世界经济，2012，(12)：102 - 129.

[31] 李永伟，李若山. 上市公司股权质押下的“隧道挖掘”——明星电力资金黑洞案例分析 [J]. 财务与会计，2007 (2)：39 - 42.

[32] 李永伟. 控股股东股权质押动因及经济后果研究——基于沪深两市 A 股上市公司的实证分析 [D]. 上海：复旦大学，2007.

[33] 李增泉，叶青，贺卉. 企业关联、信息透明度与股价特征 [J]. 会计研究，2011，(1)：44 - 51.

[34] 李增泉，孙铮，王志伟. 掏空与所有权安排——来自我国上市公司控股股东资金占用的经验证据 [J]. 会计研究，2004 (12)：3 - 13.

[35] 刘端，陈收，陈健. 市场时机对融资工具选择的影响 [J]. 系统工程，2005，23 (8)：62 - 67.

[36] 刘端，陈收，陈健. 市场时机对资本结构影响的持续度研究 [J]. 管理学报，2006，3 (1)：85 - 90.

[37] 刘端，陈收. 上市公司权益与负债双重融资决策实证研究 [J]. 管理科学学报，2009，12 (1)：125 - 136.

[38] 刘浩，李增泉，孙铮. 控股股东的产权收益实现方式与利益输送转向：兼论中国的股权分置改革 [J]. 财经研究，2010，36 (4)：56 - 67.

[39] 刘慧，陆勇，宋乐. 控股股东“隧道挖掘”：相互制衡还是竞争性合谋：基于“股权分置”背景下中国上市公司的经验研究 [J]. 中国会计评论，2009，7 (1)：97 - 112.

[40] 刘澜飚，李贡敏. 市场择时理论的中国适用性——基于 1998 ~ 2003 年上市公司的实证分析 [J]. 财经研究，2005，31 (11)：19 - 30.

[41] 刘星，刘理，豆中强．控股股东现金流权、控制权与企业资本配置决策研究［J］．中国管理科学，2010，18（6）：147－154.

[42] 刘运国，吴小云．终极控制人、金字塔控制与控股股东的“掏空”行为研究［J］．管理学报，2009，6（12）：1661－1669.

[43] 刘振兴．董事监事持股质押与负债工具选择之研究［D］．台湾：云林科技大学，2006.

[44] 刘志远，王勇，靳光辉．谁在择机 IPO：上市公司控股股东视角的实证分析［J］．财经研究，2012，38（9）：69－80.

[45] 柳建华．控股股东持股比例、组织形式与现金股利政策——基于资金占用角度的分析［J］．审计与经济研究，2007，22（3）：101－108.

[46] 陆正飞，王春飞，王鹏．激进股利政策的影响因素及其经济后果［J］．金融研究，2010（6）：162－174.

[47] 陆正飞，王鹏．同业竞争、盈余管理与控股股东利益输送［J］．金融研究，2013（6）：179－192.

[48] 罗进辉，杜兴强．媒体报道、制度环境与股价崩盘风险［J］．会计研究，2014，(9)：53－59.

[49] 罗进辉，万迪昉，蔡地．控股股东治理与管理者过度投资行为研究——来自中国上市公司的经验证据［J］．证券市场导报，2008（12）：44－50.

[50] 罗琦，付世俊．股价同步性与控股股东市场择时［J］．中南财经政法大学学报，2015（1）：125－132.

[51] 罗琦，付世俊．控股股东市场择时行为研究［J］．中国软科学，2014（2）：140－149.

[52] 罗琦，贺娟．股票市场错误定价与控股股东投融资决策［J］．经济管理，2015，39（1）：109－118.

[53] 罗琦，胡志强．控股股东道德风险与公司现金策略［J］．经济研究，2011（2）：125－137.

[54] 马松．资本结构决定与市场择时——基于中国 1999～2009 年上市公司的实证检验［J］．首都经贸大学学报，2012，14（4）：46－54.

[55] 牛彦秀，吉玖男．上市公司股权再融资的市场时机选择实证研究［J］．经济与管理评论，2014，30（4）：108－115.

[56] 潘越，戴亦一，林超群．信息不透明、分析师关注与个股暴跌风险［J］．金融研究，2011，(9)：138－151.

[57] 彭文静．外部治理环境、控股股东股权质押与现金股利政策［J］．财会月刊，2016 (14)：19－25.

[58] 沈仰斌，黄志仁．子公司操作母公司股票：资料特性与操作行为［J］．财务金融学刊，2001 (3)：53－70.

[59] 沈艺峰，况学文，聂亚娟．终极控股股东超额控制与现金持有量价值的实证研究［J］．南开管理评论，2008，11 (1)：15－24.

[60] 宋渊洋，李元旭．控股股东决策控制、CEO 激励与企业国际化战略［J］．南开管理评论，2010，13 (4)：4－13.

[61] 谭燕，吴静．股权质押具有治理效用吗？［J］．会计研究，2013 (2) 45－53.

[62] 唐蓓．市场时机对上市公司并购投资行为的影响［J］．山西财经大学学报，2010，32 (6)：105－109.

[63] 唐跃军，谢仍明．股份流动性、股权制衡机制与现金股利的隧道效应——来自 1999～2003 年中国上市公司的证据［J］．中国工业经济，2006 (2)：120－128.

[64] 王斌，蔡安辉，冯洋．控股股东股权质押、控制权转移风险与公司业绩［J］．系统工程理论与实践，2013，33 (7)：1762－1773.

[65] 王斌，宋春霞．控股股东股权质押、股权性质与盈余管理方式［J］．华东经济管理，2015 (8)：118－128.

[66] 王化成，曹丰，高升好，李争光．投资者保护与股价崩盘风险［J］．财贸经济，2014，(10)：73－82.

[67] 王化成，曹丰，叶康涛．掏空还是监督：控股股东持股比例与股价崩盘风险［J］．管理世界，2015，(2)：76－88.

[68] 王化成，曹丰，叶康涛．监督还是掏空：控股股东持股比例与股价崩盘风险［J］．管理世界，2015 (2)：45－57.

[69] 王化成，李春玲，卢闯．控股股东对上市公司现金股利政策影响的实证研究［J］．管理世界，2007 (1)：122－127.

[70] 王化成，佟岩．控股股东与盈余质量——基于盈余反应系数的考

察［J］．会计研究，2006（2）：66－75．

［71］王鹏，周黎安．控股股东的控制权、所有权与公司绩效：基于中国上市公司的证据［J］．金融研究，2006（2）：88－98．

［72］王奇波，宋常．国外关于最优股权结构与股权制衡的文献综述［J］．会计研究，2006（1）：83－94．

［73］王新红，李妍艳．控股股东股权特征与股权质押：基于中小板上市公司的分析［J］．商业研究，2016（6）：116－121．

［74］王艳艳，于李胜．股权结构与择时披露［J］．南开管理评论，2011，14（5）：118－128．

［75］魏卉，杨兴全．终极控股股东、两权分离与股权融资成本［J］．经济与管理研究，2011，32（2）：12－23．

［76］吴秉恩．台湾电子业上市公司内部关系人股权质押与股价关系之研究［D］．台湾：台湾高雄第一科技大学，2001．

［77］吴静．控股股东股权质押等于“掏空”吗？——基于中国上市公司股权质押公告的实证分析［J］．经济论坛，2016（8）：65－70．

［78］吴水亭，徐扬．发行管制下政治关系对民企再融资择时行为的影响［J］．系统工程，2010，28（2）：55－62．

［79］肖珉．自由现金流量、利益输送与现金股利［J］．经济科学，2005（2）：67－76．

［80］谢德仁，郑登津，崔宸瑜．控股股东股权质押是潜在的“地雷”吗？［J］．管理世界，2016（3）：74－86．

［81］谢海芳，尹志超，刘婷婷．中国股票市场个体投资者择时选股能力研究［J］．投资研究，2015，34（12）：64－74．

［82］谢金贤．台湾上市公司董事会股权结构及持股质押因素与企业风险、经营绩效关联性之研究［D］．厦门：厦门大学，2001．

［83］徐高彦．上市公司盈余预告择时披露及投资者特征研究［J］．河南大学学报，2016（3）：53－63．

［84］徐寿福，贺学会，陈晶萍．股权质押与控股股东双重择时动机［J］．财经研究，2016，42（6）：74－86．

［85］许年行，江轩宇，伊志宏，徐信忠．分析师利益冲突、乐观偏差

与股价崩盘风险 [J]. 经济研究, 2012, (7): 127 - 140.

[86] 许年行, 于上尧, 伊志宏. 机构投资者羊群行为与股价崩盘风险 [J]. 管理世界, 2013, (6): 22 - 34.

[87] 阎大颖. 中国上市公司控股股东价值取向对股利政策影响的实证研究 [J]. 南开经济研究, 2004 (6): 94 - 101.

[88] 杨兴全, 曾义. 控股股东两权分离、过度投资与公司价值 [J]. 江西财经大学学报, 2011 (1): 24 - 30.

[89] 姚海鑫, 鹿坪, 田甜. 投资者情绪、盈余公告市场反应与盈余操纵择机 [J]. 财贸研究, 2015, 26 (2): 128 - 138.

[90] 叶继英、张敦力. 控股股东、高管股权激励与现金股利政策 [J]. 财经问题研究, 2014 (2): 60 - 66.

[91] 叶康涛, 曹丰, 王化成. 内部控制信息披露能够降低股价崩盘风险吗? [J]. 金融研究, 2015, (2): 192 - 206.

[92] 叶勇, 胡培, 谭德庆, 黄雷. 控制权和现金流量权偏离下的公司价值和公司治理 [J]. 管理工程学报, 2007 (1): 71 - 77.

[93] 俞红海, 徐龙炳, 陈百助. 终极控股股东控制权与自由现金流过度投资 [J]. 经济研究, 2010 (8): 103 - 114.

[94] 俞红海, 徐龙炳. 终极控股股东控制权与全流通背景下的控股股东减持 [J]. 财经研究, 2010, 36 (1): 123 - 133.

[95] 原红旗. 中国上市公司股利政策分析 [M]. 北京: 中国财政经济出版社, 2004: 167 - 169.

[96] 张陶勇, 陈焰华. 股权质押、资金投向与公司绩效——基于我国上市公司控股股东股权质押的经验数据 [J]. 南京审计学院学报, 2014 (6): 63 - 70.

[97] 张馨艺, 张海燕, 夏冬林. 高管持股、择时披露与市场反应 [J]. 会计研究, 2012 (6): 54 - 60.

[98] 赵蒲, 孙爱英. 市场时机与资本结构: 一个基于行为公司财务理论的模型 [J]. 经济管理, 2004 (6): 42 - 47.

[99] 郑国坚, 林东杰, 林斌. 控股股东股权质押、占款与企业价值 [J]. 管理科学学报, 2014 (9): 72 - 87.

［100］郑国坚，林东杰，张飞达．控股股东财务困境、掏空与公司治理的有效性：来自控股股东财务数据的证据［J］．管理世界，2013（5）：157－168.

［101］郑国坚，魏明海．股权结构的内生性：从我国基于控股股东的内部资本市场得到的证据［J］．中国会计评论，2006，4（2）：189－204.

［102］郑雪迎．谨防股权质押成为套现工具［N］．中国证券报，2003/6/19.

［103］周仁俊，高开娟．控股股东控制权对股权激励效果的影响［J］．会计研究，2012（5）：50－58.

［104］周振东，徐伟，张邦．市场时机与中国上市公司投资行为：基于股权融资渠道的实证检验［J］．投资研究，2011，30（9）：66－78.

［105］Almeidaa，H.，Wolfenzona，D. Should Business Groups be Dismantled？The Equilibrium Costs of Efficient Internal Capital Markets［J］. Journal of Financial Economics，2006，79（1）：99－144.

［106］Alti，A.，Sulaeman，J. When Do High Stock Returns Trigger Equity Issues?［J］. Journal of Financial Economics，2012，103（1）：61－87.

［107］Alti，A. How Persistent Is the Impact of Market Timing on Capital Structure?［J］. Journal of Finance，2006，61（4）：1681－1710.

［108］An，H.，Zhang，T. Stock Price Synchronicity，Crash Risk and Institutional Investors［J］. Journal of Corporate Finance，2013，21（1）：1－15.

［109］Bae，K. H.，Kang，J. K.，Kim，J. M. Tunneling or Value Added? Evidence from Mergers by Korean Business Groups［J］. Journal of Finance，2002，57（6）：2695－2740.

［110］Baker，M.，Wurgler，J. Market Timing and Capital Structure［J］. Journal of Finance，2002，57（1）：1－32.

［111］Baker，M.，Wurgler，J. The Equity Share in New Issues and Aggregate Stock Returns［J］. Journal of Finance，2000，55（5）：2219－2257.

［112］Bakke，T. E.，Whited，T. M. Which Firms Follow the Market? An Analysis of Corporate Investment Decisions［J］. The Review of Financial Studies，2010，23（5）：1941－1980.

［113］Barclay，M. J.，Holderness，C. G. Private Benefits from Control of

Public Corporations [J]. Journal of Financial Economics, 1989, 25 (2): 371 - 395.

[114] Bartov, E., Givoly, D., Hayn, C. The Tewards to Meeting or Beating Earnings Expectations [J]. Journal of Accounting and Economics, 2002, 33 (2): 173 - 204.

[115] Bayless, M., Chaplinsky, S. Is There a Window of Opportunity for Seasoned Equity Issuance? [J]. Journal of Finance, 1996, 51 (1): 253 - 278.

[116] Bekaert, G., Wu, G. Asymmetric Volatility and Risk in Equity Markets [J]. Review of Financial Studies, 2000, 13 (1): 1 - 42.

[117] Bennedsen, M., Wolfenzon, D. The Balance of Power in Closely Held Corporations [J]. Journal of Financial Economics, 2000, 58 (1): 113 - 139.

[118] Bertrand, M., Mullainathan, S. Enjoying the Quiet Life? Corporate Governance and Managerial Preferences [J]. Journal of Political Economy, 2003, 111 (5): 1043 - 1075.

[119] Bertrand, M., Mehta, P., Mullainathan, S. Ferreting out Tunneling: an Application to Indian Business Groups [J]. The Quarterly Journal of Economics, 2002, 117 (1): 121 - 148.

[120] Bikhchandani, S., Hirshleifer, D., Welch, I. A Theory of Fads, Fashion, Custom, and Cultural Change as Informational Cascades [J]. Journal of Political Economy, 1992, 100 (5): 992 - 1026.

[121] Bond, Smith. Culture and Conformity: A Meta - Analysis of Studies Using Asch's Line Judgment Task [J]. Psychological Bulletin, 1996, 119 (1): 111.

[122] Boyson, N. M. Implicit Incentives and Reputational Herding by Hedge Fund Managers [J]. Journal of Empirical Finance, 2010, 17 (3): 283 - 299.

[123] Brau, J. C., Fawcett, S. E. Initial Public Offerings: An Analysis of Theory and Practice [J]. Journal of Finance, 2006, 61 (1): 399 - 436.

[124] Callen, J. L., Fang, X. Religion and Stock Price Crash Risk [J]. Journal of Financial & Quantitative Analysis, 2015, 50 (1 - 2): 169 - 195.

[125] Callen, J. L., Fang, X. Crash Risk and the Auditor - Client Relation-

ship [R]. SSRN Working Paper, 2012.

[126] Callen, J. L., Fang, X. Institutional Investor Stability and Crash Risk: Monitoring Versus Short - termism? [J]. Journal of Banking and Finance, 2013, 37 (8): 3047 -3063.

[127] Campello, M., Graham, J. R. Do Stock Prices Influence Corporate Decisions? Evidence from the Technology Bubble [J]. Journal of Financial Economics, 2013, 107 (1): 89 -110.

[128] Cao, H. H., Coval, J. D., Hirshleifer, D. Sidelined Investors, Trading - Generated News, and Security Returns [J]. Review of Financial Studies, 2002, 15 (2): 615 -648.

[129] Chen, J., Hong, H., Stein, J. C. Forecasting Crashes: Trading Volume, Past Returns, and Conditional Skewness in Stock Prices [J]. Journal of Financial Economics, 2001, 61 (3): 345 -381.

[130] Chen, D., Khan, S., Yu, X., Zhang, Z. Government Intervention and Investment Comovement: Chinese Evidence [J]. Journal of Business Finance&Accounting, 2013, 40 (3): 564 -587.

[131] Cheunga, Yan - Leung, Raub, P. R., Stouraitisc, A. Tunneling, Propping, and Expropriation: Evidence from Connected Party Transactions in Hong Kong [J]. Journal of Financial Economics, 2006, 82 (2): 343 -386.

[132] Choa, D. Ownership Structure, Investment, and the Corporate Value: An Empirical Analysis [J]. Journal of Financial Economics, 1998, 47 (1): 103 -121.

[133] Choe, H., Masulis, R. W., Nanda, V. Common Stock Offerings across the Business Cycle: Theory and Evidence [J]. Journal of Empirical Finance, 1993, 1 (1): 3 -31.

[134] Claessens, S., Djankov S., Fan, J. P. H., Lang, L. H. P. Disentangling the Incentive and Entrenchment Effects of Large Shareholdings [J]. Journal of Finance, 2002, 57 (6): 2741 -2771.

[135] David, D. J., Serrano, J. M. Active Investors and Management Turnover Following Unsuccessful Control Contests [J]. Journal of Financial Economics,

1996, 40 (2): 239 –266.

[136] Dechow, P. M., Sloan, R. G., Sweeney, A. P. Detecting Earnings Management [J]. The Accounting Review, 1995, 70 (2): 193 –225.

[137] Defond, M., Hung, M., Li, S., Li, Y. Does Mandatory IFRS Adoption Affect Crash Risk? [J]. the Accounting Review, 2015, 90 (1): 265 –299.

[138] Demsetz, H., Lehn, K. The Structure of Corporate Ownership: Causes and Consequences [J]. Journal of Political Economy, 1985, 93 (6): 1155 –1155.

[139] Demsetz, H. The Structure of Ownership and the Theory of the Firm [J]. The Journal of Law and Economics, 1983, 26 (2): 375 –390.

[140] DuCharme, L. L., Malatesta, P. H., Sefcik, S. E. Earnings Management, Stock Issues and Share – Holder Lawsuits [J]. Journal of Financial Economics, 2004, 71 (1): 27 –49.

[141] Dyck, A., Zingales, L. Private Benefits of Control: An International Comparison [J]. Journal of Finance, 2004, 59 (2): 537 –600.

[142] Faccio, M., Lang, H. P., Young, L. Dividends and expropriation [J]. Journal of Economic Liter – ature, 2001, 91 (1): 54 –78.

[143] Faccio, Lang. The Ultimate Ownership of Western European Corporations [J]. Journal of Financial Economics, 2002, 65 (3): 365 –395.

[144] Fan, J. P. H., Rui, O. M., Mengxin Zhao. Public Governance and Corporate Finance: Evidence from Corruption Cases [J]. Journal of Comparative Economics, 2008, 36 (3): 343 –364.

[145] Fan, J. P. H., Wong, T. J. Corporate Ownership Structure and the Informativeness of Accounting Earnings in East Asia [J]. Journal of Accounting and Economics, 2002, 33 (3): 401 –425.

[146] Fang, X., Liu, Y., Xin, B. Accounting Conservatism, the Sarbanes – Oxley Act, and Crash Risk [R]. SSRN Working Paper, 2010.

[147] Francis, B., Hasan, I., Li, L. Firms' Real Earnings Management and Subsequent Stock Price Crash Risk [R]. SSRN Working Paper, 2012.

[148] Franks, J., Mayer, C. Ownership and Control of German Corporations [J]. Review of Financial Studies, 2001, 14 (4): 943 –977.

[149] Friedmana, E., Johnson, S., Mittonc, T. Propping and Tunneling [J]. Journal of Comparative Economics, 2003, 31 (4): 732 - 750.

[150] Graham, J. R., Harvey, C. R. The Theory and Practice of Corporate Finance: Evidence from the Field [J]. Journal of Financial Economics, 2001, 60 (2): 187 - 243.

[151] Greenwood, R., Hanson, S., Stein, J. C. A Gap - Filling Theory of Corporate Debt Maturity Choice [J]. Journal of Finance, 2010, 65 (3): 993 - 1028.

[152] Grinblatt, M., Titman, S., Wermers, R. Momentum Investment Strategies, Portfolio Performance, and Herding: A Study of Mutual Fund Behavior [J]. The American Economic Review, 1995, 85 (5): 1088 - 1105.

[153] Grossman, S. J., Hart, O. D. One Share - One Vote and the Market for Corpoate Control [J]. Journal of Financial Economics, 1988, 20 (1): 175 - 202.

[154] Grossman, S. J., Hart, O. D. Takeover Bids, the Free - Rider Problem, and the Theory of the Corporation [J]. The Bell Journal of Economics, 1980, 11 (1): 42 - 64.

[155] Gul, F. A., Cheng, L. T., Leung, T. Y. Perks and the Informativeness of Stock Prices in the Chinese Market [J]. Journal of Corporate Finance, 2011, 1 (75): 1410 - 1429.

[156] Hackenbrack, K., Jenkins, N. T., Pevzner, M. Relevant but Delayed Information in Negotiated Audit Fees [R]. SSRN Working Paper, 2011.

[157] Hamm, S., Li, E., Ng, J. Management Earnings Guidance and Stock Price Crash Risk [R]. SSRN Working Paper, 2012.

[158] Henderson, B. J., Jegadeesh, N., Weisbach, M. S. World Markets for Raising New Capital [J]. Journal of Financial Economics, 2006, 82 (1): 63 - 101.

[159] Holderness, C. G., Sheehan, D. P. The Role of Majority Shareholders in Publicly Held Corporations: An Exploratory Analysis [J]. Journal of Financial Economics, 1988, 20: 317 - 346.

[160] Holderness, C. G. A Survey of Blockholders and Corporate Control [J]. Economic Policy Review, 2003, 9 (1): 51 -64.

[161] Hong, H., Stein, J. C. Differences of Opinion, Short - Sales Constraints, and Market Crashes [J]. Review of Financial Studies, 2003, 16 (2): 487 -525.

[162] Hovakimian, A., Opler, T., Titman, S. The Debt - Equity Choice [J]. Journal of Financial and Quantitative Analysis, 2001, 36 (1) 1 -24.

[163] Hu, J., Kim, J., Zhang, W. Do Insider Trading Laws Reduce Stock Price Crash Risk [R]. SSRN Working Paper, 2013.

[164] Huang, R., Ritter, J. R. Testing Theories of Capital Structure and Estimating the Speed of Adjustment [J]. Journal of Financial and Quantitative Analysis, 2009, 44 (2): 237 -271.

[165] Hutton, A. P., Marcus, A. J., Tehranian, H. Opaque Financial Reports, R2, and Crash Risk [J]. Journal of Financial Economics, 2009, 94 (1): 67 -86.

[166] Jensen, M. C. Agency Costs of Free Cash Flow, Corporate Finance, and Takeovers Agency Costs of Free Cash Flow, Corporate Finance, and Takeovers [J]. The American Economic Review, 1986, 76 (2): 323 -329.

[167] Jensen, M. C., Meckling, W. H. Theory of the Firm: Managerial Behavior, Agency Costs and Owner - Ship Structure [J]. Journal of Financial Economics, 1976, 3 (4): 305 -360.

[168] Jin, L., Myers, S. C. R2 around the World: New Theory and New Tests [J]. Journal of Financial Economics, 2006, 79 (2): 257 -292.

[169] Kanga, J. K., Shivdasani, A. Firm performance, Corporate Governance and Top Executive Turnover in Japan [J]. Journal of Financial Economics, 1995, 38 (1): 29 -58.

[170] Kim, C., Wang, K., Zhang, L. Readability of 10 - K Reports and Stock Price Crash Risk [R]. SSRN Working Paper, 2015.

[171] Kim, J., Li, Y., Zhang, L. CFOs Versus CEOs: Equity Incentives and Crashes [J]. Journal of Financial Economics, 2011b, 101 (3): 713 -730.

[172] Kim, J., Li, Y., Zhang, L. Corporate Tax Avoidance and Stock Price Crash Risk: Firm – Level Analysis [J]. Journal of Financial Economics, 2011a, 100 (3): 639 – 662.

[173] Kim, J., Zhang, L. Financial Reporting Opacity and Expected Crash Risk: Evidence from Implied Volatility Smirks [J]. Contemporary Accounting Research, 2014, Forthcoming.

[174] Kim, Y., L i, H., L i, S. Corporate Social Responsibility and Stock Price Crash Risk [J]. Journal of Banking and Finance, 2014, 43: 1 – 13.

[175] Kim, J., Zhang, L. Accounting Conservatism and Stock Price Crash Risk: Firm – Level Evidence [J]. Contemporary Accounting Research, 2015, Forthcoming.

[176] Korajczyk, R. A., Lucas, D. J., Mc Donald, R. L. The Effect of Information Releases on the Pricing and Timing of Equity Issues [J]. Review of Financial Studies, 1991, 4 (4): 685 – 708.

[177] La Porta, R., Lopez – de – Silanes, F., Shleifer, A., Vishny, R. W. Investor Protection and Corporate Valuation [J]. The Journal of Finance, 2002, 57 (3): 1147 – 1170.

[178] La Porta, R., Lopez – de – Silanes, F., Shleifer, A., Vishny, R. W. Agency problems and Dividend Policies around the World [J]. Journal of Finance, 2000a, 5 (1): 1 – 34.

[179] La Porta, R., Lopez – de – Silanes, F., Shleifer, A., Vishny, R. W. Investor Protection and Corporate Governance [J]. Journal of Financial Economics, 2000b, 58 (1): 3 – 27.

[180] La Porta, R., Lopez – de – Silanes, F., Shleifer, A. Corporate Ownership around the World [J]. The Journal of Finance, 1999, 54 (2): 471 – 517.

[181] Lao P, Singh H. Herding Behavior in the Chinese and Indian Stock Markets [J]. Journal of Asian Economics, 2011, 22 (6): 495 – 506.

[182] La Porta, R., Lopez – de – Silanes, F., Shleifer, A., Vishny, R. W. Law and Finance [J]. Journal of Political Economy, 1998, 10 (6): 1113 –

1155.

[183] Lemmon, M. L., Lins, K. V. Ownership Structure, Corporate Governance, and Firm Value: Evidence from the East Asian Financial Crisis [J]. Journal of Finance, 2003, 58 (4): 1445 - 1468.

[184] Lerner, J., Shane, H., Tsai, A. Do Equity Financing Cycles Matter? Evidence from Biotechnology Alliances [J]. Journal of Financial Economics, 2003, 67 (3): 411 - 446.

[185] Lerner, J. Venture Capitalists and the Decision to Go Public [J]. Journal of Financial Economics, 1994, 35 (3): 293 - 316.

[186] Linsal. Equity Ownership and Firm Value in Emerging Markets [J]. The Journal of Financial and Quantitative Analysis, 2003, 38 (1): 159 - 184.

[187] Lucas, D. J., Mc Donald, R. L. Equity Issues and Stock Price Dynamics [J]. Journal of Finance, 1990, 45 (4): 1019 - 1043.

[188] Marco Pagano, M., Panetta, M., Zingales, L. Why Do Companies Go Public? An Empirical Analysis [J]. Journal of Finance, 1998, 53 (1) 27 - 64.

[189] Marsh, P. The Choice Between Equity and Debt: An Empirical Study [J]. Journal of Finance, 1982, 37 (1): 121 - 144.

[190] MingJian, T. Propping Through Related Party Transactions [J]. Review of Accounting Studies, 2010, 15 (1): 70 - 105.

[191] Mura, Roberto. Direct and Ultimate Ownership Structures in the UK: an Intertemporal Perspective over the Last Decade [J]. Corporate Governance: An International Review, 2005, 13 (1): 26 - 45.

[192] Myeong - Hyeon Choa. OwnershipStructure, Investment, and the Corporate Value: An Empirical Analysis [J]. Journal of Financial Economics, 1998, 47 (1): 103 - 121.

[193] Myers, S. C., Majluf, N. S. Corporate Financing and Investment Decisions When Firms Have Information That Investors Do Not Have [J]. Journal of Financial Economics, 1984, 13 (2): 187 - 221.

[194] Myers&Majluf. Corporate Financing and Investment Decisions When

Firms Have Information that Investors do not Have [J]. Journal of Financial Economics, 1984, 13 (2): 187 -221.

[195] Narayananal, M. P. Form of Compensation and Managerial Decision Horizon [J]. Journal of Financial and Quantitative Analysis, 1996, 31 (4): 467 -491.

[196] Polk, C., Sapienza, P. The Stock Market and Corporate Investment: A Test of Catering Theory [J]. The Review of Financial Studies, 2009, 22 (1): 187 -217.

[197] Rajan, R. G., Zingales, L. What Do We Know about Capital Structure? Some Evidence from International Data [J]. Journal of Finance, 1985, 50 (5): 1421 -1460.

[198] Rhodes - Kropfa, M., Robinsonb, D. T., Viswanathanb, S. Valuation waves and merger activity: The empirical Evidence [J]. Journal of Financial Economics, 2005, 77 (3): 561 -603.

[199] Ritter, J. R., Welch, I. A Review of IPO Activity, Pricing, and Allocations [J]. Journal of Finance, 2002, 57 (4): 1795 -1828.

[200] Salamouris, I. S., Muradoglu, Y. G. Estimating Analysts Forecast Accuracy Using Behavioral Measures (Herding) in the United Kingdom [J]. Managerial Finance, 2010, 36 (3): 234 -256.

[201] Shleifer, A., Wolfenzon, D. Investor Protection and Equity Markets [J]. Journal of Financial Economics, 2002, 66 (1): 3 -27.

[202] Shleifer, A., Vishny, R. W. A Survey of Corporate Governance [J]. Journal of Finance, 1997, 52 (2): 737 -783.

[203] Simon, J., Boone, P., Breach, A., Friedman, E. Corporate Governance in the Asian Financial Crisis [J]. Journal of Financial Economics, 2000, 58 (1): 141 -186.

[204] Thomsena, S., Pedersena, T., Kvistb, H. K. Blockholder Ownership: Effects on Firm Value in Market and Control based Governance Systems [J]. Journal of Corporate Finance, 2006, 12 (2): 246 -269.

[205] Truong, T., Heaneya, R. Largest Shareholder and Dividend Policy

around the World [J]. Quarterly Review of Economics and Finance, 2007, 47 (5): 667 - 687.

[206] Xu, N., Jiang, X., Chan, K. C., Yi, Z. Analyst Coverage, Optimism, and Stock Price Crash Risk: Evidence from China [J]. Pacific - Basin Finance Journal, 2013, 25: 217 - 239.

[207] Xu, N., Li, X., Yuan, Q., Chan, K. C. Excess Perks and Stock Price Crash Risk: Evidence from China [J]. Journal of Corporate Finance, 2014, 25: 419 - 434.

[208] Yafeh, Y., Yosha, O. Large Shareholders and Banks: Who Monitors and How? [J]. The Economic Journal, 2003, 113 (484): 128 - 146.

[209] Yeh Y, Ko C, Su Y. Ultimate Control and Expropriation of Minority Shareholders [J]. Academia Economic Papers, 2003, 31 (3): 263 - 299.

[210] Yeh, Y. H. Board Composition and the Separation of Ownership and Control [R]. Working Paper, 2002.

[211] Yeh, Y. H., Lee. Corporate Governance and Financial Distress Evidence from Taiwan [R]. Working Paper, 2001.